Enzo Petrolino

Diakonie und Diakonat bei Papst Franziskus

STUDIA OECUMENICA FRIBURGENSIA

Herausgegeben vom Institut für Ökumenische Studien
Universität Freiburg Schweiz

116

Enzo Petrolino

Diakonie und Diakonat bei Papst Franziskus

Eine arme Kirche für die Armen

Mit einem Vorwort von Papst Franziskus

Übersetzt und herausgegeben von Barbara Hallensleben

Aschendorff Verlag

Münster
2025

Titel der italienischen Originalausgabe

Enzo Petrolino
IL DIACONATO NEL PENSIERO DI PAPA FRANCESCO
Una Chiesa povera per i poveri
Prefazione di Papa Francesco

Tel. [+39] 06.698.81032 – Fax 06.698.84716
00120 Città del Vaticano
www.libreriaeditricevaticana.va

Veröffentlicht mit Unterstützung
des Hochschulrates der Universität Freiburg Schweiz

MIX
Papier | Fördert gute Waldnutzung
FSC® C089473

Für die deutsche Ausgabe:

Aschendorff Verlag GmbH & Co. KG
Soester Straße 13
D-48155 Münster

buchverlag@aschendorff-buchverlag.de
www.aschendorff-buchverlag.de

Umschlagabbildung: © Vatican Media
Satz: Institut für Ökumenische Studien der Universität Freiburg Schweiz

1. Auflage 2025

Printed in Germany

ISBN 978-3-402-12084-2 (Print)
ISBN 978-3-402-12085-9 (ePDF)
https://doi.org/10.17438/978-3-402-12095-8

Inhalt

Einführung

Barbara Hallensleben

Aussagen von Papst Franziskus zum Frauendiakonat haben in letzter Zeit viel Aufmerksamkeit gefunden, aber auch für Verunsicherung gesorgt: Ermutigt oder bremst er? Aufschluss gibt ein Blick auf die breitere Sicht des Papstes zur *Diakonie* (als Berufung des gesamten Gottesvolkes) und zum *Diakonat* (als Dienstamt aufgrund sakramentaler Weihe). Dabei zeigt sich: Von Anfang an hat der Papst sein Pontifikat unter das Vorzeichen des Dienens in der Nachfolge Christi gestellt, der „nicht gekommen ist, um sich dienen zu lassen, sondern um zu dienen" (Mk 10,45). *Eine arme Kirche für die Armen und daher wahrhaft diakonisch* – so lautet sein Programm für die Erneuerung der Kirche. Das zeigt bereits seine Wahl des Namens Franziskus nach dem hl. Franz von Assisi, dem Diakon. Das zeigen seine Zeichenhandlungen: Nicht einmal am Gründonnerstag 2025, gezeichnet von schwerer Krankheit, ließ er es sich nehmen, die römische Haftanstalt *Regina Coeli* zu besuchen. Die Geste der Fußwaschung, die er bereits als Erzbischof von Buenos Aires an Armen und Ausgegrenzten vollzog und bei der er stets die Stola des Diakons zu tragen pflegte, kennzeichnet sein Pontifikat und wurde daher für den Buchumschlag gewählt.

Papst Franziskus versteht seine besondere Aufmerksamkeit für die Diakonie nicht als persönliche Vorliebe. Er sieht darin die authentische Aufnahme des Evangeliums und die innere Form jeder Evangelisierung. In der Tat vollzieht sich in der frühen Gemeinschaft der Christen eine bemerkenswerte Umwertung der Werte: Das griechische Wort für die „Liturgie" lautete *leiturgia,* abgeleitet von *laos* (Volk) und *ergon* (Werk) und bedeutete eine Dienstleistung für das Gemeinwesen. In der griechischen Antike bezeichnete man damit die Abgabe, die eine Stadt von ihren vermögenden Bürgern erhob, um eine Reihe von Einrichtungen des öffentlichen Lebens zu finanzieren.[1] Diese „Liturgien" waren eine Last, trugen aber auch Ehre ein. Anders die *diakonia*, die einen Dienst in untergeordneter Position bezeichnete, vor allem den „Dienst an den Tischen", und den Bediensteten und Sklaven zugeordnet war.[2] Der „Dienst an den Tischen", der in der Apostelgeschichte als Aufgabe der „Sieben" genannt wird – in denen in der Regel die ersten Diakone gesehen werden –, war also keineswegs auf eine „Suppenküche für Bedürftige" beschränkt. Vielmehr zeigt sich darin das neue Selbstverständnis der christlichen Gemeinschaft: Die Diakonie wird zur Lebensform aller Christen. Alle Glaubenden, nicht nur die Reichen, haben in Form der Diakonie an der öffentlichen „Liturgie" teil. 2 Kor 9,12 spricht – in den deutschen Übersetzungen meist unerkennbar – von der „Diakonie der Liturgie", zu der Christen durch den empfangenen „Reichtum" der Gnade befähigt und berufen sind.

Diese Diakonie ist keine rein ethische Haltung. Sie hat sakramentalen Charakter, d.h. sie ist gelebte Nachfolge Jesu Christi als Teilhabe durch Glaube und Taufe am Pascha seiner Lebenshingabe bis zum Tod am Kreuz und zur Auferstehung und Geistsendung. Gerade deshalb gehört der Diakonat nicht nur zum sakramentalen Weiheamt, sondern ist dessen Grundform und bleibende Gestalt. Papst Franziskus ist strikt: „Alles beginnt hier, wie uns die Tatsache in Erinnerung ruft, dass der Diakonat die Eingangstür zum Weihesakrament ist. Diakon bleibt man für immer. Erinnern wir uns bitte daran, dass für die Jünger Jesu *lieben* immer *dienen* bedeutet, und *dienen* bedeutet *herrschen*. Die Macht liegt im Dienen, nicht in etwas anderem. [...] Die Diakone sind die Hüter des Dienens in der Kirche, und so können wir sagen, dass sie die Hüter der wahren ‚Macht' in der Kirche sind, damit niemand über die Macht des Dienens hinausgeht. Denkt darüber nach" (90).

1 Vgl. Giorgio Agamben, Opus Dei. Archäologie des Amtes, Frankfurt a.M. 2013, 15.

2 Vgl. Art. *diakonéō, diakonía, diákonos*, in: Theologisches Wörterbuch zum Neuen Testament, Band II, (Stuttgart 1935) Darmstadt 2019, 81-93.

Diakonie und Diakonat unterlaufen in ihrem komplementären Bezug zum dienenden Christus alle Über- und Unterordnungen. Bei der Neuordnung des Vikariats von Rom verlangt Papst Franziskus von allen, die dort „unter irgendeinem Titel" arbeiten, dass sie „ihre wertvolle Mitarbeit im Geiste des Dienens leisten und sich an der Diakonie Christi orientieren, der gekommen ist, um zu dienen und nicht, um sich dienen zu lassen" (205) – vom leitenden Kardinalvikar bis zum Reinigungspersonal. Eine der unglücklichsten und widersprüchlichsten Nebenwirkungen der Einführung des *ständigen* Diakonats ist die theologisch völlig verfehlte Rede vom *vorübergehenden* Diakonat der künftigen Presbyter.

Zur Grunderfahrung wurde die radikale christliche Neuheit für den Priester Ivan Illich (1926-2002): „Ich glaube, dass die Fleischwerdung ein überraschendes und gänzlich neues Erblühen von Liebe und Erkenntnis möglich macht. Christen können nun den biblischen Gott im Fleisch lieben".[3] Sie dienen dem Diener aller und werden ihm so gleichförmig. Das Gleichnis vom barmherzigen Samariter zeigt, „dass wir Geschöpfe sind, die Vollkommenheit nur erreichen, wenn sie eine Beziehung eingehen. Diese Beziehung mag aus der Sicht jedes anderen willkürlich erscheinen, weil ich sie aufnehme als Antwort auf einen Anruf – in diesem Fall der Ruf des geschlagenen Juden im Straßengraben. Dies beinhaltet zweierlei: Erstens ist dieses ‚Soll' nicht auf eine Norm reduziert und kann auch nicht darauf reduziert werden. Es hat ein *telos*, es strebt nach jemandem, aber nicht entsprechend einer Regel. Es ist fast unmöglich geworden für Leute, die sich heute mit Ethik oder Moral beschäftigen, in Beziehungen zu denken und nicht in Regeln".[4]

Diese Entdeckung hat auch eine ernste Kehrseite, die mit der Gerichtsbotschaft des Neuen Testaments zusammenfällt: „Was ihr für einen dieser Geringsten nicht getan habt, das habt ihr auch mir

---

3 Ivan Illich, In den Flüssen nördlich der Zukunft. Letzte Gespräche über Religion und Gesellschaft mit David Cayley, München 2006, 71.

4 Ebd. 76.

nicht getan" (Mt 25,45). Die diakonische Lebensform entkräftet die Vorstellung einer „säkularen Welt" und tritt ein in die Schöpfung, in der Jesus der Christus „Wohnung genommen hat unter uns" (Joh 1,14) und „sich durch seine Menschwerdung gleichsam mit jedem Menschen geeint" hat (GS 22). Der Messias kommt, wenn wir ihn durch die „kleine Pforte" unseres Glaubens eintreten lassen; das Reich Gottes ist angebrochen, wenn wir ihm durch Gesten der Liebe Raum gewähren; das eschatologische Büro der Kirche ist wieder geöffnet und hält die große Hoffnung auf eine neue Schöpfung offen, in der alle Tränen getrocknet sind

Das II. Vatikanische Konzil und seine früheste Rezeption wollten offenbar eine Besinnung auf diese christliche Lebensform des Dienens, die zugleich die innere Form kirchlicher *Communio* ist. Verglichen mit unserem eingebürgerten Verständnis zeigt sich wiederum eine überraschende Umkehr: „Diakonie" ist in erster Linie die Haltung der Christen untereinander, also gleichsam *ad intra*, die aus sich heraus in den universalen Dienst an der gesamten Menschheit, ja an der ganzen Schöpfung führt. „Liturgie", heute eher als das Kerngeschäft der sogenannten „praktizierenden Christen" unter sich betrachtet, erscheint neu als der hochgemute Beitrag der Glaubensgemeinschaft für die politische Welt. Hier werden ja der wahre Herr, die wahre Macht und das wahre Gemeinwohl unaufhörlich proklamiert und gefeiert, um dann im Alltag tatkräftig bezeugt zu werden.

So ist es nicht verwunderlich, dass die Diakonie in der symbolischen Erneuerung des „ständigen Diakonats" in der ersten Rezeption des Konzils besondere Aufmerksamkeit fand. Noch während des Konzils schrieb Yves Congar sein Buch „Für eine arme und dienende Kirche"[5], zusammengestellt aus früher verfassten Artikeln und „Seiner Eminenz Giacomo Kardinal Lercaro, Erzbischof von Bologna, dem Anwalt der Kirche der Armen, verehrungsvoll gewidmet". Es war eben dieser Kardinal, der gewollt

5 Französisches Original: Pour une Église servante et pauvre, Paris 1963; deutsch: Mainz 1965.

hätte, „dass die Armen und die Armut der Kirche im Zentrum der konziliaren Versammlung stehen. Lercaros Appell wurde allerdings in einem Abschnitt von *Lumen gentium* aufgegriffen, der von der Kirche spricht, ‚die in den Armen und Leidenden das Bild ihres armen und leidenden Gründers erkennt; sie müht sich, ihre Not zu lindern, und sucht Christus in ihnen zu dienen‘ (LG 8,3)" (180). Der Kontext der westlichen Kirche, in der heute 98% (!) aller ständigen Diakone tätig ist, überlagerte diesen Impuls durch die Notwendigkeit, den Mangel an Priesterberufungen zu kompensieren, durch die Erwartung, der Zölibat werde aufgehoben werden, und durch den Druck, ein Zeichen für die Gleichstellung der Geschlechter zu setzen.

Klar drückt sich hingegen der Geist des II. Vatikanums in der „vorrangigen Option für die Armen" aus, wie sie in Lateinamerika als eine der frühesten Rezeptionen des Konzils entwickelt wurde. Auch die deutschsprachige, aus dem Impuls des Konzils hervorgegangene, heilsgeschichtlich orientierte Dogmatik „Mysterium salutis" spricht geradezu enthusiastisch von der Diakonie als Schlüssel zur kirchlichen Erneuerung: „Man beachte zunächst, dass der Diakonat das Amt ist, das schon von seinem Namen her der Definition des kirchlichen Dienstes am genauesten entspricht. Er übt seinen Dienst mitten in der Welt aus und stellt damit den unmittelbaren Kontakt mit den Ämtern der Laien her. Er bewahrt das spezialisierte kirchliche Amt vor der Tendenz, sich abzusondern und hervorzutun. Obwohl er selbst Kleriker ist, ist der Diakon der Amtsträger, der das kirchliche Amt daran hindern kann, klerikal zu werden. [...] Es steht zu hoffen, dass die im Gang befindliche Erneuerung zum Aufkommen einer neuen Gruppe von Menschen führt, die der Gemeinde entnommen und für diese bestimmte Gemeinde ordiniert sind und so die Verbindung zwischen der Hierarchie und dem christlichen Volk herstellen. Von hierher gesehen ist der Diakon mehr an die Pfarrei, an die Basisgemeinde gebunden als der Priester, der versetzt werden kann. Diese menschliche Nähe tritt noch stärker in Erscheinung, wenn der Diakon verheiratet ist und in der Welt einen öffentlichen

Beruf ausübt. [...] Der Zusammenhang der Diakonie mit der Liturgie ist entscheidend wichtig, um die Gläubigen daran zu erinnern, dass die Liturgie selbst Dienst ist und dass Christus als der Vollzieher der Liturgie selbst der erste Diakon seiner Kirche ist".[6]

Umso überraschender, ja befremdlicher ist die schroffe Wandlung des Tonfalls, die sich im *Katechismus der Katholischen Kirche* widerspiegelt: Die Aufteilung im Weihesakrament, die in LG 29 vorgenommen ist, wurde zum Anlass für eine erneute Sorge um Ränge und Vorränge: „Auf einer niedrigeren Stufe der Hierarchie stehen die Diakone, welche die Handauflegung ‚nicht zum *Sacerdotium,* sondern zur Dienstleistung empfangen' *[non ad sacerdotium, sed ad ministerium]*." Der *Katechismus der Katholischen Kirche* bezieht das Dienen der Diakone ausschließlich auf Bischöfe und Priester: „Die katholische Glaubenslehre, die in der Liturgie, im Lehramt und in der beständigen Handlungsweise der Kirche zum Ausdruck kommt, kennt zwei Stufen der amtlichen Teilhabe am Priestertum *[sacerdotium]* Christi: den Episkopat und den Presbyterat. Der Diakonat hat die Aufgabe, ihnen zu helfen und zu dienen. Deshalb bezeichnet der Ausdruck ‚sacerdos' im heutigen Sprachgebrauch die Bischöfe und die Priester, nicht aber die Diakone".[7]

Die Internationale Theologische Kommission scheint in ihrem Dokument von 2002 die Entscheidung des Konzils, dem ständigen Diakonat eine sakramentale Qualität innerhalb des Ordo zuzusprechen, geradezu zu bedauern: „Die sicherste und mit der kirchlichen Praxis kohärenteste Lehre bildet die Auffassung, die im Diakonat eine sakramentale Wirklichkeit sieht. Wenn man seine Sakramentalität verneint, wäre der Diakonat eine allein in der Taufe verwurzelte Form des Dienstamtes; er hätte funktionalen Charakter, und die Kirche hätte einen großen Entscheidungsspielraum sowohl bezüglich seiner Errichtung als auch seiner Aufhebung und ebenso in seiner konkreten Ausgestaltung" (24).

6 Mysterium Salutis, Band IV/2, Einsiedeln u.a. 1973, 521-523.

7 KKK 1554.

Nicht zuletzt hat die neue ekklesiale Weichenstellung zu einer noch weitgehend unbearbeiteten Konfusion im Verständnis des kirchlichen Weihesakraments und in der Gestalt der entsprechenden Dienstämter geführt. Unter dem Ausdruck *sacerdotium* fasst das Konzil Bischöfe und Priester zusammen, nun in klarer Abgrenzung von den Diakonen. Für den „sacerdotalen" Oberbegriff hat sich in der deutschsprachigen Theologie nie eine adäquate Übersetzung eingebürgert, so dass die Rede vom „Priestertum" vieldeutig geworden ist: Sie kann sowohl den „Presbyter" als eine von drei Formen des Weihesakraments bezeichnet, als auch Priester und Bischöfe zusammenfassen, ja sogar das gesamte Weihesakrament bezeichnen, insofern wir weiterhin oft vom „Sakrament der Priesterweihe" sprechen. Generell hat die Rede vom „Priester" den biblischen Ausdruck „Presbyter" verdrängt. Die Zuordnung des „Dienens" zum Diakon scheint Presbyter und Bischöfe davon auszunehmen. Romanische Sprachen bewahren zumindest in dem Ausdruck *ministero, ministery* oder *ministère* den Dienstcharakter aller Geweihten, während sich im Deutschen der bürokratisch konnotierte Begriff „Amt" durchgesetzt hat. So glaubt man heute das Handeln *ex opere operato* jedem Beamten in seinen administrativen Akten leichter und gehorsamer als dem Priester bei der Feier der Wandlung in der Eucharistiefeier.

Papst Franziskus setzt die Akzente anders: Diakonie ist die „permanente" Lebensform der Glaubensgemeinschaft und zugleich deren Sendung für die ganze Menschheit, ja die ganze Schöpfung. Der Diakonat aufgrund der Weihe hält sowohl für Priester und Bischöfe als auch für die Gemeinschaft aller Gläubigen das Dienen sozusagen in „Reinform" lebendig und erneuert es aus der Quelle der sakramentalen Gegenwart Christi, des *diakonos*.

Der Autor des Buches, Enzo Petrolino, Präsident der Gemeinschaft der ständigen Diakone in Italien, hat die Aussagen von Papst Franziskus – schon als Erzbischof von Buenos Aires – gesammelt, strukturiert und kommentiert. Darüber hinaus zeichnet er in verdienstvoller und theologisch differenzierter Weise die Entwicklungen im nachkonziliaren Lehramt der Kirche nach. Es entsteht ein faszinierendes Panorama einer Kirche, wie sie Papst Franziskus am Herzen liegt. „So wie ich von einer ‚konstitutiv missionarischen Kirche' und einer ‚konstitutiv synodalen Kirche' gesprochen habe, so sage ich: Wir sollten von einer ‚konstitutiv diakonischen Kirche' sprechen" (90). Auf diese Weise präsentiert das Buch zugleich das Profil seines gesamten Pontifikats, ja es kann als ein Nachruf auf den am Ostermontag 2025 heimgegangenen Papst mit einer Würdigung seines Gesamtwerkes und seiner bleibenden Botschaft an Kirche und Welt gelesen werden.

Das italienische Originalwerk wurde 2017 veröffentlicht. Die Übersetzerin und Herausgeberin hat in Absprache mit dem Autor die ausgewählten Texte bis in die neueste Zeit hinein vervollständigt. Das betrifft zum einen jüngere Aussagen des Papstes zum Diakonat der Frau (Kapitel 12), zum anderen die ekklesiologisch wegweisenden Entscheidungen zu den „eingerichteten Diensten" (Kapitel 14). Der neueste Beitrag des Buches ist die von Papst Franziskus anlässlich des „Jubiläums der Diakone" verfasste und von Kardinal Fisichella stellvertretend verlesene Ansprache am 23. Februar 2025. Ein Verzeichnis der zitierten Quellen macht das Buch zu einem Arbeitsinstrument für eine nachkonziliare diakonische Ekklesiologie, die der derzeit vorherrschenden Aufmerksamkeit für die Synodalität ihre inhaltliche Ausrichtung gibt.

Der Papst bietet keine theologischen Lösungen, legt aber den Weg frei: eine arme, diakonische Kirche für die Armen, die evangelisiert durch ihre Treue zum Evangelium. Enzo Petrolino schließt sein Buch mit einem Dank an Papst Franziskus und mit dem Aufruf zum Gebet für ihn. Darin können die Leser und Leserinnen von Herzen einstimmen. Möge der Diener der Diener Gottes nun die Stimme dessen hören, den er sein Leben lang verkündigt hat: „Sehr gut, du bist ein tüchtiger und treuer Diener. Komm, nimm teil an der Freude deines Herrn!" (Mt 25,23).

Ostermontag 2025
Barbara Hallensleben

Vorwort

Papst Franziskus

In den letzten Jahrzehnten hat die Kirche dank der vertieften Rezeption der Dokumente des II. Vatikanischen Konzils ein außerordentliches geistliches und pastorales Wachstum erlebt. Zahlreiche Dokumente meiner Vorgänger – von Papst Paul VI. über Johannes Paul II. bis hin zu Benedikt XVI. – haben das Konzilsereignis weiterentwickelt. In diesem Zusammenhang hat der *ständige Diakonat* die Wurzeln seiner Präsenz in der Glaubensgemeinschaft und im weiteren sozialen Gefüge wiedergefunden. Zum einen ist seine Rolle als Dienst an Christus und den Menschen bewusst geworden, zum anderen hat er durch die Orientierungen, die das Lehramt der Kirche dem gemeinsamen kirchlichen Nachdenken in den letzten Jahren gegeben hat, neue Impulse erhalten.

Für das vorliegende Werk danke ich von Herzen dem Autor Enzo Petrolino, dem Präsidenten der Gemeinschaft der Diakone in Italien, der es unternommen hat, die Beiträge über den Diakonat während meines bischöflichen Dienstes in Buenos Aires und jetzt als Bischof von Rom zu sammeln.

Heute ist es aufschlussreich und notwendig, die Entwicklung zu untersuchen, die der ständige Diakonat seit seiner Wiedereinführung bis heute erlebt hat, um den Verlauf dieser Entwicklung besser zu verstehen. Dazu verhilft eine Lektüre, die den ganzen Reichtum in Lehre, Pastoral und Ermutigung erfasst, der in diesen nachkonziliaren Jahren die Ansprachen und die verschiedenen Verlautbarungen des päpstlichen Lehramtes kennzeichnet, die zu verschiedenen Anlässe an die Diakone in aller Welt gerichtet sind.

Die Kirche findet im ständigen Diakonat den Ausdruck und zugleich den lebenswichtigen Impuls, um zu einem sichtbaren Zeichen der Diakonie Christi, des Dieners in der Geschichte der Menschen, zu werden. Die Sensibilität für die Ausprägung eines *diakonischen Bewusstseins* kann als der eigentliche Beweggrund betrachtet werden, der die christlichen Gemeinschaften durchdringen muss.

Der diakonische Dienst findet sein Wesen in der Evangelisierung, wie Papst Johannes Paul II. 1979 in einer Homilie sagte, als er sich an eine Gruppe von neu geweihten Diakonen wandte und an die Formel für die Übergabe des Evangelienbuches bei der Weihe erinnerte: „‚Empfangt das Evangelium Christi, dessen Verkünder ihr nun seid. Glaubt, was ihr lest, lehrt, was ihr glaubt, tut, was ihr lehrt'. Auf diese Weise seid ihr gerufen, euch die Worte der Apostelgeschichte zu Herzen zu nehmen. Als Diakone seid ihr Petrus und Johannes und allen Aposteln zur Seite gestellt *[associati]*. Ihr unterstützt das apostolische Amt und habt Teil an dessen Verkündigung. Wie die Apostel müsst auch ihr die Dringlichkeit spüren, die Auferstehung Jesu, des Herrn, in Wort und Tat zu verkünden. Auch ihr müsst das Wort Gottes in das Leben seines heiligen Volkes hineintragen" [10].[1]

Wie ich im Apostolischen Schreiben *Evangelii gaudium* gesagt habe, ist es deshalb gut, wenn sich Bischöfe, Priester, Diakone und Laien regelmäßig treffen und gemeinsam nach Mitteln suchen, um die Predigt anziehender zu machen (EG 159) [41].

Der andere wichtige Aspekt ist das Gebet für Berufungen. Auch für den diakonischen Dienst müssen alle Gläubigen ihre Verantwortung wahrnehmen, indem sie Berufungen fördern und dabei die Geister unterscheiden. Als die Apostel jemanden suchten, der den Platz des Judas Iskariot einnehmen sollte, versammelte Petrus 120 Brüder (Apg 1,15); für die Auswahl der sieben Diakone wurde die Gruppe der Jünger zusammengerufen (Apg 6,2). Noch heute ist die christliche Gemeinschaft stets präsent, wenn Berufungen aufkeimen, sich herausbilden und dauerhaft bestehen (EG 107).

---

1 Dokumente, die im italienischen Text des Buches ohne Referenzen bleiben, sind durch Zahlen in eckigen Klammern markiert und werden im Quellenverzeichnis ab Seite 223 mit den nötigen Angaben versehen. Da das Verzeichnis weitgehend chronologisch angelegt ist, wächst die Zählung im Text nicht kontinuierlich, sondern weist Sprünge auf.

Darüber hinaus hat die gesamte *Diakonie* der Kirche – für die das Dienstamt Zeichen und Werkzeug ist – ihren Herzschlag im eucharistischen Geheimnis und verwirklicht sich in erster Linie im Dienst an den Armen, die das Antlitz des leidenden Christus tragen. Der Diakon Laurentius war der Vermögensverwalter der Diözese Rom. Als der Kaiser ihn aufforderte, das Vermögen der Diözese auszuliefern, um sich freizukaufen und nicht getötet zu werden, holte dieser die Armen herbei. Die Armen sind der Reichtum der Kirche. Wer eine eigene Bank hat, ist Bankdirektor, sein Herz bleibt jedoch arm, es hängt nicht am Geld, sondern beständig am Dienst. Armut ist diese Loslösung, um den Bedürftigen zu dienen, um den anderen zu dienen.

Also geht es um *eine arme Kirche für die Armen.* Wie ich erzählt habe, saß während der Papstwahl der emeritierte Erzbischof von Sao Paulo und auch emeritierte Präfekt der Kongregation für den Klerus, Kardinal Cláudio Hummes, neben mir. Als ich zum Papst gewählt worden war, umarmte er mich, küsste mich und sagte: „Vergiss die Armen nicht!" Bei der Erwähnung der Armen dachte ich sofort an Franziskus von Assisi. Und so kam der Name in mein Herz: Franziskus, von dem die Überlieferung sagt, er sei Diakon gewesen. Er ist für mich der Mann der Armut, der Mann des Friedens, der Mann, der die Schöpfung liebt und hegt. Von ihm müssen die Diakone sich inspirieren lassen.

In den letzten Jahren hat das päpstliche Lehramt auf den verschiedenen Etappen des diakonischen Weges seine Spuren hinterlassen, die zugleich klärend und neu motivierend sind – im Zeichen des treuen Gehorsams und der Freude, die in der Kirche und in der heutigen Welt die Sendung des Diakons begleiten. Dabei wurden die vom Konzil angegebenen Orientierungen erweitert: Hinzu traten das Handeln mit weitem Atem und großen Horizonten.

Alle, die sich für die Förderung des diakonischen Dienstes einsetzen oder ihn ausüben, finden in den verschiedenen Werken, die der Autor bei der *Libreria Editrice Vaticana* herausgegeben hat, aufschlussreiche Einblicke, um Wesen und Rolle der ständigen Diakone in unserer Zeit besser zu verstehen und weiter zu vertiefen, auch im pastoralen Sinne. Das gilt vor allem für die Dokumente, die im *Neuen Enchiridion über den Diakonat. Quellen und offizielle Dokumente der Kirche*[2] gesammelt sind, das mir Diakon Petrolino bei der Audienz des Internationalen Zentrums für den Diakonat aus Anlass von dessen Jubiläum überreicht hat.

Der diakonische Dienst muss daher als integraler Bestandteil der Arbeit betrachtet werden, die das Konzil geleistet hat, um die gesamte Kirche auf ein erneuertes Apostolat in der Welt von heute vorzubereiten. Diakone können mit Recht „die Pioniere der neuen Zivilisation" [14] genannt werden, von denen Johannes Paul II. gern sprach. Darauf hoffe ich, und so wünsche ich allen eine gute und fruchtbare Lektüre.

Città del Vaticana, 31. Juli 2017

Franziskus

2 Enzo Petrolino (Hg.), Nuovo Enchiridion sul Diaconato. Le fonti e i documenti ufficiali della Chiesa, Rom 2016.

Kapitel 1

Eine ganz besondere Begegnung

Die Armen werdet ihr immer bei euch haben ...
Mk 14,7

Als ich nach einer Begegnung mit S.E. Monsignore Konrad Krajewski, dem Almosenmeister von Papst Franziskus, den Sitz des Päpstlichen Wohltätigkeitsdienstes im Vatikan verließ, kam mir plötzlich eine Überlegung in den Sinn: *Die Diakone und die Sorge für verwundete Familien.*

Die Bischofssynode über die Familie[1] hat uns sicherlich auf Probleme der Familie von heute aufmerksam gemacht, die vielfach Trennungen, Unverständnis und fehlende Werte betreffen. Doch die Menschen, die von weit her kommen und in großer Zahl an den Küsten unseres schönen Italien stranden – sind das nicht auch verletzte Familien? Diese Familien sind sicherlich nicht durch charakterliche Unverträglichkeit oder schlechte wirtschaftliche Verhältnisse getrennt, sondern durch die Notwendigkeit, ihr eigenes Land zu verlassen, in dem die Träume nun völlig ausgelöscht sind. Sie suchen anderswo eine Hoffnung mit anderem Gesicht und anderem Licht, einen Namen, eine Verheißung, einen Schimmer. Und diese Reise zu unternehmen, die für viele leider die letzte ist, trennen sich Väter von ihren Söhnen, Frauen von ihren Männern. Sie brechen auf, um eine Wüste zu verlassen, ohne zu ahnen, in welche schlimmere Wüste aus Gleichgültigkeit, Kalkül, Rassismus und allzu persönlichem Gewinnstreben sie geraten können. „Heute" – so das *Instrumentum Laboris* der Synode über die Familie – „schlägt das Phänomen der Migration tragische

---

1 Gemeint ist die Bischofssynode zum Thema „Die Berufung und Sendung der Familie in Kirche und Welt von heute" (4.-25. Oktober 2015) [82].

Wunden bei Massen von Einzelnen und Familien aus verschiedenen Völkern und Gegenden; gleichsam ‚überflüssig' geworden, suchen sie mit Recht eine bessere Zukunft, eine ‚neue Geburt', falls sie dort, wo sie geboren sind, nicht leben können" (Nr. 24) [82].

Als ich am Fest der Taufe Jesu im Jahr 2014 das unerwartete Geschenk erhielt, Papst Franziskus in der Sixtinischen Kapelle als Diakon zu dienen, begrüßte ich ihn und übermittelte ihm den Wunsch seitens der Diakone, etwas zu tun, das ihm besonders am Herzen liege. Ohne zu zögern, sagte er mir, ich solle mit seinem Almosenmeister sprechen. Als ich diesen dann in seinem Büro traf, verwandelte sich die Plauderei in einen Appell, ja in eine Mahnung. *Wo sind die Diakone?*

Der Almosenmeister sprach diese Worte mit tiefem Respekt, aber auch mit erheblichem Bedauern über das völlige Fehlen dieses Dienstes bei den verschiedenen „Missionen", die er in eigener Person in der Stadt Rom durchführt. Fast jeden Abend geht er in Begleitung eines Schweizergardisten auf die Straßen Roms hinaus, um den vielen Obdachlosen der Stadt materielle Nahrung und die Nahrung der Hoffnung und des Trostes zu bringen. Vor kurzem wurden die Duschen und Toiletten innerhalb der Kolonnaden des Petersplatzes fertiggestellt. Dort haben täglich Dutzende von Menschen Zugang und können erstmals auch die Wäsche wechseln. Gearbeitet wird an der Eröffnung eines weiteren Aufnahmezentrums in der Gegend von Lungotevere in Sassia mit Hilfe der Schwestern von Mutter Teresa. An der äußersten Peripherie von Rom wurde sogar das Gesetz übertreten, um Fertigbauten errichten zu lassen und den Hunderten von Brüdern und Schwestern Aufnahme zu gewähren, die dort gestrandet sind und das volle Recht auf unmittelbare Hilfe haben.

Monsignore Konrad träumt davon, Seite an Seite mit den Diakonen diese enorme Arbeit zu koordinieren, nicht nur materielle Hilfe, Beschaffung von Lebensmitteln, Geld für die erste Linderung der Not, Kleidung, sondern einen Dienst des Trostes, des Zuhörens, der Unterstützung, des verlässlichen Bezugs. Auch das *Instrumentum laboris* der Synode über die Familie fordert uns auf, die Zärtlichkeit Gottes zu schenken: „Zärtlichkeit heißt, mit Freude zu geben und im anderen die Freude hervorzurufen, sich geliebt zu fühlen. Sie drückt sich in besonderer Weise aus, indem wir uns höchst achtsam dem anderen zuwenden, besonders dann, wenn dessen Grenzen offensichtlich hervortreten. Jemanden mit Feingefühl und Respekt behandeln bedeutet, Wunden heilen und neue Hoffnung schenken, damit im Anderen neues Vertrauen auflebt [...] Diesbezüglich lädt uns Papst Franziskus zum Nachdenken ein: ‚Haben wir den Mut, mit Zärtlichkeit die schwierigen Situationen und die Probleme des Menschen neben uns mitzutragen, oder ziehen wir apersonale Lösungen vor, die vielleicht effizient sind, denen aber die Wärme des Evangeliums fehlt? Wie sehr braucht doch die Welt von heute Zärtlichkeit! – Geduld Gottes, Nähe Gottes, Zärtlichkeit Gottes'" (Nr. 70) [82].

Der Almosenmeister wurde sehr drastisch: Wie wir seit Jahren sagen, erschöpft sich die Gestalt des Diakons nicht im Bereich der liturgischen Feier, oder zumindest ist das nicht seine erste und ursprüngliche Rolle.

Er erzählte mir von einer wunderbaren Erfahrung, die ein Pfarrer im Zentrum Roms in seiner Gemeinde mit der Essensausgabe zweimal täglich im Kirchengebäude selbst macht. In diesem Dienst erbat er konkret die Hilfe der Diakone. Ich war völlig einverstanden mit seinem Aufruf, der aus der Dringlichkeit hervorgeht, so präsent wie möglich zu sein, um das Gesicht und das Zeichen des dienenden Christus zu sein, der vor nichts zurückgescheut ist. Zugleich fühlte ich mich klein angesichts der großen Wahrheit, die er mir gerade sagte: Unser kostbarer und unersetzlicher Dienst muss zu den Ursprüngen zurückkehren, muss an der Quelle Kraft schöpfen, Nähe wagen, Präsenz und demütiger Dienst sein, nicht nur in der Erhabenheit der Liturgie, wo übrigens die Armen die ersten sein sollten, die man zum Altar geleitet, sondern auch in den niedrigsten und erniedrigendsten Nöten.

Als ich hörte, wie Monsignore Konrad jeden Abend den Vatikan verlässt, um an die Peripherie hinauszugehen, dachte ich an Jesus, den Diener: Obwohl er der Sohn Gottes war, wählte er als letztes Zeichen seines irdischen Lebens die Geste, seinen Freunden die Füße zu waschen, die sicherlich weder sauber noch parfümiert waren.

Haben wir den Mut, dieser neuen Art von Not ein Ohr zu schenken, nachdem wir am 29. Mai 2016 im Rahmen des „Jubiläums der Barmherzigkeit“[2] die Feier erlebt haben, die der Papst den Diakonen gewidmet hat? Haben wir die vom Evangelium inspirierte Offenheit, uns an die Seite der Schwächsten, der Ärmsten zu stellen, die weit weg sind, die uns wenig Freude bereiten? Die Armen haben wir immer bei uns. Das ist eine wahre und erschütternde Aussage des Evangeliums Jesu. Wenn es die Armen immer geben wird, dann muss es auch immer Diakone geben, die für den Dienst geweiht wurden, nicht für die Glorie.

Die verwundeten Familien, denen wir im Alltag unseres Dienstes begegnen, sind vielleicht zahlreicher als die idyllischen, als die scheinbar gesunden, deren Gesicht in der Werbung uns über die Realität hinwegtäuscht. Verwundungen werden zu bleibenden Wunden, wenn niemand sie heilt, und sie können tödlich werden. „Als Ort der Freude und der Prüfung, tiefer Zuneigung und bisweilen verletzter Beziehungen ist die Familie wahrhaft eine ‚Schule der Menschlichkeit‘ (GS 52), die wir dringend brauchen“ (IL 2).

Dieses Wort, das uns seit dem Tag der Weihe anvertraut ist, muss in unseren Herzen brennen. Es ist als ernste Mahnung für unser tägliches Leben und für unsere Ausbildung präsent. „Immer wieder wurde an die Notwendigkeit einer radikalen Erneuerung der pastoralen Praxis im Licht der Evangeliumsbotschaft von der Familie erinnert, um die individualistische Optik zu überwinden, die derzeit noch vorherrscht. Deshalb wurde mehrfach auf eine Erneuerung der Ausbildung von Priestern, Diakonen, Katecheten und Katechetinnen und anderen pastoralen Mitarbeitenden bestanden, indem die Familien selbst stärker einbezogen werden“ (IL 87).

2 Papst Franziskus rief 2016 ein außerordentliches Heiliges Jahr als „Jubiläum der Barmherzigkeit“ aus. Vgl. [54].

Dieses Wort heilt Wunden mit dem Balsam des Trostes und der Hoffnung. Wie zahlreich sind die Wunden, die heute die Familien bedrücken? Wohl niemand vermag sie aufzuzählen. Welcher Art sind die Wunden der Familien, die von Peinigern zerstört werden, die das Blaue vom Himmel herab versprechen, wenn sie Kinder, Mütter, Neugeborene auf brüchige Kähne verfrachten? Der Schrei der Kleinen ist eine Wunde, der untröstliche Schrei der *Rahel*-Mütter des dritten Jahrtausends, die nicht getröstet werden wollen (Jer 31,15), fordert uns mit allem Ernst heraus. Die Verzweiflung, die auf den tränenlosen Gesichtern der Familienväter steht, muss uns den Schlaf rauben. Der Strom der Tränen, der sich mit den Wassern unseres Mittelmeers vermischt, erschüttert das Gewissen von uns Diakonen, die berufen und gesandt sind zum Dienen.

Hinabsteigen von Jerusalem nach Jericho, hinabsteigen in die Abgründe der Wunden der gesamten Menschheitsfamilie, die ganz aus Brüdern und Schwestern besteht ... Mögen wir in unserem diakonischen Dienst die Wunden bemerken, verursacht von den verschiedenen Räubern der Geschichte, und anhalten, um die Verwundeten in ihren Bedürfnissen zu versorgen, ja sie auf unsere Schultern zu laden, um sie in die Herberge zu bringen. Dort wird Christus, der Diener, der sich unserer Hände bedient, sich die Schürze umbinden und einen jeden bedienen. Möge dies Wirklichkeit werden!

Kapitel 2

Der Diakonat im nachkonziliaren Lehramt der Päpste

Das Konzil markiert für den Diakonat eine neue Etappe, gekennzeichnet durch einen lebendigen und mühsamen Weg zwischen zwei Fronten: Einerseits wurden durch den Heiligen Stuhl und die Bischofskonferenzen normative Regelungen vertieft, andererseits wuchs das Bewusstsein der Gemeinschaften, die sich, wenn auch langsam, für den Diakonat öffnen, um diesen Dienst zu integrieren.

Das päpstliche Dokument *Sacrum diaconatus ordinem* [5][1] von Papst Paul VI. greift die in den Konzilstexten bereits genannten Aufgaben auf, bringt jedoch einige Neuerungen. So wird z.B. zu den Aufgaben des Diakons die *Leitung von verstreuten Gemeinschaften*[2] hinzugefügt, ein nicht unwichtiges Element, das eine neue Perspektive in die Überlegungen zur dienstamtlichen Struktur einführt und den Pfarrgemeinden bisher nicht ausgelotete Horizonte eröffnen kann. Darüber hinaus gibt es Richtlinien für die Ausbildung von „jungen" und „älteren" Diakonen, während die übrigen Fragen zur Neuordnung des Diakonats an die Bischofskonferenzen der verschiedenen Länder delegiert werden. Zwei Anmerkungen in diesem Dokument sind besonders aufschlussreich:

---

1 Paul VI., *Sacrum diaconatus ordinem* (18. Juni 1967), in: E. Petrolino (Hg.), Nuovo Enchiridion sul Diaconato. Le fonti e i documenti ufficiali della Chiesa, Città del Vaticano 2016, 247 [5]. Nach einem Vorwort, das auf Nr. 29 von *Lumen Gentium* (LG) und Nr. 16 von *Ad Gentes* (AG) verweist, ist das Dokument in acht Kapitel unterteilt: I. Die Zuständigkeit der Bischöfe bezüglich des ständigen Diakonats; II. Die jungen Diakone; III. Die Diakone reiferen Alters; IV. Inkardination und Unterhalt der Diakone; V. Ämter und Diakone; VI. Geistliches Leben und Pflichten der Diakone; VII. Der Diakonat bei Ordensleuten; VIII. Die Ordnung der Weihe von Diakonen.

2 Ebd. V, 22, 10.

Die *erste* Anmerkung betrifft die Zustimmung der Ehefrau. In Absatz 11 heißt es: Verheiratete Männer können nicht zum Diakonat zugelassen werden, „wenn nicht zuvor nicht nur die Bereitschaft der Ehefrau feststeht, sondern auch ihre christliche Bewährung, und wenn in ihr die natürlichen Eigenschaften vorhanden sind, die den Dienst des Ehemannes weder behindern noch entehren". Auch der *Codex des kanonischen Rechts* (CIC)[3] erinnert daran, dass für die Zulassung eines verheirateten Kandidaten die Zustimmung der Ehefrau erforderlich ist. Diese Zustimmung, die in allen Dokumenten über den Diakonat ständig betont wird, ist jedoch nicht bloß formal, sondern eine volle, großzügige und gewissenhafte Zustimmung, die die Ehefrau in tiefem und völligem Einvernehmen mit ihrem Ehemann gibt, damit die Ausübung seines Dienstes sich jeden Tag in ein wirksames Zeugnis der empfangenen Berufung und in einen authentischen Ausdruck der Diakonie Christi verwandeln kann. Anders gesagt: Die diakonische Berufung des Ehemannes ist von der Ehefrau nicht schlicht und einfach zu akzeptieren, sondern sie ist eine Wahl, die Mann und Frau *gemeinsam* treffen müssen, als Ausrichtung und Programm des Lebens. Mit dem „Ja" zur Weihe ihres Mannes beginnt auch für die Frau des Diakons ein neues Leben der Hingabe an die Kirche. Es muss sich nicht unbedingt in konkreten Verpflichtungen niederschlagen, sondern kann auch einfach darin bestehen, dass sie ihrem Mann die familiäre Ausgeglichenheit und den Raum des Gebets zur Verfügung stellt, die ihm bei seinem Dienst helfen.

Die *zweite* Anmerkung betrifft den ständigen Bezug zu dem Band zwischen Bischof und Diakon, wirkungsvoll verbunden mit dem Hinweis auf den Diakon Laurentius, der zusammen mit Stephanus als Beispiel vorgestellt wird.

---

3 CIC (1983), can. 1031 § 2: „... ein verheirateter Kandidat [für den ständigen Diakonat] darf zu diesem Diakonat frühestens nach Vollendung des fünfunddreißigsten Lebensjahres und mit Zustimmung der Ehefrau [zugelassen werden]."

Was dem Laurentius persönlich widerfahren und uns durch eine alte, bereits im 4. Jahrhundert verbreitete Tradition überliefert ist, wird auch heute zum Ansporn für den diakonischen Dienst. Aufschlussreich ist das besonders beredte Zeugnis des hl. Ambrosius in *De Officiis*[4], das später vom hl. Augustinus übernommen wurde. Ambrosius geht zunächst auf die Begegnung und den Dialog zwischen Laurentius und dem Papst ein, spielt dann auf die Verteilung der Güter der Kirche an die Armen an und erwähnt schließlich den Grill, das Folterwerkzeug, mit dem das Zeugnis *(martyria)* im Martyrium seine Fülle erreicht.

Der Bericht des hl. Ambrosius ist für die Reflexion über die Identität des Diakons aufschlussreich[5], weil der Diakon sich darin in der *Martyria* ausdrückt, d.h. in der vollen Übernahme der barmherzigen Liebe, und sich zum vollständigen Opfer seiner selbst macht, zum höchsten Zeugnis für Christus. Zugleich verharrt er in der strukturellen Bindung, die ihn sakramental mit dem Bischof eint und ihn im Dienst einer umfassenden Nächstenliebe (also nicht nur der menschlichen und sozialen Solidarität) hält. Eindrucksvoll und aussagestark ist vor allem das Element, das klar aus dem Gespräch zwischen Sixtus und Laurentius hervorgeht: das sakramentale Band, das den Diakon und den Bischof eint, ein Band, das den *einen* (den Diakon) gerade durch den spezifischen Dienst am *anderen* (dem Bischof) als „Mann der Gemeinschaft" charakterisiert. Und in diesem Dienst, der auf die Bedürfnisse und Dringlichkeiten der Kirche antwortet, steht alles in Bezug zum Altar, denn alles in der Kirche hat seine Quelle und seinen Höhepunkt in der Eucharistie.[6]

---

4 Ambrosius, *De officiis*, Buch I, 41. Kapitel, 205-207 [87].

5 Vgl. F. Moraglia, San Lorenzo proto diacono della Chiesa romana [Der hl. Laurentius – erster Diakon der Kirche von Rom]. Referat vor den Diakonen anlässlich des Jubiläumsjahres am 19. Februar 2000: <https://www.clerus. org/clerus/dati/2000-10/04-999999/it3.html>.

6 Das Zeugnis des Ambrosius ist besonders bedeutsam: „Als er seinen Bischof Sixtus zum Martyrium geführt werden sah, fing er an zu weinen, nicht über dessen Leidenstod, sondern weil er selbst zurückbleiben

Die Gemeinschaft und die Zuwendung zwischen Bischof und Diakon sind Ausdruck einer zutiefst theologischen Sicht der Kirche. Sie geht über die Vorstellungen hinaus, die die Kirche als Braut auf eine rein politische und soziologische Dimension herabsetzen und sie faktisch einer der vielen menschlichen Institutionen gleichstellen. Die Kirche ist vielmehr von der lebendigen und belebenden Wirklichkeit der Gnade beseelt, die das tiefe und untrennbare Band darstellt, das sie an Christus, den *einzigen wahren Bischof, Presbyter und Diakon*, bindet.

Die Verbindung zwischen Bischof und Diakon ist bereits im Neuen Testament präsent (Phil 1,1; 1 Tim 3,1-13). Es handelt sich um eine sehr enge Bindung, bezeugt in der *Traditio Apostolica,* wo die dem Diakon mit dem Weiheritus verliehene Gnade als *Dienst am Bischof* definiert wird, wie auch in der *Didascalia* der Apostel, wo der Diakon als *Diener des Bischofs und der Armen* vorgestellt wird. Schließlich findet dieser strukturell starke Bezug, der den Diakon an den Bischof bindet, heute einen klaren Ausdruck in der Weiheliturgie: Anders als bei der Weihe von Bischöfen und Presbytern weist die Geste der Handauflegung, die nur vom weihenden Bischof an dem Diakon vollzogen wird, genau auf dieses tiefe und einzigartige Band hin, das den einen an den anderen im Zeichen der einen Diakonie Christi bindet.

Wir schließen diese kurze Analyse des Beitrags, den das *Motu proprio* zum Profil des ständigen Diakonats geleistet hat, mit dem Hinweis auf die Mittel zur Pflege des geistlichen Lebens der Diakone, wie das Dokument sie angibt: von der beständigen Lektüre und dem Studium des Wortes Gottes bis zur täglichen Teilnahme

---

musste. Er begann daher mit folgenden Worten ihn anzureden: Wohin gehst du, Vater, ohne den Sohn? Wohin eilst du, heiliger Priester, ohne deinen Diakon? Nie pflegtest du das Opfer ohne den Diener darzubringen. Was also missfiel dir, Vater, an mir? Hast du mich deiner unwürdig befunden? Prüfe doch, ob du einen tauglichen Diener erwählt hast! Ihm hast du das konsekrierte Blut des Herrn, ihm die Teilnahme am Vollzuge der Geheimnisse anvertraut: ihm willst du die Teilnahme an deinem Blute verweigern?“: *De officiis,* Buch I, Kap. 41, 205 [87].

an der Eucharistiefeier; vom Empfang des Sakraments der Versöhnung bis zur kindlichen Verehrung Marias. Schließlich fehlt es nicht an ausdrücklichen und eindringlichen Hinweisen auf die ständige Weiterbildung der Diakone.

In der Zeit zwischen dem II. Vatikanischen Konzil und dem *Motu proprio* hielt Papst Paul VI. zwei Ansprachen über den Diakonat.[7] In beiden Ansprachen wird vor allem dazu aufgerufen, die Bestimmungen des Konzils umzusetzen, die Sendung des Diakons – ob zölibatär oder verheiratet – weiter zu vertiefen und zugleich den Diakonen eine angemessene Ausbildung zu bieten. Gleichzeitig ist es dem Papst ein Anliegen, die Wiedereinführung des Diakonats in der lateinischen Kirche möge *in der Liebe geschehen*, damit die Präsenz des Diakons nicht nur die Ordnung der Dienstämter, sondern auch die gesamte Gemeinschaft bereichert. Höchst bedeutsam ist die Weise, wie Paul VI. die Präsenz des Diakons in der Kirche sieht – geeint mit seinem Bischof in *Anpassungsfähigkeit und Zuwendung* – und wie er den Geist des Dienens hervorhebt, der den Diakon selbst kennzeichnen muss. Er definiert sich „gerade durch das Dienen und findet im Dienen seine Gleichgestaltung mit Christus, der – wie Matthäus sagt – ‚nicht gekommen ist, um sich dienen zu lassen, sondern um zu dienen' (Mt 20,28)".[8] Dies ist eine wirklich kraftvolle Verpflichtung, denn durch den Diakon kommt ein Zeichen für das zum Ausdruck, was die Kirche tun muss: sich in den Dienst der Welt stellen.

Das Profil des diakonischen Dienens wird im Dokument *Ad pascendum* [7] noch deutlicher umrissen. Hier hebt Paul VI. nochmals hervor: Der Diakon „animiert das Dienen – das heißt die Diakonie der Kirche – in den Ortsgemeinschaften, als Zeichen und Werkzeug Christi, des Herrn, selbst".[9] Besonders stark wird hier

7 Eine der Ansprachen richtete sich an die Teilnehmer des ersten internationalen Kongresses über den Diakonat (25. Oktober 1965), in: Nuevo Enchiridion sul Diaconato, 244.

8 An die Mitglieder der Studienkommission für den ständigen Diakonat (24. Februar 1967), in: Nuovo Enchiridion sul Diaconato, 245 [3].

9 Papst Paul VI., *Ad pascendum*, Einleitung und Nr. 118 [7].

auch die Beziehung zwischen Diakon und Bischof hervorgehoben sowie die Nächstenliebe, deren Ausübung der Bischof dem Diakon anvertraut. Schließlich werden einige Neuerungen in disziplinarischer Hinsicht eingeführt: der Ritus der Zulassung der Kandidaten, der den Beginn der unmittelbaren Vorbereitung auf die Weihe markiert, und die öffentliche Verpflichtung zur „heiligen Ehelosigkeit“ vor Gott und der Kirche, die von Seiten der unverheirateten Kandidaten vor der Weihe erfolgen muss.

Auf die Verantwortung der Hirten für die Evangelisierung geht Paul VI. in dem nachsynodalen Apostolischen Schreiben *Evangelii nuntiandi* über „Die Evangelisierung in der Welt von heute“ [9] ausführlich ein. „Die Diakone, geeint mit ihren jeweiligen Bischöfen, deren Mitarbeiter sie sind, durch eine *Communio,* die ihre Quelle im Sakrament der heiligen Weihe und in der Nächstenliebe der Kirche hat“[10], sind zum Werk der Evangelisierung aufgerufen. Sie sollen Gottes Wort mit Autorität verkünden, das zerstreute Gottesvolk sammeln, dieses Volk mit den Zeichen des Handelns Christi, den Sakramenten, nähren, es auf den Weg des Heils führen, es in jener Einheit bewahren, deren aktive und lebendige Werkzeuge wir selbst auf verschiedenen Ebenen sind, diese um Christus versammelte Gemeinschaft gemäß ihrer innersten Berufung unablässig beleben.

Das Pontifikat von Papst Johannes Paul II. hat kein Dokument hervorgebracht, das in einem einzigen und umfassenden Überblick eine systematische Reflexion über den Diakonat darlegt. Das lebhafte Interesse und die pastorale Sorge des Papstes für den diakonischen Dienst treten jedoch deutlich in einigen seiner Ansprachen hervor, die er anlässlich von Begegnungen mit Diakonen gehalten hat, sowie in verschiedenen Exhortationen und Apostolischen Briefen.[11] Besonders aussagekräftig sind die Ansprachen, die an Diakone aus Italien[12] und den USA[13] gerichtet sind.

---

10 Papst Paul VI., *Evangelii nuntiandi,* Nr. 68 [9].

11 Vgl. Apostolisches Schreiben *Familiaris consortio* (22. November 1981); Apostolisches Schreiben *Vicesimus quintus annus* (4. Dezember 1988);

In einem Abschnitt seiner Ansprache an die italienischen Diakone gibt der Papst mit prägnanter Klarheit die theologischen Koordinaten zum Wesen des Diakons an: „Der Diakon verkörpert in seinem Rang Christus, den Diener des Vaters, indem er an der dreifachen Funktion des Weihesakramentes teilnimmt: Er lehrt, insofern er das Wort Gottes verkündet und veranschaulicht; er heiligt, insofern er die Sakramente der Taufe und der Eucharistie sowie die Sakramentalien spendet; er leitet, insofern er Gemeinschaften oder Bereiche des kirchlichen Lebens animiert. In diesem Sinne trägt der Diakon zum Wachstum der Kirche als einer Wirklichkeit der Gemeinschaft, des Dienens und der Sendung bei" [11].

Unter den vielen Aspekten, die Papst Franziskus hervorhebt, ist eine Aussage besonders eindrücklich: Der Dienst des Diakons ist der Sakrament gewordene Dienst der Kirche. Gerade deshalb ist er nicht eines unter vielen Dienstämtern, sondern muss, wie schon Paul VI. sagte, wirklich die „treibende Kraft" für die Diakonie der Kirche sein. In Anbetracht der tiefgreifenden geistlichen Natur dieser Diakonie lässt sich die Wechselbeziehung zwischen den drei Dienstbereichen des Diakons als Diener des Wortes, der Liturgie und der Nächstenliebe besser verstehen. Johannes Paul II.

Nachsynodales Apostolisches Schreiben *Christifideles laici* (30. Dezember 1988); Apostolisches Schreiben *Catechesi tradendae* (30. Dezember 1988); Nachsynodales Apostolisches Schreiben *Pastores dabo vobis* (25. März 1992); Nachsynodales Apostolisches Schreiben *Ecclesia in Africa* (14. September 1995); Apostolisches Schreiben *Dies Domini* über die Heiligung des Sonntags (31. Mai 1998); Nachsynodales Apostolisches Schreiben *Ecclesia in America* (22. Januar 1999); Apostolisches Schreiben *Novo millennio ineunte* (6. Januar 2001); Nachsynodales Apostolisches Schreiben *Ecclesia in Oceania* (22. November 2001); Nachsynodales Apostolisches Schreiben *Ecclesia in Europa* (28. Juni 2003); Nachsynodales Apostolisches Schreiben *Pastores gregis* (16. Oktober 2003).

12 Ansprache von Papst Johannes Paul II. an die Teilnehmer der nationalen Zusammenkunft der permanenten Diakone, Rom, 16. März 1985, in: Nuovo Enchiridion sul Diaconato, 271 [11].

13 Ansprache an die nordamerikanischen Diakone am 19. September 1987, in: Nuovo Enchiridion sul Diaconato, 273 [12].

spricht auch von einem „besonderen Zeugnis“, das die Diakone in der Gesellschaft abzulegen haben, gerade weil ihr *weltlicher Beruf* ihnen den Zugang zur weltlichen Sphäre ermöglicht, über den andere Mitglieder des Klerus normalerweise nicht verfügen. Ebenso bemerkenswert ist der Beitrag, den der verheiratete Diakon zur Umgestaltung des Familienlebens leistet durch die Gnade der zweifachen Sakramentalität, die seinen Dienst kennzeichnet. Besonders hervorgehoben wird hier die Ehefrau des Diakons, die in den öffentlichen Dienst ihres Mannes in der Kirche durch die „Bereicherung und Vertiefung der aufopfernden Liebe zwischen Mann und Frau“ [12] einbezogen ist. Der dort folgende Verweis auf den Weiheritus verpflichtet den Diakon zu einer lebenslangen geistlichen Ausbildung, damit er im Dienen wächst und ausdauernd ist und dadurch das Volk Gottes wirklich aufbaut.

Der Papst hat sich auch in einigen Mittwochskatechesen[14] systematisch mit dem Diakonat befasst und folgende Themen behandelt: der Diakonat in der dienenden und hierarchischen Gemeinschaft der Kirche; Aufgaben des Diakons im pastoralen Dienst; Grundzüge der diakonischen Spiritualität.

Johannes Paul II., dem die Neuevangelisierung am Herzen lag, vertraut dieses „Werk“ auch den Diakonen an, deren wertvoller Beitrag „aus Konsequenz und Hingabe, Mut und Großzügigkeit im täglichen Dienst der Liturgie, des Wortes und der Nächstenliebe bestehen“ muss.[15]

Anlässlich der Vollversammlung der Kongregation für den Klerus, die das *Instrumentum laboris* in der Absicht prüfte, ein Dokument über Leben und Dienst der ständigen Diakone ähnlich dem Dokument für die Presbyter auszuarbeiten, hielt Johannes Paul II. am 30. November 1995 eine Rede [17], die einen wichtigen Beitrag zur angemessenen Gestaltung des diakonischen Dienstamtes darstellt. Ausgehend von der Lehre des Konzils, die später

---

14 Der Papst hielt diese Katechesen bei den Audienzen vom 6., 13. und 20. Oktober 1993; in: Nuovo Enchiridion sul Diaconato, 281-293; vgl. [15].

15 Angelus zum Jubiläum der Diakone (20. Februar 2000) [18].

im Codex des kanonischen Rechts[16] ihren juridischen Ausdruck fand, rief der Papst zu einer sorgfältigen theologischen Untersuchung und zu einem klugen pastoralen Gespür im Lichte der erworbenen Erfahrung auf. Am Horizont steht dabei die Neuevangelisierung an der Schwelle zum dritten Jahrtausend. Der Papst fasst alles, was sich auf Leben und Dienst der Diakone bezieht, in einem Wort zusammen: *Treue*. Das bedeutet: Treue zur katholischen Tradition, wie sie in der *lex orandi* bezeugt ist; Treue zum Lehramt; Treue zur Pflicht der Neuevangelisierung. Das alles setzt voraus, dass in jedem kirchlichen Kontext „eine aufrichtige Achtung der kanonischen theologischen Identität, die dem Sakrament eigen ist, das den Diakonen verliehen wurde, unbedingt gefördert wird" (Nr. 2 [17]). Ausgehend von dieser Aussage gibt der Papst einige Denkanstöße, auch im Hinblick auf die Situation der Diakone in der Weltkirche.

In erster Linie erhält der Diakon mit dem Weihesakrament durch die Handauflegung des Bischofs und das spezifische Weihegebet eine besondere „Gleichgestaltung mit Christus, dem Diener, Haupt und Hirten der Kirche". Der Diakon ist also nicht mehr Laie und kann auch nicht in den Laienstand im engeren Sinne zurückversetzt werden. Gerade deshalb wird er geweiht: zur „Ausübung eines eigenen Dienstamtes", das eine „geistliche Disposition der vollen Hingabe" erfordert. Es gibt also keine „Teilzeitdiakone", denn sie sind in jeder Hinsicht „Diener der Kirche". Der Diakonat ist kein *Beruf*, sondern eine *Sendung!* In diesem Licht und unter diesem Blickwinkel ist die nicht geringe Zahl der ungelösten Probleme zu betrachten, die mit der Notwendigkeit einhergehen, die Ausübung des kirchlichen Dienstes mit anderen Verpflichtungen (in Familie, Beruf, Gesellschaft etc.) zu vereinbaren. Um seine Sendung authentisch und vollständig zu erfüllen, muss der Diakon unbedingt „ein tiefes inneres Leben" haben, das durch ein intensives Gebetsleben genährt ist und ihn mit Christus vereint. So ver-

16 CIC can. 236, 1 und 2; can. 276, § 1,1 und 5 ; can. 287, § 1; can. 288; can. 1008; can. 1009, § 1, § 2; can. 1035,§ 1; can. 1301, § 2, 3, 4.

mag er die Ausübung seiner dienstlichen Tätigkeiten mit seinen übrigen beruflichen, familiären und sozialen Verpflichtungen zu vereinbaren.[17]

Wie Johannes Paul II. sagt, gab es zur Zeit der Wiedereinführung Stimmen, die „den ständigen Diakonat als eine Brücke zwischen den Hirten und den Gläubigen sahen“ [15]. Diese Terminologie ist suggestiv und wird häufig verwendet. Der Begriff *Brücke* wirft jedoch auch einige Fragen auf[18], da das Bild eine Lücke suggeriert, die überbrückt werden muss und die nicht überbrückt ist, solange es keinen Diakon gibt. Das aber verzerrt den eigentlichen Sinn des diakonischen Dienstes erheblich. Die Idee vom Diakonat als *medius ordo* könnte dazu führen, „den Graben, den er überbrücken soll, aufgrund eben dieser Funktion zu bestätigen oder sogar zu verbreitern“.[19] Die Sicht des II. Vatikanischen Konzils, insbesondere in *Gaudium et spes,* ist sicherlich der Wahrheit der Dinge treuer und steht mehr im Zeichen der *Communio,* insofern sie von einer Kontinuität und Solidarität zwischen Kirche und Welt spricht[20] sowie vom Diakon als großartigem und besonderem Zeichen dieser ungebrochenen Kontinuität.

Wie der Papst einräumt, bestand einer der Hauptgründe, die das Konzil zur Wiedereinführung des Diakonats veranlasst haben, darin, „den Priestermangel zu beheben und den Priestern bei vielen Aufgaben zu helfen, die nicht direkt mit ihrem pastoralen Dienst zusammenhängen“ [15]. Doch diese unmittelbaren und eher pragmatischen Gründe sollten unsere Sicht dieses Dienst-

17 Die in diesem Abschnitt angeführten Zitate stammen aus der unter [17] angeführten Ansprache von Papst Johannes Paul II.

18 Siehe den Exkurs im Dokument der Internationalen Theologischen Kommission, Der Diakonat. Entwicklung und Perspektiven (2002), in: Theologie in weltkirchlicher Verantwortung. Die Dokumente der Internationalen Theologischen Kommission (1969-2020), hg. von Barbara Hallensleben, Münster 2022, 417-499; zit. als: ITK, Diakonat.

19 Ebd. 493.

20 Vgl. v.a. GS 40-45.

amtes in unserer Zeit nicht einschränken. Der Papst schreibt: „Der Heilige Geist, der das Leben der Kirche in erster Linie lenkt, war inmitten dieser Gründe, die mit den historischen Umständen und den pastoralen Perspektiven zusammenhängen, geheimnisvoll am Werk", um in der Kirche „das vollständige Bild" des geweihten Dienstamtes wiederherzustellen, das „traditionell aus Bischöfen, Presbytern und Diakonen besteht. So kam es zu einer Wiederbelebung der christlichen Gemeinden in größerer Ähnlichkeit zu den Gemeinden, die von den Aposteln gegründet worden waren und in den ersten Jahrhunderten blühten, immer unter dem Antrieb des Parakleten, wie die Apostelgeschichte bezeugt" [15].

Diese Worte deuten klar darauf hin, dass das dreifache Dienstamt von Bischöfen, Presbytern und Diakonen eine Art „Motor" war, entzündet im Herzen der christlichen Gemeinden der frühen Kirche. Der Verzicht auf das dritte Element dieser Gruppe über viele Jahrhunderte hinweg hat gleichsam dem Motor der Kirche die Kraft entzogen, und der Papst wartete gespannt, was geschehen würde, sobald die volle Ordnung der Kraft dieses Motors wiederhergestellt wäre. Wichtig ist außerdem die Feststellung: Die Jahrhunderte, in denen der Diakonat faktisch fehlte, waren auch die Jahrhunderte, in denen die Laien in der Liturgie zunehmend passiv wurden und in Bezug auf das eigentliche Apostolat wenig Beachtung fanden. Nicht ohne Grund lässt sich daher feststellen – im Gegensatz zu dem, was manchmal zu hören ist –, wie das echte Aufblühen des Diakonats auch das Wachstum der Laien in ihrer Berufung unterstützt und fördert.

Ein wichtiger Meilenstein auf dem Weg zur Klärung der Identität des Diakons im weiteren Kontext des gesamten kirchlichen Dienstes war die Veröffentlichung der *Ratio fundamentalis institutionis diaconorum permanentium* [76] und des *Directorium pro ministerio et vita diaconorum permanentium* [77], zwei Dokumente, die zwar ihren eigenen Charakter und ihren spezifischen juridischen Wert behalten, jedoch gerade deshalb als Einheit veröffentlicht wurden, weil sie sich logisch aufeinander beziehen und sich gegenseitig ergänzen.

Diese Dokumente antworten auf das vielfach geäußerte dringende Bedürfnis, Klarheit zu stiften und die Vielfalt der vorhandenen Erfahrungen zu regeln, sei es auf der Ebene der Kriterien und der Vorbereitung, sei es auf der Ebene der Praxis des Dienstes und der ständigen Weiterbildung. Ein Motiv lag auch in der Tatsache, dass nach der Wiedereinführung des Diakonats in vielen kirchlichen Regionen eine *explosionsartige Zunahme* der Berufungen zum Diakonat festzustellen war[21], ein Zeichen für die Begeisterung und die Hoffnungen, die geweckt worden waren. Die vatikanischen Texte bringen den Zeichenwert des Diakonats deutlich zum Ausdruck, indem sie den Diakon als „lebendige Ikone des dienenden Christus"[22] innerhalb der Kirche bezeichnen. Bei der Weihe

---

21 Man braucht nur die derzeit [2017] verfügbaren Statistiken zu lesen: Die Zahl der ständigen Diakone weist eine erhebliche Entwicklungsdynamik auf: 2015 stieg sie im Vergleich zu den fünf Jahren zuvor um 14,4 % von 39'564 auf 45'255. Die Zahl der Diakone nimmt auf allen Kontinenten in erheblichem Maße zu. In Ozeanien, wo ihr Anteil an der Gesamtzahl der Diakone immer noch unter 1 % liegt, stieg er um 13,8 % auf 395. Die Anzahl nimmt auch in Gebieten zu, in denen sie quantitativ nicht signifikant ist. In Amerika und Europa, wo etwa 98 % des Gesamtanteils der Diakone leben, stieg die Zahl im untersuchten Zeitraum um 16,2 % bzw. 10,5 %.

Der Diakonat hat sich vor allem in den fortschrittlichen Industriegesellschaften des Nordens entwickelt. Dies war von den Konzilsvätern überhaupt nicht vorausgesehen worden, als sie eine „Reaktivierung" des ständigen Diakonats forderten. Vielmehr erwarteten sie eine rasche Entwicklung in den jungen Kirchen in Afrika und Asien, wo die pastorale Arbeit auf eine große Zahl von Laien in der Katechese angewiesen ist. Die Statistiken lassen erahnen, dass man auf zwei sehr unterschiedliche Situationen reagieren musste. Einerseits hatten die meisten Kirchen in Westeuropa und Nordamerika nach dem Konzil mit einem sehr starken Rückgang der Anzahl der Priester zu kämpfen und mussten eine erhebliche Umstrukturierung der Dienste vornehmen. Andererseits hatten sich die meisten Kirchen, die mehrheitlich aus den ehemaligen Missionsgebieten hervorgegangen waren, längst eine Struktur gegeben, indem sie eine große Zahl von Laien als Katecheten und Katechetinnen beschäftigten.

22 *Ratio fundamentalis institutionis diaconorum permanentium*, Nr. 11 [76].

eines Diakons betet der Bischof zu Gott, dem Vater, der Neugeweihte möge ein „Abbild deines Sohnes sein, der nicht gekommen ist, um sich dienen zu lassen, sondern um zu dienen“ (Mt 20,28; Mk 10,45). Vor allem in der Folge des II. Vatikanischen Konzils haben wir verstanden, dass die ganze Kirche zu einer „Spiritualität des Dienens“ berufen ist, um dem Heil der Welt selbst zu dienen. Genau diese Perspektive des Diakonats als lebendiges *Zeichen* der Berufung zum Dienen für alle wird von beiden Dokumenten erhellt, wenn sie bekräftigen: „Damit die ganze Kirche diese Spiritualität des Dienens besser zum Ausdruck bringen kann, gibt ihr der Herr ein lebendiges und personales Zeichen seines Wesens als Diener“.[23] Es ist grundlegend wichtig, diesen kirchlichen Kontext des Diakonats stets im Auge zu behalten.

Beide Dokumente erklären, dass der Diakon am Dienst Christi, des Dieners, Anteil hat, der sein Leben als Lösegeld für viele gegeben hat, und fügen hinzu, der Diakon müsse eine treibende Kraft für das Dienen sein. Der Diakon hat also kein Monopol auf das Dienen. Alle Jünger und Jüngerinnen Christi sind zum Dienen berufen! Gerade weil es jedoch die Berufung aller ist, ist es für alle sehr nützlich, Menschen an ihrer Seite zu haben, die sich in besonderer Weise zu einer tiefgreifenden Gleichgestaltung ihrer selbst mit Christus, dem Diener, verpflichtet haben, Personen, die als Beispiele und Zeichen dafür stehen können, was wir wirklich sein müssen. Und da es die Kirche gibt, um die Welt zu lieben und sich in den Dienst ihres Heils zu stellen, müssen wir unseren Blick auf die Bedürfnisse der Menschen richten und dabei immer daran denken: *Bezugspunkt der Diakonie Christi ist die ganze Menschheit, ja die ganze Schöpfung.*

Die vatikanischen Dokumente verorten den Diakon daher fest im Geist von *Gaudium et spes* und bekräftigen, dass er „mit den zeitgenössischen Kulturen und den Bestrebungen und Problemen seiner Zeit kommunizieren soll [...] In diesem Zusammenhang ist er in der Tat dazu aufgerufen, ein lebendiges Zeichen Christi, des

23 Ebd. [76].

Dieners, zu sein und die Verantwortung der Kirche zu übernehmen, die Zeichen der Zeit zu lesen und sie im Licht des Evangeliums zu deuten".[24] Dieses Profil gibt Papst Johannes Paul II. dem Diakon: Durch seine Aufgabe in der Familie, an der Arbeitsstelle, in der Schule etc. lebt er tatsächlich in einer besonderen Beziehung zu den Bestrebungen und Problemen seiner Zeit. Er sieht die Zeichen der Zeit jeden Tag aus der Nähe, doch als geweihter Diener des Evangeliums ist er in besonderer Weise dazu berufen, diese Zeichen zu lesen und sie im Licht des Evangeliums zu deuten. Auf diese Weise kann er auf geeignete Weise seine Brüder und Schwestern anleiten, die kraft ihrer Taufe dieselbe Verantwortung tragen. Richtig verstanden und gelebt, soll der Diakonat also zum Sauerteig für das Apostolat der Laien werden.

Das Dokument der Internationalen Theologischen Kommission *Der Diakonat: Entwicklung und Perspektiven*[25] bietet nicht nur einen umfassenden Rückblick auf die Vergangenheit, sondern legt auch die Positionen dar, die in der Zeit nach dem Konzil gereift sind, und lädt zu weiteren Forschungen ein. In diesem Sinne ist die Zusammenfassung zu Beginn des Kapitels 7 von Bedeutung; dort heißt es: Zu untersuchen ist, wie die Konzilstexte über den Diakonat „in der Folge in den Dokumenten des Lehramtes rezipiert und vertieft worden sind. Man muss der Tatsache Rechnung tragen, dass die Wiederherstellung des Diakonats in der nachkonziliaren Zeit auf sehr unterschiedliche Weise erfolgte, und es gilt

---

24 *Directorium pro ministerio et vita diaconorum permanentium,* Nr. 43 [77].

25 ITK, Diakonat; vgl. o. Anm. 18. Das Dokument ist das Ergebnis einer zehnjährigen Arbeit von zwei Unterkommissionen und der Revision durch die gesamte Kommission. Es drückt die bedeutsame Rolle der Theologie in der Kirche aus, die darin besteht, „in Gemeinschaft mit dem Lehramt ein immer tieferes Verständnis des Wortes Gottes zu erlangen, das in den inspirierten und durch die lebendige Tradition der Kirche überlieferten Schriften enthalten ist" (vgl. Kongregation für die Glaubenslehre, *Donum veritatis.* Die kirchliche Berufung des Theologen [1990], Nr. 6 [73]).

vor allem mit besonderer Aufmerksamkeit auf die Schwankungen lehrmäßiger Art zu achten, die wie ein hartnäckiger Schatten die unterschiedlichen pastoralen Aussagen begleitet haben".[26] Nachdem das Dokument in Erinnerung gerufen hat, dass „die Aspekte, die heute eine Bemühung um theologische Klärung erfordern, zahlreich und von unterschiedlicher Art" sind, will es in diesem letzten Kapitel zur Bemühung um Klärung beitragen: „Wir benennen zunächst die Wurzeln und die Gründe, die aus der theologischen und kirchlichen Identität des Diakonats (des ständigen Diakonats und des Diakonats als Durchgangsstufe) hinsichtlich bestimmter Aspekte eine wahrhafte *quaestio disputata* machen; dann legen wir eine Theologie des diakonischen Dienstes vor, die eine gemeinsame und gesicherte Basis bieten will, die zu seiner fruchtbaren Neuerrichtung in den christlichen Gemeinden anregen kann".[27] Eine solche Erneuerung muss sich in der Kontinuität der Tradition vollziehen. Eine Anregung auf diesem Weg kommt aus Kapitel 2 des Dokuments, das den Sinn des Erbes rekonstruiert.

Nach einer Untersuchung des *Motu proprio Ad pascendum* (1972) von Paul VI. befasst sich das Dokument mit der Frage der Sakramentalität des ständigen Diakonats im Verhältnis zu dem, was in den Konzilstexten zum Ausdruck kommt, und stellt fest: „Die sicherste und mit der kirchlichen Praxis kohärenteste Lehre bildet die Auffassung, die im Diakonat eine sakramentale Wirklichkeit sieht. Wenn man seine Sakramentalität verneint, wäre der Diakonat eine allein in der Taufe verwurzelte Form des Dienstamtes; er hätte funktionalen Charakter, und die Kirche hätte einen großen Entscheidungsspielraum sowohl bezüglich seiner Errichtung als auch seiner Aufhebung und ebenso in seiner konkreten Ausgestaltung".[28]

26 ITK, Diakonat, 475.

27 Ebd.

28 Ebd. Kap. 7, II. Implikationen der Sakramentalität des Diakonats: 476-483; hier: 476.

Das Dokument erforscht von innen die Komplexität einer kirchlichen Wirklichkeit, die in mancher Hinsicht den Geist des Konzils noch nicht ganz erfasst zu haben scheint. Doch gerade von hier aus beginnt jener notwendige und nie endende Weg, auf dem die Gemeinschaft der Gläubigen das Wissen um ihre Zugehörigkeit zu Christus und folglich ihre eigene *Communio*-Dimension reifen lässt.[29]

Wertvoll ist auch der Bezug des gesamten Weihesakramentes und in besonderer Weise des Diakonats zum Gemeinwohl der Kirche. Dabei wird versucht, ein *Proprium* auszumachen, das nicht in einzelne Richtungen (Liturgie, Caritas, Pastoral) unterteilt ist, sondern durch eine einheitliche Sicht die verschiedenen Bereiche, in denen sich das kirchliche Handeln organisch vollzieht, harmonisiert und dabei die verschiedenen strukturierenden Elemente des Handelns der christlichen Gemeinschaft heranzieht. In diesem einheitlichen Rahmen muss die Sakramentalität des Diakonats verstanden werden. Die drei grundlegenden Ausdrucksformen des kirchlichen Dienstes – Episkopat, Presbyterat und Diakonat – sind weder aufeinander reduzierbar noch austauschbar. Sie wirken vielmehr in organischer Einheit, um die kirchliche Gemeinschaft zu befähigen, sich zum Leib Christi aufzubauen und die von Christus empfangene Sendung zu erfüllen. Nachdem das Dokument die Merkmale von Episkopat und Presbyterat erläutert hat, geht es auf den Dienst des Diakons ein und bekräftigt: Ausgehend von der Eucharistie unter dem Vorsitz des Bischofs oder Presbyters trägt er die Verantwortung dafür, das kirchliche Handeln in den verschiedenen Bereichen (Erstevangelisierung, christliche Erziehung,

29 In einem Abschnitt heißt es: „Die konkrete Ausübung des Diakonats in den verschiedenen Kontexten wird auch dazu beitragen, seine Identität als Dienstamt zu bestimmen, wobei, wenn nötig, auch Modifikationen eines kirchlichen Rahmens denkbar sind, in dem die besondere Verbindung mit dem Dienst des Bischofs kaum aufscheint oder die Gesamtheit der Aufgaben des Dienstamtes mit dem Priester gleichgesetzt wird. Das lebendige Bewusstsein der Kirche als *Communio* wird zu dieser Entwicklung beitragen“: ITK, Diakonat, 496f. (Kap. 7, IV. 2.).

Aufbau der kirchlichen Gemeinschaft, wirksame Präsenz in der Gesellschaft) zu verwirklichen oder für die Verwirklichung zu sorgen (sei es direkt oder durch die Stärkung im Vollzug der Charismen und Dienste anderer), als geweihter Mitarbeiter des Ordo der Bischöfe und der Presbyter.

Oft spricht das Dokument vom ständigen Diakonat als der *Form,* die in der heutigen Kirche wiederhergestellt und neu betont werden muss. Zur Begründung heißt es im Schlussteil: „Jenseits aller Fragen, die der Diakonat aufwirft, darf daran erinnert werden, dass die aktive Präsenz dieses Dienstamtes seit dem II. Vatikanum im Leben der Kirche, in Erinnerung an das Beispiel Christi, lebendig bewusst macht, welchen Wert das Dienen für das christliche Leben hat".[30]

Von Papst Benedikt XVI. liegen uns einige zweifellos bedeutsame Beiträge vor[31], und in seiner Enzyklika *Deus caritas est* (25. Dezember 2005) [19] betont er nachdrücklich: „Liebe zu üben für die Witwen und Waisen, für die Gefangenen, die Kranken und Notleidenden jeglicher Art, gehört ebenso zum Wesen der Kirche wie der Dienst der Sakramente und die Verkündigung des Evangeliums. Die Kirche darf den Liebesdienst so wenig vernachlässigen wie Sakrament und Wort" (Nr. 22). Mit der Wahl der „Sieben" und durch ihren ganz konkreten und zugleich geistlichen Dienst, so der Papst, ist die Diakonie nun „in der Grundstruktur der Kirche selbst verankert" (Nr. 21). In seiner Ansprache an die Diakone in Rom am 18. Februar 2006 [20] wies Papst Benedikt XVI. auf die neuen Formen der Armut hin, die unsere Zeit kennzeichnen: Viele Menschen haben den Sinn des Lebens verloren oder leben in geistiger und kultureller Armut. Auch im liturgi-

30 ITK, Diakonat, 499.

31 Im Nachsynodalen Apostolischen Schreiben *Sacramentum caritatis* (22. Februar 2007), Nr. 26, 39, 51, 53, 61, 75, 94 [21]; Ansprache an Priester, Ordensleute, Seminaristen und Diakone in Brasilien (12. Mai 2007) [22]; Ansprache bei der Begegnung mit dem Klerus der Diözese Rom (7. Februar 2008) [24].

schen Gottesdienst sollte der Diakon sich dieser Armut zuwenden, um alle Armen zum Altar Christi zu bringen. Wir sollten jedoch die Bedeutung der Armut nicht so sehr spiritualisieren, dass wir die Berufung des Diakons vergessen, den Armen in wirksamer Liebe *materiell* zu dienen.

Der Papst stellt klar, dass es nicht ausreicht, den Glauben nur mit Worten zu verkünden. Vielmehr ist es notwendig, die Verkündigung des Evangeliums mit einem konkreten Zeugnis der Nächstenliebe zu begleiten. Nur wenn der Vorrang des diakonischen Dienstes der Nächstenliebe bekräftigt wird, kann der wiederhergestellte Diakonat langfristig Akzeptanz finden. Andernfalls könnte er das gleiche Schicksal erleiden wie der Diakonat in der frühen Kirche, der zwischen der Furcht, eine Bedrohung für die Identität der Presbyter zu sein, und der Sorge der Laien vor neuen Formen des Klerikalismus zerrieben wurde. Dies muss ernsthafter berücksichtigt werden, wenn nach angemessenen Formen der Förderung und nach Auswahlkriterien für den Diakonat sowie nach geeigneten Ausbildungswegen für künftige Diakone gesucht wird.

Papst Benedikt hofft daher, dass die Nächstenliebe „zu allen Zeiten, in jeder Diözese, wenn auch unter unterschiedlichen Bedingungen, eine grundlegende und vorrangige Dimension der Tätigkeit der Diakone bleibt. Es ist jedoch nicht die einzige, wie uns auch die Urkirche zeigt, wo die sieben Diakone gewählt worden waren, gerade damit die Apostel sich dem Gebet, der Liturgie und der Predigt widmen konnten – auch wenn Stephanus dann vor der Situation steht, dass er den Hellenisten, den griechischsprachigen Juden, predigen muss, und so erweitert sich der Bereich der Predigt. Sein Handeln ist sozusagen von den kulturellen Umständen bestimmt, in denen er die Stimme hat, um in diesem Bereich das Wort Gottes gegenwärtig machen und so auch die Universalität des christlichen Zeugnisses in größerem Umfang zu ermöglichen. So öffnet er dem hl. Paulus die Türen, der Zeuge seiner Steinigung war und dann gewissermaßen sein Nachfolger im Einsatz für die Verbreitung des Wortes Gottes in der ganzen Welt“ [24].

Wie das II. Vatikanische Konzil bekräftigt, trägt der Bischof *die Fülle des Weihesakraments* in sich und ist der erste Zelebrant der Eucharistie inmitten seines Volkes.[32] Die Lehre des Konzils über den ständigen Diakonat muss daher im Rahmen der komplexen Strukturierung der Kirche um die Eucharistie als „Quelle und Höhepunkt" des gesamten christlichen Lebens[33] und der Eucharistiefeier um den Bischof gesehen werden. In dieser dienstamtlichen Gestalt der Gesamtkirche ist der Diakon grundlegend sowohl mit der Eucharistie als auch mit dem Bischof verbunden. Die Liturgie ist ja „der Höhepunkt, dem das Tun der Kirche zustrebt, und zugleich die Quelle, aus der all ihre Kraft strömt".[34] Papst Benedikt XVI. (damals Kardinal Ratzinger) hat die Lehre des Konzils in diesem Bereich klar zusammengefasst, indem er erklärt: Der Gottesdienst der Kirche „ist ihre Verfassung, denn sie selbst ist ihrem Wesen nach Gottesdienst und darum Menschendienst, Dienst der Weltverwandlung".[35] Was die Diakone in der Liturgie tun und wie sie sich dabei zu anderen kirchlichen Diensten verhalten, wird für ihre Tätigkeit und ihre Verhältnisbestimmung zur Welt im weiteren Sinne von Bedeutung sein. „Die Feier der Eucharistie ist ein Paradigma für das Zusammenspiel der verschiedenen Dienstämter in der Kirche. Sie ist unter anderem eine Art ‚Generalprobe' für das Leben".[36]

32 *Sacrosanctum Concilium* (SC), Nr. 41: „Die Kirche wird auf eine vorzügliche Weise dann sichtbar, wenn das ganze heilige Gottesvolk voll und tätig an denselben liturgischen Feiern, besonders an derselben Eucharistiefeier, teilnimmt: in der Einheit des Gebets und an dem einen Altar und unter dem Vorsitz des Bischofs, der umgeben ist von seinem Presbyterium und den Dienern [Diakonen].

33 SC Nr. 10.

34 Ebd.

35 Joseph Ratzinger, Kirche, Ökumene und Politik, Einsiedeln 1987, 17.

36 Hannover-Bericht der Internationalen Anglikanisch-Lutherischen Kommission, Der Diakonat als ökumenische Chance, London 1996, Nr. 22 [90].

Aus der eucharistischen Diakonie geht durch natürliche sakramentale Ausweitung der Dienst an den Tischen hervor, der zuerst den Brüdern und Schwestern und dann allen Armen erwiesen wird. Auf dieselbe Weise, ebenfalls aus der *diaconia Verbi*[37], ergibt sich ein wahrer und eigentlicher Dienst am Wort, der seine biblische Quelle und seine kirchliche Identität im Werk der Evangelisierung der Geringsten und der Ausgegrenzten hat. So gehört es zum integralen Bestandteil der Diakonie aufgrund der Weihe, dass dem Diakon die konkrete Eignung zuerkannt wird, in der christlichen Gemeinschaft, zu der er gehört, den Dienst am Wort zu animieren und nicht nur die Liturgie und die Nächstenliebe.

Abschließend möchte ich auf einige neue Elemente eingehen, die Benedikt XVI. am 26. Oktober 2009 mit dem *Motu proprio Omnium in mentem* [25] eingeführt hat, um das Weihesakrament und die Identität des Diakonats zu definieren. Zugleich veröffentlichte er eine Änderung des *Katechismus der Katholischen Kirche,* die Johannes Paul II. 1998 vorgenommen hatte, und formulierte die Abschnitte 1008 und 1009 des CIC in Kohärenz mit der lehrmäßigen Entscheidung seines Vorgängers neu.

Der *Katechismus der Katholischen Kirche* hatte sich zuvor zum Weihesakrament wie folgt geäußert: „Durch eine besondere Gnade des Heiligen Geistes gleicht dieses Sakrament den Empfänger

37 Das *Instrumentum laboris* der 12. Bischofssynode, Das Wort Gottes im Leben und in der Sendung der Kirche (12. Juni 2008), stellt in Nr. 49 fest: „Im Hinblick auf die Evangelisierung, zu der sie durch ihren Dienst berufen sind, stellt auch für die Presbyter und Diakone die Kenntnis und Vertrautheit mit dem Wort Gottes eine vordringliche Aufgabe dar. Das II. Vatikanische Konzil bekräftigt, dass alle Kleriker, besonders die Presbyter und Diakone, durch eifrige Lesung und genaues Studium eine beständige Berührung mit der Heiligen Schrift haben müssen, damit sie nicht nach außen hin vergeblich Prediger des Wortes Gottes sind, weil sie es innerlich nicht hören (DV 25; PO 4). Dieser Lehre des Konzils entspricht die kirchenrechtliche Bestimmung im Hinblick auf den Dienst am Wort Gottes, der den Presbytern und Diakonen als Mitarbeitern des Bischofs anvertraut ist“ [80].

Christus an, damit er als Werkzeug Christi seiner Kirche diene. Die Weihe ermächtigt ihn, als Vertreter Christi, des Hauptes, in dessen dreifacher Funktion als Priester, Prophet und König zu handeln" (KKK 1581). Im Anschluss an eine allgemeine Aussage über die spezifische Gleichförmigkeit derjenigen, die dieses Sakrament empfangen, mit Christus weist der Text auf eine Besonderheit hin, die es erlaubt, die geweihten Träger der Dienstämter von den einfachen Getauften zu unterscheiden: die Befähigung, in der Person Christi zu handeln, insofern er das Haupt der Kirche ist.

Nach der von Johannes Paul II. eingeführten und von Benedikt XVI. promulgierten Änderung wurde der Text wie folgt umformuliert: „Durch eine besondere Gnade des Heiligen Geistes gleicht dieses Sakrament den Empfänger Christus an, damit er als Werkzeug Christi seiner Kirche diene. Von ihm erhalten die Bischöfe und Presbyter die Sendung und die Vollmacht, in der Person Christi, des Hauptes der Kirche, zu handeln, die Diakone hingegen werden befähigt, dem Volk Gottes in der Diakonie der Liturgie, des Wortes und der Liebe zu dienen" (KKK 1581).

Der Papst scheint mit seinem Vorgehen neue Elemente bieten zu wollen, um das Wesen des Weihesakraments zu klären und die Identität des Diakonats besser zu bestimmen. Einhellig bestand die Meinung, dass sich das II. Vatikanische Konzil und das nachkonziliare Lehramt klar und eindeutig geäußert haben:

a) Die Einheit des Weihesakraments in den drei Weihestufen Episkopat, Presbyterat und Diakonat wird betont.
b) Das Spezifikum des Weihesakraments ist die Aufgabe, der Gemeinschaft im Namen Christi, des Hauptes, vorzustehen.
c) Die sakramentale Dimension des Diakonats wird bestätigt.

Die im *Motu proprio Omnium in mentem* vorgenommenen Änderungen betreffen offenbar die Bedeutung des Ausdrucks „im Namen Christi, des Hauptes, den Vorsitz führen". Traditionell wies diese Formulierung auf eine Leitungsfunktion hin und wurde in diesem Sinne im KKK und im CIC verwendet: Das Weihesakrament verlieh dem Empfänger in seinen drei Graden ein Amt des Vorsitzes in der Ausübung der *tria munera*. Im engeren Sinne bezog sich „im Namen Christi, des Hauptes, den Vorsitz führen", auf die Befugnis, die nur den beiden Graden des Episkopats und des Presbyterats zukommt: der Feier der Eucharistie vorzustehen. Nach den vorgenommenen Änderungen scheint das päpstliche Lehramt die zweite Bedeutung vorzuziehen und die Diakone von dieser Repräsentation auszuschließen.

Infolge dieser Entscheidung stellen sich jedoch einige Fragen:

- Es wird problematischer, das Proprium des Weihesakraments eindeutig herauszustellen. Seinen drei Graden kann im geänderten Text nur folgende Beschreibung zugeordnet werden: „Durch eine besondere Gnade des Heiligen Geistes gleicht dieses Sakrament den Empfänger Christus an, damit er als Werkzeug Christi seiner Kirche diene." Doch Werkzeug Christi für seine Kirche zu sein, kann nicht als spezifische Aufgabe derjenigen angesehen werden, die die heiligen Weihen empfangen, sondern es gebührt der Gemeinschaft als ganzer und den Getauften je einzeln.
- Wenn die Aufgabe, der Gemeinde im Namen Christi, des Hauptes, vorzustehen, den Bischöfen und Presbytern vorbehalten ist, führt dies zu einer Trennung innerhalb des Weihesakraments. Wenn der Diakon beispielsweise das Sakrament der Taufe spendet oder im Auftrag des Bischofs die caritativen Tätigkeiten in der Diözese koordiniert, steht er dann nicht im Namen Christi, des Hauptes, der Gemeinde vor? Die Unterscheidung des Diakonats vom Episkopat und Presbyterat, die durch die eingeführten Änderungen hervorgehoben wird, könnte denjenigen, die seine sakramentale Dimension leugnen, neuen Stoff bieten und legt nahe, Diakone als einfache Getaufte zu betrachten, die mit besonderen Diensten betraut sind.
- Die jüngsten Änderungen, die das päpstliche Lehramt als Alternative zum Vorsitz im Namen Christi, des Hauptes, eingeführt hat, bekräftigen für die Diakone eine Rolle des Dienens: Sie werden „befähigt, dem Volk Gottes in der Diakonie der Liturgie, des Wortes und der Liebe zu dienen". Ist es möglich, sich innerhalb des einen Weihesakramentes für die Bischöfe und Presbyter

auf Christus als Haupt zu beziehen, und nur den Diakonen einen Bezug zu Christus als Diener vorzubehalten?

Die Internationale Theologische Kommission schreibt in dem oben erwähnten Dokument: „Schwierigkeiten ergeben sich dabei nicht aufgrund der zentralen Bedeutung der Kategorie des Dienens für den gesamten Weihestand, sondern daraus, dass man sie zum spezifischen Kriterium des diakonischen Dienstes macht. Ist es möglich, in der Repräsentation Christi ‚Haupt' und ‚Dienst' zu trennen und aus beiden je ein Prinzip der spezifischen Differenz zu machen? Christus der Herr ist zugleich der höchste Diener und der Diener aller. Die Dienste des Bischofs und des Priesters machen gerade in ihrer Rolle des Vorsitzes und der Repräsentation Christi als Haupt, Hirte und Bräutigam seiner Kirche auch Christus den Diener sichtbar, und sie müssen als Dienste ausgeübt werden. Aus diesem Grund muss eine Aufspaltung, die als unterscheidendes Kriterium des Diakonats seine exklusive Repräsentation Christi als Diener angibt, problematisch erscheinen".[38]

Zu bedenken ist auch, dass der *Katechismus der Katholischen Kirche* trotz der jüngsten Änderungen immer noch eine Repräsentation Christi als Haupt für das gesamte Weihesakrament aussagt: „Christus selbst ist im Dienst des geweihten Amtsträgers seiner Kirche gegenwärtig als Haupt seines Leibes, Hirte seiner Herde, Hoherpriester des Erlösungsopfers, Lehrer der Wahrheit" (KKK 1548).[39]

Auch wer keine spezifischen Kompetenzen im Kirchenrecht hat, kann erkennen, wie schwierig es ist, in der notwendig schematischen und prägnanten Sprache einer Rechtsnorm derart komplexe theologische Probleme zusammenzufassen, die unterschiedliche Sprachen und Methoden erfordern.

38 ITK, Diakonat, 481f.

39 Die offizielle deutsche Übersetzung weicht vom lateinischen wie vom italienischen Text ab und bezieht diesen Abschnitt ausschließlich auf den Priester; Anm. der Übersetzerin.

Der Diakonat im ökumenischen Kontext

Im nachkonziliaren Lehramt hat der ökumenische Kontext des diakonischen Dienstes sicherlich einen wichtigen Platz. Die Sendung des Diakons ist in der Kirche auch eine ökumenische Hoffnung, weil dieser Dienst prophetisch eine neue Vision der konkreten kirchlichen Wirklichkeit eröffnet.

Der Dienst des Diakons für die Ökumene ist vielleicht weniger greifbar und befriedigend als andere Aufgaben, doch gewiss nicht weniger in die sakramentale Diakonie einbezogen, wenn sie recht verstanden und in der dreifachen Dimension von Wort, Altar und den Armen gelebt wird. Es ist ein Dienst an der Sache der christlichen Einheit, und dies betrifft die gesamte Welt, die sich nach Einheit, Frieden, Gerechtigkeit und Heil sehnt.

Darüber hinaus heißt es in einer jüngeren ökumenischen Reflexion zum Diakonat: „Der Dienst der Diakone wird gesehen als Dienst eines Mittlers, einer Brücke, eines Gesandten, dessen besonderer Dienst darin besteht, die Botschaft, die Bedeutung und die Werte der Liturgie als des zentralen Ausdrucks für das Evangelium in das Herz der Welt zu tragen und die Nöte und Sorgen der Welt in das Herz des Gottesdienstes und der gemeinschaftlichen Dimension der Kirche zu bringen. Die Diakone werden als diejenigen gesehen, die, verwurzelt in der Lehre und im Gottesdienst des Leibes Christi, die frohe Botschaft in Wort und Sakrament und durch den Dienst der Nächstenliebe zu denen bringen, zu denen Christus gekommen ist, um sie zu suchen und zu retten“.[40]

Diese großartige Beschreibung des Diakonats zeugt einerseits von dem wachsenden Konsens, den der Diakonat im Laufe der Zeit auf ökumenischer Ebene gefunden hat, und hilft uns andererseits zu verstehen, wie die Diakone in der Tat ein *Zeichen* für all das sind, was die Kirche zu tun hat. In der Tat wäre es irreführend,

40 For such a time as this. For a renewed diaconate in the Church of England. A report to the General Synod of the Church of England of a Working Party of the House of Bishops, Church House Publishing: London 2001.

den Diakonat nur in funktionalen Kategorien zu beschreiben und zu bewerten. Aus diesem Grund ist die Ökumene heute ein wichtiger Bereich für die Erneuerung des Diakonats.

Bis heute gibt es nur eine einzige ökumenische Erklärung zum Diakonat, und zwar den sogenannten Hannover-Bericht der Internationalen Anglikanisch-Lutherischen Kommission mit dem Titel *Der Diakonat als ökumenische Chance.*[41] Dieser bemerkenswerte Text bekräftigt, was soeben gesagt wurde: „Die Verknüpfung von Gottesdienst und Dienst bleibt eine Verpflichtung für die verschiedenen diakonischen Dienste der Kirche".[42] „Der diakonische Dienst zielt eigentlich darauf ab, nicht nur den Dienst der Kirche an bestimmte Bedürfnisse zu vermitteln, sondern auch ein Dolmetscher dieser Bedürfnisse für die Kirche zu sein. Die ‚vermittelnde' Rolle des diakonischen Dienstes wirkt daher in beide Richtungen: von der Kirche zu den Bedürfnissen, Hoffnungen und Anliegen der Menschen innerhalb und außerhalb; und von diesen Bedürfnissen, Hoffnungen und Anliegen zur Kirche".[43]

Der Austausch von Ideen und Erfahrungen auf ökumenischer Ebene ist die unverzichtbare Grundlage, damit die verschiedenen Formen der Diakonie sich begegnen, sich verstehen und gegenseitig bereichern können, um allen Menschen das Evangelium der Hoffnung und des Friedens zu verkünden: eine Verkündigung, die überall und für alle ein konkreter und befreiender „Dienst" werden kann.[44]

---

41 Hannover-Bericht, in der Reihenfolge der Zitate: Nr. 28, 51, 22; vgl. [90].

42 Ebd. Nr. 28.

43 Ebd. Nr. 51.

44 W. Kasper, Leadership in the Church: How Traditional Roles Can Serve the Christian Church Today, New York 2003.

Kapitel 3

Der Diakonat in der Sicht von Papst Franziskus

Seit dem historischen und umwälzenden Rücktritt von Papst Benedikt XVI., angekündigt am 11. Februar 2013, und der Wahl von Papst Franziskus am 13. März 2013 hat sich das Erscheinungsbild der Kirche tiefgreifend verändert. Vielleicht ist nicht ganz klar, was Franziskus theologisch über den diakonischen Dienst denkt, doch in jedem Fall lässt sich sagen: Der Papst hat den Stil eines echten Diakons der Freude, der Einfachheit und der evangelischen Armut. Seine Haltung zum Diakonat ist deutlich zu erkennen – sowohl in einigen Ansprachen, die er als Kardinal in der Diözese Buenos Aires gehalten hat, als auch in Äußerungen seines päpstlichen Lehramtes, selbst wenn diese sich nicht direkt auf die Diakone beziehen.

I. Die diakonische Theologie der Einfachheit

In lehramtlichen Äußerungen des argentinischen Papstes[1] finden sich Züge eines Umbruchs, der wirklich beispiellos und brisant erscheint. Das erste dieser Elemente ist die Wahl der Sprache. Vorrangig und mit zuvorkommender Aufmerksamkeit für das Verständnis der einfachen Leute bevorzugt er nicht die großen scharfsinnigen Abhandlungen in Theologie und Lehre, sondern die einfache und wesentliche Botschaft des Evangeliums. Ihm geht es nicht in erster Linie darum, die Vertreter der Intelligenz auf der Ebene einer plausiblen Rationalität zurückzugewinnen, sondern er will dazu einladen, eine kohärente Glaubenserfahrung zu leben und zu bezeugen.

---

1 Vgl. z.B. Le Parole di Papa Francesco. Omelie del mattino, 12 Bände, Città del Vaticano 2013-2019.

Jahrzehntelang wurde beklagt, die kirchlichen Dokumente seien zahlreich, vielleicht zu zahlreich; unter theologischem und redaktionellem Gesichtspunkt sicherlich gut strukturiert; zweifellos schön und interessant, sehr oft aber auch schwierig; Dokumente, die nur von wenigen gelesen werden; schwerfällig durch Wiederholungen, da sie viele Zitate aus früheren Dokumenten enthalten. Es lässt sich nicht verbergen: Die Mehrheit der Gläubigen hatte keinen Zugang zu diesen Dokumenten. Sie fanden sie nicht attraktiv und hatten auch kein Interesse daran. Vielleicht gab es das Interesse, aber die Dokumente waren unbestreitbar in einer Sprache geschrieben, die im Grunde nur für wenige Fachleute brauchbar war.

In dieser Hinsicht hat sich etwas verändert. Die Enzyklika *Lumen fidei* wie auch das Apostolische Schreiben *Evangelii gaudium* lassen uns entdecken: Die Barmherzigkeit, die Zärtlichkeit und die Liebe des Vaters zu seinen Geschöpfen sowie die Gabe des Glaubens sind kein kostbarer Schatz, der eifersüchtig gehütet werden muss, sondern sie sollen in einem Einsatz für Geschwisterlichkeit, Frieden und Hoffnung verbreitet werden. Die Bilder von der Kirche als Feldlazarett, das die Wunden des Menschen heilt, und die Realität der geographischen und vor allem menschlichen Peripherien als Symbol der Menschwerdung erscheinen nicht als Aufrufe oder Wünsche, sondern als Zeichen eines Christentums, das den Menschen in seiner alltäglichen, gewöhnlichen Dimension retten will und sich einer Kultur des Konsums, der Unterdrückung und der Gewalt widersetzt. Schützenswert ist das Leben nicht nur an seinem Anfang und seinem natürlichen Ende, sondern auch in allem, was in der Mitte liegt: die Entfaltung von Frauen und Männern in ihrer Freiheit und Würde.

II. Eine diakonische Sprache

Das missionarische „Geht!“ (Mk 16,15), das im Evangelium für diejenigen erklingt, die in der Nachfolge Christi leben, hat eine Zeit und einen Raum der Inkarnation: das *Heute* in unserem persönlichen und sozialen Erleben und das *Hier* in all unserem Handeln und Planen. In diesem Heute fordert uns Papst Franziskus mit einem herzlichen und eindringlichen Appell auf, die frohe Botschaft vom Reich Gottes an die „existentiellen Peripherien" zu bringen, an die Orte, an denen es – wie er selbst bei verschiedenen Gelegenheiten gesagt hat – „Leid gibt, vergossenes Blut, Blindheit, die sehen will, Gefangene so vieler schlechter Herren" [30].

Zum einen ist die Peripherie ein neuer Grenzbereich der Verkündigung, zum anderen eine wahre Schule des fruchtbaren Zuhörens und der großzügigen Verfügbarkeit. In der oft sinnlosen und vergeblichen Hektik der Großstädte weiß die Peripherie erstaunlicherweise um ihre Grenzen. Die Menschen, die dort wohnen, müssen sich in der Regel tagtäglich mit dem Wesentlichen befassen und können sich den Luxus des Überflüssigen oder Extravaganten nicht leisten. Die existenzielle Peripherie bleibt in der Realität verankert, in den Freuden und Hoffnungen, den Ängsten und Befürchtungen, die ihren Alltag durchziehen. Hier wird in der Tat eine andere kirchliche Erfahrung möglich, gekennzeichnet durch die wesentliche Rückbesinnung auf eine geistlichere Dimension: Eine wahre und tiefe Spiritualität privilegiert ja nicht die formalen Aspekte, sondern wendet sich unmittelbar dem Wesentlichen zu. Die existentielle Peripherie, von der Papst Franziskus spricht, fällt also nicht schlicht und einfach mit geografischen Regionen zusammen, die sich häufig nach standardisierten und unpersönlichen Mustern um die großen städtischen Zentren herum entwickeln. Vielmehr handelt es sich um Orte des Leidens und der Reifung, in denen Leben und Glaube in ihrer unlöslichen Verbindung neu entdeckt werden. Dies geschieht in einem pastoralen Handeln, das eng mit der gelebten Erfahrung verbunden ist.

Vor jedem Verstehen geht es darum, sich auf die gleiche Wellenlänge mit den Brüdern und Schwestern einzustimmen, in ein von Herzen kommendes Mitgefühl mit ihnen und ihren tiefsten Erwartungen an Befreiung, Wachstum, Mitempfinden, Heil. Hier ist es möglich, Teil einer andersartigen Kirche zu sein, die in erster Linie aus Menschen besteht, in der die Gemeinschaft zum

Zentrum des Lebens wird und die Aufmerksamkeit nicht mehr auf Gewohnheiten liegt. Das unterscheidende Merkmal dieser Kirche ist die Barmherzigkeit, die mit dem Herzen fühlt.

Schließlich stehen wir vor einem anderen Umbruch, in dem die Gemeinschaft, das Volk Gottes und die Diakonie als das eine Ziel des Reiches Gottes wieder in den Mittelpunkt rücken und nicht die Kurie, die Rubriken oder die luxuriösen Gewänder; sie spielen zwar in der komplexen kirchlichen Struktur eine Rolle, doch wenn sie überschätzt werden, vergrößern sie die Kluft, statt sie zu verringern, und entziehen unaufhaltsam der Verkündigung die Glaubwürdigkeit bei den einfachen Leuten und mehr noch bei den Armen und Geringsten.

III. Eine diakonische Lektüre des Apostolischen Schreibens „Evangelii gaudium“

Das Apostolische Schreiben *Evangelii gaudium über die Verkündigung des Evangeliums in der Welt von heute* [41] vom 24. November 2013 fällt zunächst durch das auf, was darin – meiner Meinung nach bewusst – fehlt: Wer in erster Linie die Vollständigkeit der theologischen Argumentation, die Proportion der Teile oder eine Ausgewogenheit der Zitate sucht, wird enttäuscht. Doch vielleicht erlebt er stattdessen eine heilsame und wohltuende Explosion, durch die eine Reihe glühender Materialien des Evangeliums die ganze Kirche dazu drängt, ihr missionarisches Bewusstsein zu erneuern, einen Reformprozess einzuleiten, die Freude an der Verkündigung in das Leben der Gläubigen einzupflanzen, hingeordnet auf ein beständiges Leben in der Sendung. Die Sendung wird so zum Paradigma jeder Evangelisierung: „Die persönliche Bekehrung erweckt die Fähigkeit, alles einzusetzen, um das Reich des Lebens zu schaffen. Bischöfe, Priester, ständige Diakone, gottgeweihte Männer und Frauen, Laien sind aufgerufen, eine ständige Haltung der pastoralen Bekehrung einzunehmen, die ein aufmerksames Hören beinhaltet, um zu erkennen, ‚was der Geist den Kirchen sagt‘ (Offb 2,29), und zwar durch die Zeichen der

Zeit, in der Gott sich kundtut. Mögen wir alle uns fasziniert und angezogen fühlen, ergriffen von der Liebe Christi, so dass wir mit dem hl. Paulus sagen: ‚Wehe mir, wenn ich das Evangelium nicht verkünde' (1 Kor 9,16)!"[2]

Mehr als in der Sorgfalt des Schreibens oder in der wirksamen rhetorischen Form zeigt sich die Absicht des Textes von *Evangelii gaudium* in der persönlichen und zutiefst aufrichtigen Darlegung seines Verfassers; Papst Franziskus sagt: „Die Mission im Herzen des Volkes ist in meinem Leben nicht ein Teil oder ein Schmuck, den ich auch wegnehmen kann; sie ist kein Anhang oder ein zusätzlicher Aspekt unter vielen anderen. Ich kann sie nicht aus meinem Sein herausreißen, ohne mich selbst zu zerstören. Ich bin eine Mission auf dieser Erde, und ihretwegen bin ich auf dieser Welt" (EG 273). Dies kann „in uns ein gewisses Schwindelgefühl hervorrufen: Es ist wie ein Eintauchen in ein Meer, wo wir nicht wissen, was auf uns zukommen wird. Ich selbst habe das viele Male erlebt" (EG 280).

Ohne Anspruch auf Vollständigkeit treffe ich eine Auswahl aus den vielen Vorschlägen und greife in dem Dokument einige Elemente von besonderer Relevanz und Originalität heraus, die den diakonischen Dienst erhellen können: 1. die Freude der Verkündigung, 2. der Vorrang des Evangeliums, 3. die Notwendigkeit der Sendung, 4. die vorrangige Option für die Armen.

1. Die Freude der Verkündigung

„Die Freude des Evangeliums erfüllt das Herz und das gesamte Leben derer, die Jesus begegnen. Diejenigen, die sich von ihm retten lassen, sind befreit von der Sünde, von der Traurigkeit, von der inneren Leere und von der Vereinsamung. Mit Jesus Christus kommt immer und immer wieder die Freude" (EG 1). Die „Leidenschaften", die leider manchmal die verzweifelte Suche nach menschlicher und sozialer Selbstbestätigung durchdringen, werden

---

2 Rede anlässlich der ersten Sitzung des Priesterrates, Buenos Aires, 15. April 2008 [30].

in den Texten der Heiligen Schrift entkräftet und umgestürzt, doch nicht immer folgt daraus eine dem Evangelium gemäße Lebensform. Es gibt Christen, und leider auch Diakone, die mehr von der Fastenzeit als von der Auferstehung wissen, mehr von Selbstmitleid als von geschwisterlichem Schwung, mehr von Rückzug und Resignation als von dem freudigen Zeugnis für die empfangenen Wohltaten.

Traditionell ist dem Diakon die Aufgabe zugewiesen, in der Osternacht das *Exsultet* zu singen, das mit einem Hymnus der Osterfreude eröffnet wird. Der Diakon verkündet diese Freude drei Gruppen, die dazu aufgerufen werden, den Auferstandenen zu preisen: der *Schar der Engel*, den ersten Zeugen der Auferstehung; der *Erde*, die von der Finsternis der Sünde befreit ist; der *Mutter Kirche*, vertreten durch die im Gotteshaus versammelte Gemeinde. Gerade deshalb bleibt der freudige Gesang des *Exsultet* liturgisch gesehen das auffälligste Amt des diakonischen Dienstes und ein Beispiel für den „Modus", der die Sendung aller Jünger und Jüngerinnen beleben kann.

Die Freude des Glaubens unterliegt nicht den zahllosen Bedingtheiten der Bedürfniskultur unserer Tage, denn sie lebt auch in unwirtlichen Kontexten. Diese außergewöhnliche Kraft scheint widersprüchlich zu sein und bleibt daher für die geistigen Kategorien der Welt unverständlich, doch sie ist der Freude von Natur aus eigen. Denn die Begegnung mit der Liebe Gottes befreit das Gewissen von aller Isolation und Einsamkeit und reißt die Mauern der Selbstbezogenheit und des Vertrauens auf sich selbst ein.

2. Der Vorrang des Evangeliums

Die Dringlichkeit der Sendung gebietet den Vorrang des Evangeliums. Jedem Diakon wurde am Tag der Weihe durch den Bischof das Evangelienbuch überreicht. Als Diener des Evangeliums, der er durch die sakramentale Gnade ist, hütet und trägt der Diakon das heilige Buch, um es an die Gläubigen weiterzugeben. Der Diakon bereitet die Gabe des Evangeliums vor, besser gesagt: Er führt alle Handlungen aus, die der Verkündigung des Evangeliums durch den Presbyter vorausgehen, und so dient er dem Wort durch die *praeparatio Evangelii.* Das Evangelium vorbereiten – das bedeutet: dem Menschen helfen, sich auf den Weg zur Begegnung mit Christus zu machen, wie es der Diakon Philippus tat (Apg 8,26ff.). Das setzt voraus, dass der Diakon völlig seinem Meister anhängt, ständig die Gleichgestaltung mit Christus und der von ihm inkarnierten diakonischen Gestalt sucht sowie den unstillbarer Wunsch in sich trägt, Menschen auf ihrem Weg zu begleiten. „Eine Seelsorge unter missionarischem Gesichtspunkt steht nicht unter dem Zwang der zusammenhanglosen Vermittlung einer Vielzahl von Lehren, die man durch unnachgiebige Beharrlichkeit aufzudrängen sucht" (EG 35). Die Botschaft darf auch nicht mit „zweitrangigen Aspekten gleichgesetzt werden, die, obwohl sie relevant sind, für sich allein nicht das Eigentliche der Botschaft Jesu Christi ausdrücken" (EG 34).

3. Die Notwendigkeit der Sendung

Mitreißend und begeistert entfaltet der gesamte Text die Dimension der Sendung und bringt so die Identität der Kirche und die persönliche Entfaltung des Gläubigen zum Ausdruck. „Die neue Evangelisierung muss ein neues Verständnis der tragenden Rolle eines jeden Getauften einschließen" (EG 120). Eine wesentliche Botschaft lautet: „Jesus Christus liebt dich, er hat sein Leben hingegeben, um dich zu retten, und jetzt ist er jeden Tag lebendig an deiner Seite, um dich zu erleuchten, zu stärken und zu befreien" (EG 164). Der Weg der Schönheit wie auch der Weg des Wortes verlangen von der Verkündigung bestimmte Eigenschaften: „Sie muss die erlösende Liebe Gottes zum Ausdruck bringen, die jeder moralischen und religiösen Pflicht vorausgeht, sie darf die Wahrheit nicht aufzwingen und muss an die Freiheit appellieren, sie muss freudig, anspornend und lebendig sein und eine harmonische Gesamtsicht bieten, in der die Predigt nicht auf ein paar Lehren verkürzt wird, die manchmal eher philosophischen Charakter tragen als dem Evangelium entsprechen" (EG 165).

4. *Die vorrangige Option für die Armen*

„Eine arme Kirche für die Armen"[3] und daher wahrhaft *diakonisch* – das ist der Wunsch, der den Dienst von Papst Franziskus von Anfang an begleitet. Dieser Wunsch findet sich ständig als Leitkriterium der geistlichen und kirchlichen Erneuerung wieder, die in *Evangelii gaudium* mit großer Wirkkraft umrissen wird. Es geht darum, in der Freude des Evangeliums den wahren Reichtum zu finden, den zu leben und zu bezeugen die Kirche berufen ist. Die lateinamerikanische Tradition der vorrangigen Option für die Armen und für die arme Kirche spiegelt sich in dem päpstlichen Schreiben voll und ganz wider. Man spürt die tiefe Kontinuität, die durch das Lehramt und die Praxis der Kirchen eines ganzen Kontinents in den letzten fünfzig Jahren aufgebaut wurde, aber auch die Kämpfe, die Kontraste und die Reifungen sowohl in der Theologie als auch in der pastoralen Praxis. Die Reinigung von ideologischem Ballast und eigennütziger Trägheit erlaubt eine überraschende Klarheit beim Anprangern der „absoluten Autonomie der Märkte und der Finanzspekulation" (EG 202). „Wir dürfen nicht mehr auf die blinden Kräfte und die unsichtbare Hand des Marktes vertrauen" (EG 204), wenn wir weiterhin über persönliche und gemeinschaftliche Ethik, Solidarität, Güterverteilung, Arbeit und die Würde der Schwachen sprechen wollen. Zu dringlich ist heutzutage die Option für die Armen, und zwar nicht aus rein soziologischen, sondern im eigentlichen Sinne aus theologischen Gründen.

IV. Die Familie des Diakons als Grundform der Vernetzung

Die Zukunft liegt in der Fähigkeit zur „Vernetzung": Diese Bereitschaft zur Vernetzung trägt in sich den Keim zu familiärer Nähe. Die Familie ist die Prophetie des Reiches Gottes, Gottes Traum, der erste Buchstabe des Alphabets der Liebe. Der Beziehungskreis,

3 Der Ausdruck wird zum ersten Mal in der *Ansprache an die Medienvertreter* vom 16. März 2013 verwendet [34].

der zur Familie gehört, stellt den Übergang vom Wissen zur liebevollen Fürsorge dar, im Namen des Prinzips der Liebe, die alles umschließt und alles wertschätzt. Das gilt erst recht für den Diakon. Die Familie des Diakons kann nicht existieren, um sich im Namen der Sicherheit und des sozialen Misstrauens in sich selbst zu verschließen, noch kann sie losgelöst von ihrem Kontext leben, da sie sonst qualitativ verarmt. Im Gegenteil, die Offenheit der Familie des Diakons für andere Familien, die Gesellschaft und die Pfarrei mindert die Angst vor der Zukunft, erzieht zum Teilen, gibt das Gefühl, Teil eines Ganzen zu sein, und setzt neue Energien frei. Auf diakonischer Ebene kann die Familie dazu beitragen, eine neue Pastoral zu initiieren, die im Sinne der „Diaspora" in der Welt tätig wird und darauf achtet, die Berufung der christlichen Laien zu stärken, den Menschen dort nahe zu sein, wo sie leben.

Die Familie ist die erste „Minderheit", die ein Licht auf die Gesellschaft als ganze wirft: Sag mir, in welcher Familie du lebst, und ich sage dir, welche Gesellschaft/Zukunft du aufbaust. Es ist unumgänglich, wieder bei der Familie anzusetzen, dem wichtigsten sozialen Puffer und gleichsam einem „Dorfbrunnen", der den Durst der Menschen auch heute noch sprudelnd stillt. Wann wird es eine neue Familienpolitik geben? Wann wird es eine neue diakonische Familie geben? Papst Franziskus sieht in seinem Schreiben nicht die Aufgabe, „eine detaillierte und vollständige Analyse der gegenwärtigen Wirklichkeit zu bieten" (EG 51). Weitere Interpretationen und Überlegungen werden den Gemeinden und den Hirten überlassen. „Es ist klar", sagt er, „dass Jesus Christus uns nicht als Fürsten will, die abfällig herabschauen, sondern als Männer und Frauen des Volkes. Das ist nicht die Meinung eines Papstes und auch keine pastorale Option unter möglichen anderen. Es sind klare, direkte und überzeugende Weisungen des Wortes Gottes" (EG 271). Für Presbyter wie für Diakone besiegelt die Lektüre der Abschnitte zur Homilie und zur Predigt (EG 135-159) die höchste Anspannung, die das Dokument durchzieht: die Wahrnehmung nicht einer apokalyptischen und gefährlichen Zeit, sondern eines *kairos*, einer dem Evangelium günstigen Zeit, einer

Zeit, die der Verkündigung der Hoffnung und dem verjüngenden Atem der Nächstenliebe förderlich ist. Dieser Dienst kommt den Diakonen zu.

V. „Habt keine Angst vor Solidarität!"

Diese Ermahnung wiederholt Franziskus unermüdlich, seit er – wie er zu sagen pflegt – zum „Bischof von Rom" gewählt wurde. In dieser Hinsicht können seine reichen und mutigen lehramtlichen Aussagen in der Tat in einer Art „Solidaritätsdekalog" zusammengefasst werden. *Solidarität* ist ein Schlüsselwort, das heute vielleicht missbraucht wird und das Diakone ohne Furcht aufgreifen müssen, um es mit Überzeugung nicht nur im kirchlichen, sondern auch im zivilen Bereich zu verwenden. In der Tat gehört dieses Wort nicht nur zum christlichen Wortschatz, im Gegenteil: Es durchzieht den gesamten menschlichen Wortschatz und wird gerade dadurch zu einem völlig unverzichtbaren Begriff für die Erneuerung unserer Gesellschaft. *Solidarität* ist ein grundlegend diakonisches Wort. Es bedeutet viel mehr als irgendeinen mehr oder weniger sporadischen Akt der Großzügigkeit: Solidarität erfordert die Schaffung einer neuen Mentalität, die fähig ist, in Kategorien der Gemeinschaft zu denken und dem Schutz des Lebens aller den Vorrang gibt gegenüber der Aneignung der Güter durch einige wenige (EG 188). Es geht darum, „dem Armen das zurückzugeben, was ihm zusteht" (EG 189).

Diese bedeutsame Solidarität geht über die Aufmerksamkeit für die am stärksten Ausgegrenzten hinaus und fordert uns auf, mit leeren Händen und ohne Vorurteile auf andere zuzugehen, sie zu verstehen, sie aufzunehmen und mit denen auf dem Weg zu sein, die anders sind als wir. Ein erster Schritt auf dem Weg zu einer armen Kirche für die Armen ist daher der Verzicht auf den Versuch, eine privilegierte Kaste zu bilden, und die Erkenntnis, voll und ganz zur Menschheitsfamilie zu gehören, ja, diese Familie geradezu durch ein authentisches materielles und geistiges Teilen aufbauen und bewahren zu wollen. Als Sauerteig im Teig der

Menschheit (Mt 13,33) findet die Kirche ihre Daseinsberechtigung, wenn sie jeden nichtigen Versuch der Trennung zurückweist und sich der Aufgabe widmet, wiederherzustellen, zu heilen und wieder zu vereinen, was getrennt war.

1. Solidarität muss als Bürgerrecht anerkannt werden

Solidarität, ein von der westlichen Wirtschaftswelt oft verkanntes Wort, ist geradezu der Schatz der Armen, und dazu verdient sie volle Anerkennung. Sie ist kein Almosen, sondern ein gesellschaftlicher Wert und mehr als der einfache Beistand angesichts der Armen. Vielmehr muss sie dazu führen, das gesamte Wirtschaftssystem global zu überdenken und nach Wegen zu suchen, um dieses System zu reformieren und zu korrigieren, damit es mit den Grundrechten eines jeden Menschen und aller Menschen auf der Erde vereinbar ist.

2. Solidarität sagt Nein zur Kultur der Verschwendung

Das Wort *Solidarität* spiegelt die menschlichen und christlichen Werte wider, die wir heute benötigen, um der westlichen Kultur der Verschwendung etwas entgegenzusetzen. Eine solche Kultur neigt ständig dazu, Menschen auszugrenzen, die ihrem Zustand nach bedürftig und verletzlich sind: Kinder, Jugendliche, ältere Menschen, all jene, die „zu nichts dienen", weil sie nicht mehr produktiv sind. Doch ein Volk, das die „schwachen Schichten" ausschließt, das sich nicht um die Alten kümmert, weil sie als „Bürde" betrachtet werden, das nicht für Behinderte und ihre Familien sorgt, das nicht für die Kleinen und für diejenigen da ist, die keine Stimme haben – ein solches Volk hat die Erinnerung an seine Menschlichkeit verloren und damit auch jede Chance auf eine Zukunft. Wir müssen es mutig aussprechen: Wenn wir nicht alle mehr Solidarität zu zeigen vermögen, wird es für kein Land und keine Gesellschaft eine Zukunft geben.

3. Solidarität sagt Nein zur Globalisierung der Gleichgültigkeit

Die Wohlfahrtsgesellschaft der westlichen Länder, die egoistisch auf das eigene Ich und die vorrangige Befriedigung der eigenen Bedürfnisse ausgerichtet ist, macht uns unempfindlich für die Schreie der anderen und schließt unsere Beziehungsfähigkeit in Seifenblasen ein, die zwar schön, aber substanzlos und vergänglich sind: Sie sind die Illusion des Nichtigen und Vorläufigen, die zur Gleichgültigkeit gegenüber den anderen führt, besser gesagt: zu dem, was wir mit den Worten von Papst Franziskus „die Globalisierung der Gleichgültigkeit“ (EG 54) nennen können. Wir haben uns an die Leiden der anderen gewöhnt, und innerhalb dieser Gewöhnung verliert es an Gewicht und Wert, es geht uns nichts an, er ist nicht unsere Sache. Der Wohlstandsgesellschaft, die uns betäubt, muss also die Kultur der uneigennützigen Solidarität (EG 58) entgegengestellt werden, die sich nicht von der Logik der Produktivität und des Marktes einspannen lässt, sondern sich das ethische Gesetz der Achtung und Förderung der Würde jedes Menschen zu eigen macht.

4. Die Solidarität muss durch eine solidarische Politik verwirklicht werden

Um den Wert der Solidarität zu konkretisieren, muss die Politik „rehabilitiert“ werden, d.h. die Politik muss ihr volles Potenzial als Dienst am Gemeinwohl wiedererlangen, damit sie wirklich eine der höchsten Formen der Nächstenliebe sein kann. Die Zukunft erfordert eine humane Vision der Wirtschaft und eine Politik, die immer mehr und immer besser die Partizipation der Menschen verwirklicht, Elitedenken vermeidet und die Armut an der Wurzel beseitigt. Vorrangig hat die Politik dafür zu sorgen, dass niemandem das Nötigste fehlt und jedem der Schutz seiner unveräußerlichen Rechte und eine geschwisterliche, solidarische Hilfe garantiert ist. Für einen Christen ist es Pflicht, sich für das Gemeinwohl einzusetzen, und oft ist der Weg zur Erfüllung dieser Pflicht gerade die Politik. In diesem Bereich gilt es, sich unermüdlich dafür einzusetzen, die am stärksten benachteiligten Menschen in das Zentrum der Aufmerksamkeit zu rücken. Die Herausforderung, Hindernissen und Diskriminierungen zu beseitigen, muss eine dem Menschen und der Gemeinschaft treue Politik beflügeln. So wird deutlich, wie die Bürger und Bürgerinnen, vor allem wenn sie Christen sind, sich für die politische Realität des Landes oder des Gebietes, dem sie angehören, einsetzen und manchmal auch unbequeme, mutige und dem Evangelium entsprechende Entscheidungen treffen müssen.

5. Es gibt keinen wahren Frieden ohne Solidarität

Es ist die Aufgabe aller Menschen, auf zwei Wegen den Frieden zu schaffen: 1) indem sie Gerechtigkeit in Wahrheit und Liebe fördern und praktizieren; 2) indem sie nach der Logik der Solidarität, nach den je eigenen Möglichkeiten, zur ganzheitlichen menschlichen Entwicklung beitragen. Auf prinzipieller Ebene ist dies unbestreitbar. Wenn wir jedoch mit ehrlichem Blick unsere soziale Wirklichkeit betrachten, müssen wir uns fragen, in welchem Maße sich dieser Grundsatz in konkrete, sichtbare und glaubwürdige Entscheidungen umsetzen lässt, die als „diakonisch" bezeichnet werden könnten. Wahren Frieden und wahre Harmonie kann es nur geben, wenn wir uns überzeugt und verantwortlich für eine gerechtere und solidarischere Gesellschaft einsetzen, indem wir Egoismus, Individualismus und Gruppeninteressen überwinden, und zwar auf allen Ebenen.

6. Solidarität heißt dienen

Solidarisch sein heißt „dienen", d.h. in eine Beziehung zu denen treten, die sich im Zustand der Bedürftigkeit befinden, sie als Personen anerkennen und sich dafür einsetzen, konkrete Antworten auf ihre Bedürfnisse zu finden, ohne Berechnung, ohne Angst, mit Zartgefühl und Verständnis. Der Diakon ist nicht jemand, der gern Reden über die Armen im Munde führt. Er ist jemand, der den Armen begegnet, ihnen in die Augen schaut und sie berührt. In ihnen – den Hungrigen, den Durstigen, den Nackten, den Kranken, den Unterdrückten – erkennt und findet er die Wunden Christi, die mit Sanftmut, Geduld und Zartgefühl zu heilen sind.

7. Solidarität heißt begleiten

Wer „begleitet“, begnügt sich nicht mit einer Nächstenliebe, die den Armen so lässt, wie er ist. Die wahre Barmherzigkeit, die Gott uns schenkt und lehrt, verlangt Gerechtigkeit. Die Armen müssen Wege finden, nicht mehr arm zu sein. Niemand sollte mehr eine Suppenküche für soziale Notfälle, eine Behelfsunterkunft oder den Dienst eines Rechtsbeistands brauchen, damit sein Recht auf Leben und Arbeit als vollwertige Person anerkannt wird.

8. Solidarität ist Verteidigung

„Verteidigen“ bedeutet, die Forderungen nach Gerechtigkeit und Hoffnung anzuerkennen und anzunehmen, gemeinsam nach konkreten Wegen und Abläufen zur Befreiung zu suchen. Es bedeutet, sich auf die Seite der Schwächeren zu stellen. Wie oft können oder wollen wir nicht denen eine Stimme geben, die gelitten haben und immer noch leiden, deren eigene Rechte mit Füßen getreten wurden, die so viel Gewalt erlitten haben, dass sogar der legitime Wunsch nach Gerechtigkeit in ihren Herzen erstickt wurde! Die Armen, die an den Rand Gedrängten und die Leidenden dürfen nicht als „Objekte der Solidarität und der Nächstenliebe“ betrachtet werden, sondern müssen sich als vollwertige „Subjekte“ fühlen, die im Leben und in der Sendung der Kirche wirken: In der Pfarrei und in jedem kirchlichen Bereich muss ihnen ein besonderer Platz und eine besondere Rolle eingeräumt werden.

9. Solidarität heißt auch weinen können

Die Solidarität muss den Christen dazu bringen, angesichts der Tragödien, die sich täglich zum Nachteil der Armen abspielen, weinen zu können. Christen dürfen sich nicht mit einer Gesellschaft abfinden, in der die Erfahrung des Weinens vergessen ist. Manchmal sind es gerade die Tränen, die uns in unserem Leben helfen, Jesus zu sehen. Wenn die Kirche nicht weint – würde Papst Franziskus sagen –, stimmt etwas nicht.

10. Solidarität heißt, Zärtlichkeit Gottes zu werden

Jeden Tag sind Christen aufgerufen, zur „Zärtlichkeit Gottes" für diejenigen zu werden, die die innige Freude der ersten Zärtlichkeiten vergessen haben oder sie in ihrem Leben nie kosten durften. Nach dem Beispiel des barmherzigen Samariters wenden Christen angesichts des menschlichen Leidens ihr Gesicht nicht ab: Stets versuchen sie, ein einladender Blick, eine helfende Hand, ein tröstendes Wort, eine zärtliche Umarmung zu sein.

Nach dem Vorbild Gottes, der Vater ist und uns deshalb so gern liebkost, auch wenn wir verdienen würden, getadelt zu werden, muss jeder Mensch sich zum Herzschlag der Barmherzigkeit für seine Brüder und Schwestern machen. Der Sohn Gottes hat uns in seiner Menschwerdung zur Revolution der zärtlichen Liebe eingeladen (vgl. EG 88) – er, der zuerst die Zärtlichkeit des Vaters für die Welt wurde.

VI. Die Diakonie der pastoralen Demut

Das pastorale Wirken von Papst Franziskus zeichnet sich durch Einfachheit in der Sprache und Demut in der Haltung aus. Gleichzeitig fordert er von der ganzen Kirche Demut in ihrer Weise der Missionierung. „Der Stil der Verkündigung des Evangeliums", sagt er, „geht von dieser Haltung aus: Demut, Dienst, Nächstenliebe, geschwisterliche Zuwendung. ‚Aber ..., Herr, wir müssen doch die Welt erobern!' Das Wort ‚erobern' ist unpassend. Wir müssen in der Welt predigen. Christen dürfen nicht wie Soldaten sein, die, sobald sie die Schlacht gewonnen haben, alles ausrotten" [37]. Dies ist ein leidenschaftlicher Text über die Präsenz der Kirche in der Welt von heute. Im Kontext der heutigen Welt ist die Kirche aufgerufen, demütig zu sein und die Demut Gottes selbst nachzuahmen, der sich in Jesus Christus mit der Erde und mit den Menschen eingelassen hat und ihr – seiner Braut – gewährt, ein auserwähltes Volk zu sein, beseelt vom Heiligen Geist. Folglich soll die Kirche demütig sein, wenn sie auf die Anfragen vom Grunde des menschlichen Herzens hört, wenn sie glaubwürdig eine Wahrheit vorlegt, die zur Freiheit führt, indem sie die befreiende und heilende Prophetie des Evangeliums auf die Schattenseite der Geschichte trägt. In diesem Kontext wird die Präsenz des Diakons, insofern er „Prophetie" Christi, des Dieners, ist, in der Gemeinschaft der Menschen noch klarer verständlich.

Wo Jorge Mario Bergoglio seine Überlegungen zur Demut entwickelt, lässt er sich von einem Kirchenvater inspirieren: Dorotheus von Gaza (525-634), ein fruchtbarer asketischer Schriftsteller, der zu den meistgelesenen der byzantinischen monastischen Tradition gehört. Für Dorotheus besteht der große Kampf des Christen weniger in der äußeren Askese des Ich als in der Zucht des Ego, d.h. im Verzicht auf den Eigenwillen, um das Gemeinwohl zu suchen und in den Willen Gottes einzustimmen: „Wer an seinem eigenen Willen hängt, wie kann er einen anderen ertragen oder auf den geringsten Rat hören?" Die erste Aufmerksamkeit gilt den Versuchungen, denen das Ich ausgesetzt ist. Die erste unter ihnen ist die „Versuchung des Individualismus". Sie lässt – so erinnert uns Bergoglio – die hochmütige Haltung des glaubenden Menschen erkennen, der im Leben alles auf sich bezieht. Diese Versuchung bringt auch das Leben der Diakone oft in Gefahr, indem sie manchmal „zur Parteilichkeit des Gemeinschaftslebens" führt oder zur Selbstverschlossenheit in einen Individualismus der Bequemlichkeit, der unterirdische Wurzeln „von Argwohn und Misstrauen" wuchern lässt, statt sie zu überwinden. Während nun die Demut die tugendhafte Kraft ist, die dazu antreibt, den Brüdern und Schwestern zu begegnen und mit ihnen Gemeinschaft zu haben, „verlangt im Grunde der Geist von Argwohn und Misstrauen [...] eine Wahrheit, die mich gegen meinen Bruder oder meine Schwester absichert".[4]

4 Die Zitate sind entnommen aus: Jorge Mario Bergoglio / Francesco, Umiltà. La strada verso Dio, Editrice missionaria italiana, Verona 2013.

Kardinal Bergoglio wandte sich bei einem Treffen von Katecheten und Katechetinnen an die Diakone und sagte: „Seid Diakone, d.h. beharrliche Diener der Gemeinschaft. Lasst euch vom Geist einbeziehen, der uns einlädt, unseren Individualismus und unsere mangelnde Beteiligung zu überwinden. Verzichten wir auf die alte nostalgische Floskel ‚Alles läuft schlecht', die uns dazu bringt, den Propheten des Untergangs nachzulaufen und uns selbst schon alt und müde zu fühlen. In der heutigen Welt gibt es zu viel Schmerz, es gibt viele traurige Gesichter, auch unter denen, die an die Frohe Botschaft des Evangeliums glauben und doch die Osterfreude ausblenden. Für sie alle müssen wir unbedingt Jesus als den Herrn verkünden. Es ist eine tiefe Freude, die gerade durch die Gegenwart des Herrn in unserer Geschichte motiviert ist" [28].

Die asketische Spur des Dorotheus und die flammenden Worte Bergoglios führen hinab in die Tiefen des Geistes. Dort ist das christliche Leben von evangelischer Einfachheit durchdrungen. Zugleich aber ist es zur vollendeten Praxis der geistlichen Leitung befähigt, die immer den Hintergrund all unserer diakonischen Handlungen bildet, und besitzt den gesunden Menschenverstand, der für unseren Dienst notwendig ist. Die diakonische Spiritualität ist eine Quelle der Kraft für die globalen Herausforderungen.

VII. Der Diakon als Jünger und Hirt

Wenn man Bergoglios Schriften gründlich studiert, ist ein Element offensichtlich und fällt dem gläubigen Empfinden auf: Das Modell der Kirche, das er verfolgt, ist das Modell der „Jüngerschaft" – obwohl Idee und Wort fast nie auftauchen. Man könnte sagen, dass die Jüngerschaft wie ein Wasserzeichen im Hintergrund seiner Schriften und seiner Gedanken über die Kirche präsent ist. Das zeigt sich vor allem in seinem Bemühen, die Gestalt einer selbstbezüglichen Kirche zu dekonstruieren, d.h. einer Kirche, die sich selbst will, sich selbst verwirklicht, sich selbst bewegt. Bergoglio kultiviert die Idee einer *Kirche der Nachfolge*. Daher lehnt er jede Form von Kirche ab, die von einer derartigen „Weltlichkeit" durchdrungen ist, dass sie ihren Hervorgang *von oben* und ihre engste Beziehung zu Christus als Seinsquelle vergisst. Seine Rede über die Kirche beginnt bei Jesus Christus, in der Bewegung der Nachfolge. Er denkt die Kirche als eine Realität der Gnade, und es ist Christus, der sie *gründet, formt und reformiert.* Schauen wir uns diese drei Dimensionen genauer an.

1. Jesus gründet die Kirche

In Exerzitien für die Bischöfe Spaniens (2006) spricht Bergoglio von einer in Christus gegründeten Kirche.[5] Er verknüpft diese einzigartige Gründung der Kirche mit den missionarischen Aufträgen Christi an die Hirten und schreibt: „Der Herr gründet uns, indem er uns die Sendung anvertraut. Und er tut dies nicht mit der funktionalen Folgerichtigkeit eines Menschen, der irgendeine Beschäftigung oder eine Aufgabe übergibt, sondern in der Kraft seines Geistes, der uns so zu dieser Sendung gehören lässt, dass unsere Identität von ihr geprägt bleibt". Jesus gründet also die Kirche, um uns dann ihr anzuvertrauen. „Die elementare Haltung der Gründung besteht darin, sich in der Kirche zu bilden. Jesus will uns als Diakone haben, die in der Kirche verwurzelt und gegründet sind". Christus gründet die Kirche, „indem er christliche Herzen gründet". Bergoglio spricht davon, sich je neu „vom Herrn gründen zu lassen", und von der Aufgabe „als Hirten christliche Herzen zu gründen", eine Aufgabe, die dem Auftrag Christi selbst innewohnt. Es ist ein Gedanke von starker theologischer Substanz und seltener geistlicher Eleganz, aber auch von ergreifender existentieller Wahrheit. So stellt er fest: „In der Ausübung unseres Dienstes arbeiten wir auch mit Christus zusammen, indem wir christliche Herzen gründen, und gleichzeitig gründet und verwurzelt der Herr durch diese Arbeit, die wir tun, unsere Herzen in seinem Herzen".

---

5 Jorge Mario Bergoglio, En Él solo la esperanza. Ejercicios espirituales a los obispos españoles, Madrid 2013. Nicht eigens verifizierte Zitate in den folgenden Abschnitten stammen aus diesem Buch; online siehe [29].

2. Jesus formt die Kirche, indem er sie zu einer Braut macht

Die Idee der Gründung der Kirche durch Jesus schließt auch die Form ein, die er ihr gibt. Sie ist eine bräutliche Mutter nach dem Vorbild Marias: „Jesus gründet die Kirche und gründet uns in der Kirche. Das Geheimnis der Kirche ist verbunden mit dem Geheimnis Marias, der Mutter Christi und der Mutter der Kirche. Maria bringt uns hervor und behütet uns, und das tut auch die Kirche. [...] Die Kirche ist die Jungfrau, die vom Volk der Gläubigen verehrt wird. Wenn wir uns auf die Kirche beziehen, müssen wir daher die gleiche Verehrung empfinden, die wir der Jungfrau Maria erweisen." Bergoglio greift einen Gedanken des Isaak von Stella auf, der sagt: *Maria et Ecclesia, una mater et plures* (Maria und die Kirche sind eine Mutter und viele Mütter), und wandelt ihn ab: Maria und die Kirche sind nur *eine* Braut, sie sind eine einzige Mutter.

3. Jesus reformiert die Kirche

Jesus ist der ständige und einzige Lehrer und Diakon der Kirche. Zu seiner Aufgabe gehört es auch, zu erziehen, indem er korrigiert und zurechtweist, denn Korrektur und Zurechtweisung sind in ihm vollkommen von der liebenden und heilbringenden Gnade durchdrungen. Bergoglio schreibt: „Aus der Hand des Herrn kommt seine überreiche Barmherzigkeit". Sein Werk der Erziehung übt er auch gegenüber den Hirten der Kirche aus. Der Herr tadelt unsere „Ausschließlichkeit", d.h. die Neigung der Hirten (manchmal auch der Diakone), aus der Gemeinschaft und der Nachfolge „auszuschließen" – statt einzubeziehen –, eine Haltung, die durch einen Mangel an Nächstenliebe verursacht wird. Die Priester erinnert er daran, was das Volk Gottes von ihnen verlangt, und zu diesen Forderungen gehört, dass sie „in tiefer Gemeinschaft mit dem Bischof, den anderen Presbytern und den Diakonen stehen".[6] Jesus tadelt die Ängste, die aus einem Mangel an

6 Botschaft von Aparecida an die Presbyter, Brochero, 11. September 2008, Nr. 18 [31].

Glauben entstehen. Der Herr tadelt die Schwächen, die von einem Mangel an Hoffnung herrühren. „Das Kreuz wird nicht erfunden, und man begegnet ihm auch nicht wie einem fatalen Schicksal".[7] Deshalb gilt: „Wenn wir das Kreuz unserer Sendung nicht tragen, dann schmecken wir nicht einmal die Hoffnung". Schließlich, so bekräftigt Bergoglio, tadelt der Herr den Hirten, der nicht fähig ist, mit ihm zu wachen. Eine letzte Bemerkung lautet in glühenden Worten: „Es drängt mich, die besondere Tiefe zu betonen, die das Wachen im Gegensatz zu einer Aufsicht in allgemeiner Weise oder einer eher punktuellen Überwachung besitzt. [...] Um wachsam zu sein [vigilare], genügt es, aufgeweckt, klug und schnell zu sein. Um zu wachen [vegliare], muss man auch die Sanftmut, die Geduld und die Beständigkeit der bewährten Nächstenliebe haben". Wer „überwacht", ist eher ein Soldat als ein Hirte. Nur derjenige, der mit wachem Verstand und weitem Herzen wacht, ist in vollem Umfang ein Hirte, und die Kirche, über die er wacht, ist eine Familie, in der man gern lebt und als Hirte dient.

VIII. Die Diakonie der Barmherzigkeit

„Seid barmherzig, wie euer Vater barmherzig ist" (Lk 6,36). Diese Lehre hat der Herr seinen Jüngern im Evangelium gegeben, der hl. Lukas berichtet davon, und diese Botschaft findet bei Papst Franziskus seit Beginn seines Pontifikats einen Widerhall. Durch ihn und sein Apostolisches Schreiben *Evangelii gaudium* vollzieht sich, was man eine Rückkehr zum Mittelpunkt des christlichen Lebens nennen kann. In der Tat ist es charakteristisch für alle Erneuerungen der Kirche und für jede geistliche Rückkehr zu den Quellen, sich auf das Evangelium zurückzubesinnen, von dem uns die Last des täglichen Lebens unaufhörlich ablenkt. Das Herz der Botschaft Gottes ist die Barmherzigkeit. Indem der Papst diese ergreifende Realität hervorhebt, die jeden Aspekt menschlicher Erfahrung mit

7 Bergoglio, En Él solo la esperanza; die folgenden Zitate stammen wiederum aus diesem Text [29].

Neuheit erfüllt und verklärt, öffnet er nicht nur die Türen zum wiederentdeckten Trost für alle, sondern lädt auch alle Christen ein, Christus wieder in den Mittelpunkt des eigenen Herzens zu stellen, trotz der eigenen Begrenzungen und mit der absoluten Gewissheit, auf die barmherzige Annahme durch Christi Gnade zählen zu können.

„Jesus“, betont der Papst, „spricht nur das Wort der Vergebung, nicht das Wort der Verurteilung“. Sein Versprechen an den guten Schächer „gibt uns eine große Hoffnung und besagt: Gottes Gnade ist immer weitaus reicher als das Gebet, das nach ihr verlangt hat“ [42]. Wenn Gott also denen gegenübersteht, die als die Bösen gelten, droht er ihnen nicht, züchtigt sie nicht, sondern umgibt sie mit Liebe und Zärtlichkeit. Dies ist die beunruhigende Neuheit, die Papst Franziskus in seinem Apostolischen Schreiben eindringlich in Erinnerung ruft: „Gott wird niemals müde zu verzeihen; wir sind es, die müde werden, um sein Erbarmen zu bitten“ (EG 3). Franziskus ruft dazu auf, die geschlossenen Zäune auf dem Weg des Heils zu überwinden, die verkrusteten Muster unseres Urteilens zu überwinden, um den anderen umfassend und vertrauensvoll anzunehmen. Es gilt die Zeit auf die Ewigkeit hin zu überschreiten auf diesem Weg des Menschen, der zugleich der Weg Christi und der Weg der Kirche ist.

Was also ist Barmherzigkeit? Papst Franziskus zitiert den hl. Thomas von Aquin und definiert sie so: „An sich ist die Barmherzigkeit die größte der Tugenden. Denn es gehört zum Erbarmen, dass es sich auf die anderen ergießt und – was mehr ist – der Schwäche der anderen aufhilft; gerade das ist Sache des Höherstehenden. Deshalb wird das Erbarmen Gott als Wesensmerkmal zuerkannt; und darin wird am meisten seine Allmacht offenbar“ (EG 37).[8] Die Liebe nimmt also die Form der Barmherzigkeit an, um den Menschen von der Sünde zu befreien und ihn dem Bösen zu entreißen, „als Jesus am Kreuz in seinem Fleisch die dramatische Begegnung zwischen der Sünde der Welt und dem Erbarmen

8 Papst Franziskus zitiert hier: Thomas von Aquin, STh II-II, qu. 30, a. 4.

Gottes erlitt“ (EG 285). In der radikalen göttlichen Gabe, d.h. in der Sendung des Sohnes und seinem Tod am Kreuz, kommt am deutlichsten zum Ausdruck, wie Gottes Vergebung der Reue des Menschen vorausgeht. Die Barmherzigkeit ist also nicht nur ein Gefühl, und sie endet auch nicht in einer mehr oder weniger sporadischen Geste menschlicher Hilfsbereitschaft. Sie ist vielmehr in einer viel bedeutsameren und konkreteren Weise ein *Handeln*, eine bewusste und wirksame Tätigkeit, in der eine *Person* erkennbar wird, die ständig bestrebt ist, eine belebende und freudige Begegnung mit uns herzustellen.

„Selig die Barmherzigen“, so Papst Franziskus, bedeutet nicht, einen besonderen Moment der Güte von allen anderen Momenten abzugrenzen, sondern einen existenziellen Habitus zu schaffen: Nur wenn wir gewohnheitsmäßig Gutes tun und gewohnheitsmäßig anderen helfen, können auch wir Barmherzigkeit finden. Gott identifiziert sich mit den Unterdrückten, den Opfern der Geschichte, er nimmt Anteil am Leid der Armen und Bedürftigen. Der Papst schreibt: „Wie der Apostel Jakobus lehrt, ermöglicht uns die Barmherzigkeit gegenüber anderen, siegreich aus dem göttlichen Gericht hervorzugehen.“ Denn die Barmherzigkeit triumphiert über das Gericht (Jak 2,12-13). „Jakobus erweist sich als Erbe des größten Reichtums der nachexilischen jüdischen Spiritualität, die der Barmherzigkeit einen besonderen Wert für das Heil zuschrieb“ (EG 193 [41]). Dies zeigt, wie dringlich es ist, ein christliches Verhalten anzunehmen, das in den Seligpreisungen verwurzelt ist und das durch das Verhalten der Jünger Christi das Antlitz Christi selbst wiederherstellt: Christus, der sanftmütig und von Herzen demütig ist (Mt 11,29). Es geht um das wahre Antlitz Gottes, ein Antlitz, das Gabe und Vergebung ist. Und folglich geht es auch um das wahre Antlitz des Menschen.

Schlussfolgerung

Als Diakone sind wir dazu berufen, „zu gehen, zu erbauen und zu bekennen" – Worte, die Franziskus zu Beginn seines Pontifikats an die Kardinäle richtete [33]. So können wir uns heute aufrichten und neue Kraft schöpfen, um unserer Welt wieder das Gesicht der einfachen und echten Dinge zu bieten. Diese schöne Herausforderung, die der Bischof von Rom an den diakonischen Dienst richtet, dürfen wir nicht ungehört verhallen lassen. Die Geste der Fußwaschung, die er zu Beginn seines Pontifikats vollzog – wie er es in Buenos Aires zu tun pflegte –, wobei er die Stola des Diakons trägt, ist ein starkes Zeichen, das die Armen und Ausgegrenzten in den Mittelpunkt stellt, ein Zeichen für den Freimut des Evangeliums für die Welt. Seit langem suchen die Theologie, die Bischöfe und die Diakone selbst nach der Identität des Diakonats. Mit seiner Lehre legt Franziskus der Gemeinschaft die klare Vision einer diakonischen Kirche vor – auch wo er sich nicht ausdrücklich auf Diakonie und Diakonat bezieht. Diese Vision kann das Beste aus wissenschaftlicher Arbeit, theologischer Reflexion und historischer Forschung gleichzeitig integrieren. Sie umfasst den Dienst an den Armen und Leidenden in Werken der christlichen Nächstenliebe ebenso wie den prophetischen Widerstand gegen die Ungerechtigkeit. Sie schließt aber auch die Hinwendung zu den geistig Armen ein, zu den Wahrheitssuchenden, den Gottfernen, zu denen, die nie Christen waren oder die nicht mehr glauben.

Bezeichnend ist der handschriftliche Brief[9], den der Papst anlässlich der Weihe mehrerer Diakone in Buenos Aires schrieb. Ihm lag daran zu betonen, wie das Dienen die Existenz und die Tätigkeit des Diakons kennzeichnen muss. Dieser Dienst drückt öffentlich die Berufung zum Dienen selbst aus und macht sie sichtbar – und dies nicht nur für eine bestimmte Zeit, sondern für

---

9 Brief an Monsignore Joaquin Sucunza, der am Ende der Feier der Diakonatsweihe in der Kathedrale von Buenos Aires verlesen wurde; s.u. 87.

das ganze Leben, beständig: „Dienst für Jesus Christus, Dienst für die Kirche, Dienst an euren Brüdern und Schwestern, besonders an den Ärmsten und Bedürftigsten. Seid keine ‚Diakone auf Zeit' oder Funktionäre. Die Kirche ist keine NGO. Lasst den Dienst euer Leben umwälzen. ‚Legt das Fleisch auf den Grill!'"

Um den Diakon richtig in den Kontext der Neuevangelisierung einzuordnen, kommt uns die Synode über die Neuevangelisierung zu Hilfe. In den *Lineamenta* wird die Frage formuliert: „In welcher Weise hat der wieder eingerichtete Dienst des ständigen Diakonats in diesem Auftrag zur Evangelisierung einen der Inhalte seiner Identität gefunden?"[10] In der Folge werden im „Vorschlag" zur pastoralen Dimension des diakonischen Dienstes die Diakone, die in ihrer Sendung einen großen Dienst an der Kirche leisten, in ihrer Arbeit anerkannt und ermutigt.[11] Für die Diakone werden auch Programme der Weiterbildung innerhalb der Diözesen angemahnt.[12] Die Verkündigung des Evangeliums in der Teilkirche, in der sich die Neuevangelisierung vollzieht, erfordert die Zusammenarbeit von Bischöfen, Priestern und Diakonen, Ordensleuten und Laien. Denn die Teilkirche ist an jedem Ort die konkrete Erscheinungsform der Kirche Christi und initiiert, koordiniert und verwirklicht als solche das pastorale Handeln, durch das die Neuevangelisierung sich vollzieht.

Im Apostolischen Schreiben *Evangelii gaudium* fordert Papst Franziskus Bischöfe, Priester und Diakone auf, neue, der heutigen Welt entsprechende Mittel und Wege zu finden, um die Predigt wirklichkeitsnäher und „attraktiver" zu machen. Die Heilige Schrift zeigt uns einen Menschen, der beispielhaft und vollständig dieses Profil des Diakonats verkörpert: Es ist Philippus, einer der Sieben, die ausgewählt wurden, um den Aposteln zu helfen (Apg

10 13. Ordentliche Generalversammlung der Bischofssynode (2012): Die neue Evangelisierung zur Weitergabe des christlichen Glaubens, Lineamenta, Nr. 22, Frage 30 [71].

11 Vorschlag 49: Die pastorale Dimension des geweihten Dienstamtes.

12 Vorschlag 41: Neuevangelisierung und die Teilkirche.

6,1-10). In der Apostelgeschichte wird Philippus außerdem als „Evangelist" bezeichnet (Apg 21,8). Er verbindet den Dienst an den Tischen – für die Witwen und die Armen – mit dem mutigen Einsatz, Christus in Zeiten der Verfolgung zu verkünden (Apg 8, 4-8). Als Überbringer der Frohen Botschaft ging er zu Simon, dem Magier (Apg 8,9-25), und führte den äthiopischen Beamten zu Christus, nachdem er ihm die Worte der Heiligen Schrift erklärt hatte (Apg 8,26-39). Anschließend setzte er seinen Dienst fort und versuchte systematisch, die Städte entlang der Mittelmeerküste zu evangelisieren, bis er nach Cäsarea kam (Apg 8,40). Philippus, Diakon und Evangelist, ist die biblische Gestalt, die der Vision des Diakonats bei der Evangelisierung voll entspricht. Diese großartige Beschreibung des diakonischen Dienstes zeugt zum einen von der zunehmenden Akzeptanz des Diakonats im Laufe der Zeit und hilft uns zum anderen zu verstehen, wie die Diakone in der Tat *Zeichen* für die Kirche sind, d.h. für all das, was sie zu tun hat.

Auf den folgenden Seiten werden die Worte untersucht, die Papst Franziskus zunächst als Kardinal Bergoglio in der Diözese Buenos Aires und jetzt als Pontifex gesprochen hat. Die Texte werden durch eine knappe theologische Reflexion eingeleitet, um eine – natürlich nicht erschöpfende – Bestandsaufnahme vorzunehmen, wie Franziskus den diakonischen Dienst denkt und verwirklicht sehen möchte. Die Überlegungen stellen einen bescheidenen Beitrag dar, der weiter vertieft werden muss und das Ergebnis einer Konvergenz ist: zwischen der theologischen Reflexion, die immer notwendig ist, der Erfahrung und dem Lehramt des Papstes.

Kardinal Jorge Mario Bergoglio SJ

Kapitel 4

Diakonat und *Communio*-Ekklesiologie

Bevor er Papst wurde, hatte Kardinal Bergoglio sich um eine Interpretation der Konzilsdokumente bemüht, um die pastorale Erneuerung der Katechese in der Diözese Buenos Aires zu gestalten. Dabei sprach er vor allem über die Gemeinschaft. An die Diakone gewandt, forderte er sie auf, alle Formen des Individualismus zu überwinden, um „beharrliche Diener der Gemeinschaft" zu sein.

Heute steht die *Communio* immer klarer im Zentrum der Überlegungen der Kirche und dient als hermeneutischer Schlüssel für das Verständnis der komplexen Ekklesiologie des II. Vatikanischen Konzils. Um es mit *Lumen Gentium* 1 zu sagen: Die Kirche ist das Sakrament der Einigung *(unio)* mit Gott und der Einheit *(unitas)* unter den Menschen. Die Kirche ist ein Zeichen der Gemeinschaft *(communio)* und schafft Gemeinschaft, mit Gott wie auch unter den Menschen.

Unsere Pfarrgemeinden sind oft nicht mehr in der Lage, die Gesamtheit der kirchlichen Sendung zu übernehmen und eine authentische Gemeinde als *Communio* mit Leben zu erfüllen, um in der Evangelisierung und in der Nächstenliebe präsent zu sein. Diese Feststellung sollte uns anspornen, das Leben und den gemeinsamen apostolischen Einsatz in Gemeinschaften zu artikulieren, in denen die Verkündigung des Evangeliums, der Dialog des Glaubens, das gemeinsame Gebet und der Dienst an den Brüdern und Schwestern sich besser am Menschen ausrichten können. Dieser Wandel der Mentalität und des Stils erfordert qualifizierte

Personen, die in Animation und Leitung in Gemeinschaft mit dem Bischof und den Presbytern einen unverzichtbar gewordenen und heiklen Dienst übernehmen. Zugleich wird in unseren Ortskirchen immer mehr das Bedürfnis nach einem pastoralen Handeln laut, das die Menschen dort erreicht, wo sie leben, um ihnen das Evangelium der Nächstenliebe zu verkündigen und eine lebendigere kirchliche Erfahrung zu ermöglichen. Auch an diesen Orten kann die Anwesenheit des vom Bischof ausgewählten und entsandten Diakons ein wertvolles Bindeglied zwischen den kirchlichen Verantwortungsträgern und dem gesamten Volk Gottes sein.

Die Wiedereinführung des Diakonats ist in gewisser Weise ein Testfall für die gemeinschaftliche Gewissenserforschung, die das II. Vatikanische Konzil war. Die Identität und der Dienst des Diakons haben ja der Sache nach einen Bezug zu den vier Konzilskonstitutionen: die Kirche als sakramentales Mysterium *(Lumen gentium)*, der Vorrang des Hörens und der Verkündigung des Wortes Gottes *(Dei Verbum)*, der Primat der Liturgie, Höhepunkt und Quelle des kirchlichen Lebens *(Sacrosanctum Concilium)*, die Beziehung zwischen Kirche und Welt und die Dringlichkeit einer neuen Evangelisierung in der gegenwärtigen Situation *(Gaudium et spes)*. Das Nachdenken über den Diakonat und die Rezeption der diesbezüglichen Konzilsaussagen in unseren Kirchen erlaubt uns, den Horizont auf das gesamte Leben und die Sendung der Kirche in unserer Zeit auszuweiten. Was das Konzil genau genommen wiederhergestellt hat, war „das Prinzip der ständigen Ausübung des Diakonats, nicht eine bestimmte Form, die der Diakonat in der Vergangenheit hatte".[1]

Das II. Vatikanische Konzil schien in der Tat offen zu sein für die Form, die dieser Dienst in Zukunft je nach den pastoralen Erfordernissen und der kirchlichen Praxis annehmen könnte, stets in Treue zur Tradition. Eines der vorherrschenden Merkmale des Konzils bestand darin, gewissermaßen die eher zerebrale, intellektuelle und scholastische Herangehensweise an den katholischen

1 ITK, Diakonat, 467.

Glauben durch eine heilsame Rückbesinnung auf die Weisheit der Väter des ersten Jahrtausends und vor allem der ersten Jahrhunderte abzumildern. Daher kann jede mögliche Reflexion über den Diakonat und jedes korrekte Verständnis seiner wechselvollen und flexiblen Gestaltwerdung durch die Jahrhunderte nur erfolgen, wenn man den Diakonat aufgrund sakramentaler Weihe zu der Mentalität in Beziehung setzt, die das Konzil eröffnet hat. Es gilt den Diakonat zurückzuführen auf das Herz der Konzilsekklesiologie, die *Communio-Ekklesiologie,* die das Lehramt während der Jahre nach dem II. Vatikanischen Konzil inspiriert und den Lebensrhythmus der Kirche geprägt hat. Der von der Konzilsversammlung eingeleitete Weg wurde im nachkonziliaren Lehramt weiterentwickelt und entfaltet. Dabei wurde schließlich der Blick auf den ökumenischen Kontext ausgeweitet, in dem der Diakonat bereits lebendig präsent ist und eine vielgestaltige Verheißung des Dialogs, der Hoffnung und des Friedens darstellt.

Das einende Prinzip und der hermeneutische Schlüssel des gesamten konziliaren Lehramtes ist die *Communio-Ekklesiologie.* Folglich wird es in erster Linie notwendig, in den Gemeinschaften das reifen zu lassen, was die Dokumente das „diakonische Gewissen“ nennen, d.h. das Bewusstsein der Gemeinschaftlichkeit, die sich in Mitwirkung und Mitverantwortung auf allen Ebenen und in deren verschiedenen Formen niederschlägt.

Ein zweiter Bezugspunkt, der eng mit dem vorausgehenden zusammenhängt, betrifft die zentrale Bedeutung, die bei der Ausübung der Weiheämter der Orts- bzw. Teilkirche als Ausdruck und Ereignis der *ecclesia catholica,* d.h. der universalen Kirche, zukommt. In erster Linie müssen die Diakone in Gemeinschaft mit der Person des Bischofs stehen, durchdrungen vom Gehorsam, und diese Beziehung muss sich auch auf alle anderen kirchlichen Komponenten sowie auf das pastorale Projekt der Diözese erstrecken. Unter diesem Blickwinkel ist auch verständlich, warum die Pfarrei als solche nicht der eigentliche Bereich des diakonischen Dienstes ist. Damit soll auch vermieden werden, den Diakon als eine Art „stellvertretender Pfarrer“ zu betrachten.

Eine sichtbare, verdichtete Gestaltwerdung der Kirche als *Communio* ist die jährliche Chrisam-Messe. Dort wird die Kirche weder als Privileg noch als Macht verstanden, sondern als Herausforderung und Aufgabe. Es ist eine Herausforderung, Sakrament der Gemeinschaft in unserer zersplitterten und gespaltenen Welt zu sein, in einer Welt, der es an Ganzheit und Heilsein mangelt. Nach Aussage des II. Vatikanischen Konzils ist die Liturgie, insbesondere die Eucharistie, die höchste Kundgabe des wahren Wesens der Kirche. Das wird in der Chrisam-Messe ganz deutlich. Die Chrisam-Messe steht im Mittelpunkt dieser Herausforderung an die lebendige Kirche, ein Sakrament der Gemeinschaft zu sein, und zwar aus zwei Gründen. In erster Linie ist die Chrisam-Messe im normalen Ablauf des liturgischen Jahres die Gelegenheit, bei der die Ortskirche in der größten Fülle repräsentiert ist. Das Tagesgebet lautet: „Vater, du hast deinen eingeborenen Sohn durch die Salbung mit dem Heiligen Geist geheiligt und ihn zum Christus und Herrn eingesetzt. Gewähre uns, die wir an seiner Heiligung teilhaben, Zeugen seines Heilswerkes in der Welt zu sein".

Jeder einzelne von uns hat durch Taufe und Firmung an der Heiligung Christi zum hohepriesterlichen Dienst teil, und wir sind dazu berufen, Christus, der Hohepriester, zu sein. In der Präfation finden wir die Worte: „Er (Christus) teilt das königliche Hohepriestertum dem ganzen Volk der Erlösten mit".

Hier ist kein Platz für Individualismus, sondern ein starker Akzent liegt darauf, dass wir durch das sakramentale Handeln der Kirche zu einem einzigen priesterlichen Volk in Christus gemacht sind. Das gemeinsame Priestertum der Gläubigen und das sacerdotale Dienstamt kommunizieren mit dem Hohepriestertum Christi, wenn auch auf unterschiedliche Weise. Der ganze Tenor der Feier der Chrisam-Messe richtet sich darauf, unsere gemeinsame Heiligung zu betonen, um eine Gemeinschaft des Zeugnisses und des Dienstes in und an der Welt zu sein.

Der zweite Grund ist folgender: In der Chrisam-Messe erneuern wir unsere Versprechen – Presbyter, Diakone, Ordensleute und Laien, auch wenn faktisch in der gängigen Praxis nur die

Presbyter ihre Versprechen erneuern. Wir zeigen der Welt Gott, indem wir unsere Versprechen – Taufversprechen, Weiheversprechen – geben und uns an diesen Glauben halten. Indem wir unserem Versprechen Tag für Tag die Treue halten, zeigt sich die Treue Gottes zu seiner Schöpfung, die in sakramentaler Gestalt sichtbar wird. Es ist eine Sache zu sagen, man werde alles geben und alles darbringen, was man jetzt ist – und eine andere Sache zu versprechen, dies Jahr für Jahr fortzusetzen, egal was passiert. Gott bleibt uns gegenüber vollkommen treu. Die Versprechen, die bei der Taufe, bei der sakramentalen Weihe und im Ordensleben gegeben werden, haben Anteil an dieser göttlichen Treue und machen die Treue der Liebe, die Gott selbst ist, für andere sichtbar. Die Chrisam-Messe ist eine kirchliche Bekräftigung des Wesens der Kirche als Gemeinschaft und zugleich eine öffentliche Bekräftigung und Garantie gegenüber der Welt, dass unser Leben ein sichtbares Abbild der grenzenlosen Liebe ist, die Gott für jeden Menschen ist und hat. In einer Zeit, in der eine Verpflichtung bis zum Tod für äußerst schwierig gehalten wird, könnten die in der Chrisam-Messe eingegangenen Verpflichtungen kaum bedeutender sein.

Das Chrisamöl lädt die Gläubigen ein, neu zu bekräftigen, wie tief und persönlich unsere Gleichgestaltung mit Christus durch Taufe, Firmung und sakramentale Weihe möglich ist. Das Öl der Kranken lädt dazu ein, unsere Identität in der Situation der Krankheit zu erkennen und unsere Leiden mit ihm zu vereinen, in dem wir leben, uns bewegen und unser Sein selbst haben. Das Öl der Katechumenen soll diejenigen von uns stärken, die ihren Weg in der Kirche gehen, die sich darauf vorbereiten, in Christus eingegliedert zu werden. So sind Presbyter, Diakone, Ordensleute und alle Gläubigen dazu berufen, Christi messianische Gegenwart in der Welt zu sein.

Als Kirche sind wir nicht nur Kundgabe und Ausdruck der Gemeinschaft mit Gott, sondern wir sind auch ein wirksames Werkzeug in den Händen Gottes: eine Wirklichkeit, die, von Gott evangelisiert, für ihn evangelisiert, mit Gott versöhnt ist und mit ihm versöhnt, von Gott in die Einheit zurückgeführt, für ihn in die Einheit zurückführt. Die Chrisam-Messe schenkt uns also diesen vorrangigen Sinn und konkreten Ausdruck der Kirche als Gemeinschaft. Wir alle sind zum Dienst in der Gemeinschaft berufen. Christen dienen einander, lieben einander. In geschwisterlicher *koinonia* wird die christliche *diakonia* gelernt und eingeübt.

Daher werden wir nachdrücklich aufgefordert, unsere christliche Berufung „demütig, friedfertig und geduldig" (Eph 4,2) zu leben. Gleichzeitig sind wir eingeladen, unseren Dienst vollkommen zu machen, indem wir „einander in Liebe dienen" (Gal 5,13), also einander im Dienen unterstützen. „Einer trage des anderen Last, so werdet ihr das Gesetz Christi erfüllen" (Gal 6,2), d.h. sein „neues Gebot" (Joh 13,34) der frei geschenkten, gegenseitigen, selbstlosen Liebe, wie er selbst uns selbstlos geliebt hat. Das ist die Kirche! Das ist die Kirche, die Papst Franziskus will!

Worte von Kardinal Bergoglio

- Ansprache zu Beginn des Treffens der Katechetinnen und Katecheten der Erzdiözese, Buenos Aires, 12. März 2005 [28]

> *Jesus stieg auf einen Berg und rief die zu sich,*
> *die er erwählt hatte, und sie kamen zu ihm.*
> *Und er setzte zwölf ein, die er bei sich haben*
> *und die er dann aussenden wollte, damit sie predigten.*
> *Mk 3,13-14*

Jedes Jahr versammeln sich die Katechetinnen und Katecheten bei der EAC[2], die eine Form der *Communio* ist. Sie verlassen ihre

2 Abkürzung für den Spanischen Ausdruck „Encuentro Arquidiocesano de Catechistas": Begegnung der Katechetinnen und Katecheten der Erzdiözese; Anm. der Übersetzerin.

Arbeit in den Gemeinden für einen Tag, um den Reichtum der Gemeinschaft zu erleben, eine wunderbare Symphonie von Vielfalt und Übereinstimmung. Es ist ein Tag des Austauschs, der gegenseitigen Bereicherung, der gemeinsamen Erfahrung im Hof des Saales „Zelt der Begegnung". Hier kommen Menschen zusammen, die Woche für Woche Jesus für Jung und Alt verkündigen. Sie leben diese Erfahrung in geistlicher Gemeinschaft mit allen anderen Mitgliedern des gläubigen Volkes und mit den pastoralen Mitarbeitern und Mitarbeiterinnen. Es ist ein Beitrag und ein Einsatz für diese Tage der Gnade, die für die gesamte Diözesanversammlung stattfinden. Seid Diakone, d.h. beharrliche Diener der Gemeinschaft. Lasst euch vom Geist einbeziehen, der uns einlädt, unseren Individualismus und unsere mangelnde Beteiligung zu überwinden. Verzichten wir auf die alte nostalgische Floskel ‚Alles läuft schlecht', die uns dazu bringt, den Propheten des Untergangs nachzulaufen und uns selbst schon alt und müde zu fühlen. In der heutigen Welt gibt es zu viel Schmerz, es gibt viele traurige Gesichter, auch unter denen, die an die Frohe Botschaft des Evangeliums glauben und die Osterfreude ausblenden. Für sie alle müssen wir unbedingt Jesus als den Herrn verkünden. Es ist eine tiefe Freude, die gerade durch die Gegenwart des Herrn in unserer Geschichte motiviert ist.

- Wort in der ersten Sitzung des Presbyteriums, Buenos Aires, 15. April 2008 [30]

Die Sendung wird zum Paradigma der gesamten Evangelisierung. Die persönliche Bekehrung erweckt die Fähigkeit, alles in den Dienst der Schaffung des Reiches des Lebens zu stellen. Bischöfe, Priester, ständige Diakone, gottgeweihten Männer und Frauen, Laien sind aufgerufen, eine ständige Haltung der pastoralen Bekehrung einzunehmen, die ein aufmerksames Hören beinhaltet, um zu erkennen, „was der Geist den Kirchen sagt" (Offb 2,29), und zwar durch die Zeichen der Zeit, in denen Gott sich kundtut.

Mögen wir alle uns fasziniert und angezogen fühlen, ergriffen von der Liebe Christi, so dass wir mit dem hl. Paulus sagen: „Wehe mir, wenn ich das Evangelium nicht verkünde" (1 Kor 9,16)! Die Mutter des Herrn, die auf besondere Weise die Müdigkeit des Herzens kennt, begleite und stütze uns in den täglichen Prüfungen und verleihe uns die Gnade des Mutes, des Eifers und der apostolischen missionarischen Standhaftigkeit aus dem Evangelium.

Kapitel 5

Diakonat und feinmaschige pastorale Präsenz

Eine besonders aufschlussreiche Überlegung von Bergoglio für das Verständnis des diakonischen Dienstes und seines pastoralen Einsatzes ist die Möglichkeit für Diakone, Basisgemeinschaften zu leiten. Bedeutsam ist das Grundlagendokument der Wiedereinführung des Diakonats in der italienischen Kirche: „Die Wiederherstellung des ständigen Diakonats in Italien".[1] Darin wird der Diakonat als Geschenk einer *sakramentalen Gnade* betrachtet, die dazu bestimmt ist, „die kirchliche Gemeinschaft zu vertiefen, das missionarische Engagement zu beleben, den gemeinschaftlichen Sinn und den familiären Geist des Gottesvolkes zu fördern", um „die gemeinschaftliche und missionarische Dimension der Kirche und der Pastoral hervorzuheben", mit dem Ziel einer „umfassenderen Evangelisierung zum Heil der Menschheit" (Art. 6, 8, 9, 16). Nach den Richtlinien des italienischen Episkopats soll der Diakon eine „feinmaschige pastorale Präsenz" fördern (Art. 16) und „kleine Gemeinschaften" animieren, die vor allem als Untergliederungen der Pfarreien verstanden werden (Art. 19).

Der Dienst des Diakons kann also einen wertvollen Beitrag im Rahmen eines pastoralen Ansatzes leisten, der sich auf die unmittelbaren zwischenmenschlichen Beziehungen stützt, damit es möglich wird, jede Freude und jeden Schmerz zu teilen. Genau aus diesem Grund erklären die italienischen Bischöfe in dem Dokument „Normen und Richtlinien"[2], dass sie „Gemeinschaften von

---

1 Conferenza Episcopale Italiana, La restaurazione del Diaconato permanente in Italia [Italienische Bischofskonferenz, Die Wiederherstellung des ständigen Diakonats in Italien], 8. Dezember 1971 [70].

2 „Norme e Direttive" [Normen und Richtlinien] zum Dokument „La restaurazione del Diaconato permanente nella Chiesa italiana", hg. von der italienischen Bischofskonferenz, 1972; online nicht zugänglich.

geringer Größe, in denen echte menschlichen Beziehungen die Ausübung der Nächstenliebe und des Dienstes erleichtern, als geeigneter für den diakonischen Dienst ansehen". Die italienischen Bischöfe rufen zu einer Umgestaltung unserer Pfarrgemeinden auf, damit sie, „in kleinere Gemeinschaften gegliedert, eine tiefere gemeinschaftliche Gestalt und damit einen stärkeren Schwung für die feinmaschige Evangelisierung erlangen, die sich an alle richtet".

Aus all dem geht das typische Merkmal für den Dienst des Diakons hervor: Er ist dazu berufen, die kirchlichen Gemeinschaften feinmaschig zu animieren. Diese Anforderung hat in den letzten Jahren allerdings nicht dazu geführt, in größerem Umfang kirchliche Gemeinschaften als „Zellen" ins Leben zu rufen, wie es das Dokument *Evangelii nuntiandi* von Paul VI. zum Ausdruck bringt. Dort heißt es: Diese Gemeinschaften entstehen „aus dem Bedürfnis, das Leben der Kirche noch intensiver zu leben, oder aus dem Wunsch und der Suche nach einer persönlicheren Atmosphäre, die die großen Gemeinden nur schwer bieten können". So führen sie Gruppen zusammen, „die nach Alter, Bildung, Stand oder sozialer Lage in sich einheitlich sind, etwa Ehepaare, Jugendliche, bestimmte Berufsgruppen usw., Menschen, die im Leben ohnehin schon einander verbunden sind im Kampf für die Gerechtigkeit, in der geschwisterlichen Hilfe für die Armen, in der Förderung des Menschen".[3] Diese Untergliederung der Pfarrgemeinde würde unmittelbare Beziehungen, Lebensgemeinschaft und ein Zeugnis der Nächstenliebe erlauben. Daher können die Diakone die Bündelung aller konkreten Bedürfnisse und der entsprechenden Dienste in der Pfarrgemeinde fördern. Wie das Volk Gottes leben und erfüllen auch sie ihren Auftrag entsprechend dem konkreten historischen Kontext, in dem ihr Dienst stattfindet.

3 Paul VI., Apostolisches Schreiben *Evangelii nuntiandi* über die Evangelisierung in der Welt von heute (8. Dezember 1975), Nr. 58 [9].

Dieser pastorale Ansatz verhilft ebenfalls dazu, wie Papst Benedikt XVI. sagt, „einen neuen Frühling der Evangelisierung zu fördern“ [26], die in Stadtvierteln, Wohnblöcken, Familien, in den am weitesten von der Pfarrei entfernten Gebieten erfolgt und zu einer allmählichen organisatorischen Umgestaltung der Gemeinschaft führt, in der die verschiedenen Bestandteile des Volkes Gottes eine größere Bedeutung erlangen. Familienübergreifende Gruppen, die vom Diakon geleitet und begleitet werden, können zentrale Aspekte der kirchlichen Berufung zur Geltung bringen – Gemeinschaft, Dienst und Zeugnis –, vor allem durch das Lesen und Meditieren des Wortes Gottes. Diese Erfahrungen müssen unbedingt in die Pastoralräte der Pfarrgemeinde einfließen, die dazu da sind, die dem Evangelium entsprechende Mitverantwortung zu wecken und zu koordinieren.

Diese Sicht, die den Diakon an der Seite des Presbyters wirken sieht, eröffnet verschiedene Hypothesen des Dienstes:

– Der Diakon engagiert sich in der Förderung der Nächstenliebe, die sich an den Ärmsten ausrichtet, sei es eine wirtschaftliche, moralische oder geistliche Armut. Diese Ausrichtung impliziert das Teilen, eine vorrangige Option für die Ärmeren und muss in eine Option für die „tatsächliche Armut“ umgesetzt werden. „Die vorrangige Option, sich arm zu machen, bedeutet nicht nur die Option für die Armen als privilegierte Subjekte des Erlösungswerks, sondern es geht auch darum, Gott, die Welt und die Geschichte aus deren Blickwinkel zu betrachten. Ein Gott, der Almosen und Hilfe für die Armen befiehlt, mag wohl gefallen, aber ein Gott, der verlangt, sich ihre Lage zu eigen zu machen, ist unangenehm und provoziert einen Skandal“.[4]

Diese Option muss sich in der Suche nach denjenigen niederschlagen, die am dringendsten Beistand benötigen. Das bringt für die gesamte christliche Gemeinschaft die Aufgabe mit sich, die Zeichen der Zeit weise zu deuten, im Hinblick auf den großen

4 Vgl. Caritas Italiana, Lo riconobbero nello spezzare il pane [Sie erkannten ihn am Brechen des Brotes], Pastoralcharta (16. April 1995), Nr. 5 [75].

Horizont der Hoffnung, den die Offenbarung verkündet: „Ich mache alles neu“ (Offb 21,5). Besonders für die Kranken muss sich die Liebe als konkret erweisen.

– Der Diakon, der die Liturgie gestaltet und insbesondere die häusliche Wortverkündigung leitet, muss in diesem Dienst die Menschen daran erinnern, dass jeder Ausdruck des christlichen Lebens in der Liturgie „seine Quelle und seinen Höhepunkt“ findet (SC 10; LG 11).

– Der Diakon kann auch im erzieherischen Handeln in seinen verschiedenen Gestalten (Kinder, Jugendliche, Erwachsene) oder bei seinen verschiedenen Anlässen (Feier der Sakramente) tätig werden. Wenn unmittelbare persönliche Beziehungen vorhanden sind, ist das ein günstigerer Boden, um auf die Bedürfnisse von Einzelnen und Gruppen einzugehen und so Raum für die Mitverantwortung der Gläubigen bei der Ausübung der verschiedenen Dienste und Ämter entsprechend ihren Charismen zu schaffen. Das hat der italienische Episkopat von Anfang an bei der Wiedereinführung des ständigen Diakonats in der italienischen Kirche für notwendig gehalten und zum Ausdruck gebracht. Die Bischöfe fanden es „wichtig, dass die Pfarreien durch die Unterteilung in kleinere Gemeinschaften „eine tiefere gemeinschaftliche Gestalt und damit einen stärkeren Schwung für die feinmaschige Evangelisierung erlangen, die sich an alle richtet“.[5]

Im Dokument über die „Wiederherstellung des ständigen Diakonats in der Kirche Italiens“ heißt es: „Auch in der Kirche Italiens besteht das Bedürfnis nach einer Förderung der gemeinschaftlichen Dimension des Gottesvolkes und nach einer umfassenderen Evangelisierung durch eine feinmaschige pastorale Präsenz“ (Nr. 16); und weiter: „Es gibt zahlreiche Beispiele von Pfarreien, die in kleinere Gemeinschaften unterteilt sind, in denen Männer voller Eifer bereits im Geist des Dienens die Aufgabe der Animation ausüben, und so scheint es angebracht, ihnen durch die

5 Aus: „Norme e Direttive“ zum Dokument „La restaurazione del Diaconato permanente nella Chiesa italiana“; siehe oben S. 68, Anm. 1 und 2.

Diakonatsweihe die entsprechende sakramentale Gnade zu verleihen" (Nr. 19) [70].

Diese Richtlinien werden bestätigt, indem die Bischöfe sagen: „Der Diakonat trägt zum Aufbau der Kirche bei und dazu, ihr ein vollständigeres und dem Heilsplan Christi besser entsprechendes Bild zu geben, so dass sie besser in der Lage ist, einer Gesellschaft gerecht zu werden, die durch das Evangelium und die Nächstenliebe befruchtet werden muss, in kleinen Gruppen, in Wohnvierteln, in Häuserblocks. Die bisher in einigen Diözesen gemachten Erfahrungen sind modellhaft vielversprechend und auf dem Weg zu einer erfolgreichen Entwicklung".[6]

Wenn in diesem Kontext die Pfarrgemeinden in kirchliche Basisgemeinschaften unterteilt werden, können dadurch territoriale Einflusszonen entstehen, „Diakonien" genannt. Es ist aufschlussreich zu sehen, wie in der Geschichte der Kirche die Diakonien entstanden sind, um zu verstehen, wie sie auch heute noch als eine bedeutende Realität und Chance für den diakonischen Dienst gefördert und aufgewertet werden können.

Gehen wir zurück in das Rom des fünften Jahrhunderts. Die Stadt war in sieben kirchliche Regionen aufgeteilt, die ebenso vielen Diakonen anvertraut waren. Dies war notwendig, um die Sammlung der freiwilligen Opfergaben *[voluntariae oblationes]* besser zu organisieren: In den römischen Gotteshäusern brachten die Gläubigen ihre Gaben während der Gottesdienste zum regionalen Diakon, der sie während der Pontifikalliturgie im Lateran auf einem der sieben Altäre in der Nähe des päpstlichen Altars niederlegte. Diese Praxis wird auch durch die Feier des Festes der Kollekten untermauert, dessen Einrichtung auf die apostolische Zeit zurückgeht. Nach Anweisung von Papst Leo dem Großen (440-461) sollte die Sammlung, die in der Regel vom 5. bis zum 15. Juli stattfand, aber auch in der Fastenzeit und während der wieder-

6 Italienische Bischofskonferenz, Evangelizzazione e ministri [Evangelisierung und Dienstämter] (1977), Nr. 60 [71].

kehrenden Quatembertage[7] wiederholt werden konnte, nicht nur an einem Ort oder in einer Kirche, sondern in allen Regionen und Kirchen durchgeführt werden.

Nach historischen[8], archäologischen und städtebaulichen Einsichten lässt sich die Existenz von römischen Diakonien zur Zeit Gregors des Großen (595- 604) bestätigen. Sie dienten dazu, die caritative Tätigkeit des Lateran zu ergänzen und zu dezentralisieren, da dieser zu weit von dem am dichtesten besiedelten Gebiet der Stadt entfernt war. Einige archäologische Daten führen zu der Annahme, dass es zu dieser Zeit in der Stadt Rom folgende Diakonien gab: Santa Maria in Cosmedin, San Giorgio in Velabro, San Teodoro und Santa Maria in Via Lata.

Es geht also darum, die Wechselbeziehung zwischen dem Diakonat und der universalen Sendung der Kirche mit größerem Nachdruck bewusst zu entwickeln. Dabei wird nicht nur hervorgehoben, wie die Präsenz des Diakonats einen lebendigeren und fruchtbareren kirchlichen Weg fördern kann, sondern auch umgekehrt: Der Diakonat kann seine besten Früchte im Rahmen von pastoralen Projekten tragen, die von Mitverantwortung geprägt sind und in denen der Träger des Dienstamtes dazu berufen ist, die lebendigen Impulse, die der Geist im Volk Gottes weckt, zu beleben und zu leiten – nicht zu ersetzen.

---

7 Es handelt sich um vier Termine für besondere Bußtage, die ungefähr mit dem Beginn der Jahreszeiten zusammenfallen. Sie haben ihren Ursprung in der Stadt Rom und waren bereits unter Papst Leo I. fest etabliert. Papst Paul VI. hob die Tradition auf und legte alle Freitage des Jahres als Bußtage fest; Anm. der Übersetzerin.

8 Vgl. Ugo Falesiedi, Le diaconie. I servizi assistenziali nella Chiesa antica, Rom 1995.

Worte von Kardinal Bergoglio

- Beitrag zur 5. Konferenz von CELAM[9]
  Aparecida, 30. Mai 2007

Der Prozess der Säkularisierung tendiert dazu, den Glauben der katholischen Kirche auf die Sphäre der größtmöglichen Innerlichkeit zu reduzieren. Der Säkularismus leugnet fortgesetzt das Transzendente und hat dadurch zunehmend die Ethik entstellt, das Sündenbewusstsein destabilisiert und den moralischen Relativismus immer mehr zunehmen lassen. Dadurch kommt es zu einer allgemeinen Orientierungslosigkeit, insbesondere bei Jugendlichen und jungen Erwachsenen, die so verletzlich und anfällig für Veränderungen sind.

Die Dokumente von 1990 weisen in dem Text „Pastorale Leitlinien für die Neuevangelisierung" auf zwei große Herausforderungen hin: auf den Säkularismus als Phänomen, das „direkt den Glauben und die Religion in einer Weise betrifft, so dass Gott in Vergessenheit gerät", und auf eine „nachhaltige Gerechtigkeit". All dies hat schwerwiegende Folgen für das gesellschaftliche Leben: Ohne Gott wird der Mensch seines letzten Bezugs beraubt, und die Werte werden ihres wesentlichen Inhalts entleert und in Götzen verwandelt, die ihn versklaven und entwürdigen. Das zweite Thema ist das der Gerechtigkeit: Die Argentinier stehen vor der Herausforderung, die Ungerechtigkeit zu überwinden und ein Heimatland von Brüdern und Schwestern zu errichten, die durch Solidarität und gemeinsame Opfer geeint sind.

---

9 CELAM ist die Abkürzung für „Consejo Episcopal Latinoamericano", den Lateinamerikanischen Bischofsrat, in dem die nationalen Bischofskonferenzen von Mittel- und Südamerika zusammengeschlossen sind. Die Ansprache des Papstes vom 30. Mai 2007 ist publiziert in: Jorge Maria Bergoglio, Nei tuoi occhi è la mia parola, Mailand 2016, 537-547; Anm. der Übersetzerin.

Drei Jahre nach diesem Dokument verschlechterte sich die Lage weiter, und die Bischöfe präsentierten in dem Dokument *Navega mar adentro*[10] eine einzige Herausforderung: die Krise von Zivilisation und Kultur. Es folgen vier weitere Aspekte, die aus dieser Krise hervorgehen: „die Suche nach Gott“, „der Skandal der Armut und der sozialen Ausgrenzung“, „die Krise von Ehe und Familie“, „die Notwendigkeit einer größeren Gemeinschaft“. Sicherlich meinen die Bischöfe nicht, die Herausforderungen im Zusammenhang mit den genannten Problemen seien dadurch verschwunden oder gelöst. In der Tat ist der „Säkularismus“ mit der fehlenden Suche nach Gott verflochten, das lange Warten auf Gerechtigkeit mit dem Skandal der sozialen Armut und der Ausgrenzung. Die radikale und allumfassende Herausforderung, vor der wir stehen, ist die tiefe Krise der kulturellen Werte.

Trotz dieses Säkularismus in unserem Land steht die katholische Kirche in der öffentlichen Meinung ausgezeichnet da und bleibt eine glaubwürdige und verlässliche Institution, wenn es um Fragen der Solidarität und der Sorge angesichts von so großem Mangel geht. Die Erfahrungen des ökumenischen Dialogs und der Arbeit mit den historischen Kirchen und den verschiedenen evangelikalen Gemeinschaften sind vielversprechend, auch im Hinblick auf die Fähigkeit zur Begleitung der Gemeinschaften in den verschiedenen kritischen Momenten, beginnend mit der Wirtschaftskrise und weiter bis zur Ebene des sozialen Zusammenlebens. Während der Krise, die das Land seit 2001 heimgesucht hat, spielte die katholische Kirche eine führende Rolle, als es darum ging, den Dialog mit den Bürgern und Bürgerinnen zu führen und aufrechtzuerhalten. Damit nimmt sie zu Recht ihren Platz ein und beweist ihre Verlässlichkeit als Frucht der Freiheit von jeglicher Parteilichkeit oder Ideologie. In den letzten Jahren haben sich die Strukturen der Gemeinschaft durch gemeinsame Pastoralpläne, Pastoralversammlungen und Diözesansynoden vermehrt.

---

10 „Hinaus auf das offene Meer“: 5. Plenarversammlung der Argentinischen Bischofskonferenz (31. Mai 2003) [78].

Trotz des Mangels an Religiosität, der in den Pfarreien herrscht, garantiert die Antwort, die von den kirchlichen Außenstationen ausgeht, von den Basisgemeinschaften, die von Diakonen, Ordensleuten und Laien getragen werden, einen Raum der Gemeinschaft, der Partizipation und des sozialen Lebens, der authentischen Evangelisierung und Katechese und der gelebten Laiendienste.

- Botschaft von Aparecida an die Presbyter
  Die Herausforderungen für die Presbyter und die Forderungen des Volkes Gottes, Brochero, 11. September 2008 [31]

Das Dokument von Aparecida bezieht sich, wie bereits gesagt, auf Situationen, die das Leben unserer Presbyter betreffen und herausfordern. Das Dokument erwähnt die theologische Identität des Dienstes des Presbyters, die Einbindung in besondere Situationen, die unsere heutige Existenz betreffen. All dies kann in den vorangehenden Aussagen nachgelesen werden. Hier möchte ich mich auf die Forderungen des Volkes Gottes an seine Presbyter konzentrieren, wie sie in Nr. 199 des Dokuments angeführt sind. Fünf Merkmale treten hervor: a) Sie sollen eine tiefe Gotteserfahrung haben und ihr Herz dem Herzen des Guten Hirten gleichförmig machen, fügsam gegenüber den Eingebungen des Geistes, und sie sollen sich vom Wort Gottes, der Eucharistie und dem Gebet nähren; b) sie sollen Missionare sein, bewegt von pastoraler Liebe, die sie dazu bringt, sich um die ihnen anvertraute Herde zu kümmern und alle je einzeln an den entferntesten Orten aufzusuchen; c) sie sollen in tiefer Gemeinschaft mit dem Bischof, den anderen Presbytern, den Diakonen, den Ordensleuten und den Laien stehen; d) sie sollen Diener des Lebens sein, die auf die Nöte der Ärmsten achten, sich für die Rechte der Schwächsten einsetzen und eine Kultur der Solidarität fördern; e) sie sollen voller Barmherzigkeit sein und bereit, das Sakrament der Barmherzigkeit zu spenden. Um diese priesterliche Identität zu entwickeln und zu bewahren, ist eine spezifische Pastoral erforderlich, die einer besonderen Spiritualität und eine ständigen und spezifischen Ausbildung der Presbyter den Vorrang gibt.

- Bedeutung und Wichtigkeit der akademischen Ausbildung für die Fülle des Lebens, Rom, 18. Februar 2009 [32]

Die gesamte Ausbildung ist darauf ausgerichtet, gute Seelsorger heranzubilden, die in der Lage sind, unserem Volk die Fülle des Lebens Jesu Christi zu vermitteln, wie es das Dokument von Aparecida fordert: „Das Volk Gottes braucht Priester, die Jünger sind, die eine tiefe Gotteserfahrung haben, deren Herz nach dem Herzen des Guten Hirten gebildet ist, die offen sind für die Anregungen des Heiligen Geistes, die aus dem Wort Gottes, aus der Eucharistie und aus dem Gebet Kraft schöpfen. Das Volk Gottes braucht Priester, die Missionare sind, die motiviert sind durch die pastorale Nächstenliebe, mit der sie die ihnen anvertraute Herde weiden und diejenigen, die sich am weitesten entfernt haben, suchen, indem sie das Wort Gottes verkünden, und zwar stets in enger Gemeinschaft mit den Bischöfen, Priestern, Diakonen, Ordensleuten und Laien. Das Volk Gottes braucht Priester, die Diener des Lebens sind, die aufmerksam die Not der Ärmsten wahrnehmen, entschieden für die Rechte der Schwächsten eintreten und eine Kultur der Solidarität fördern. Das Volk Gottes braucht Priester, die voller Barmherzigkeit sind und das Sakrament der Versöhnung spenden".[11]

Aparecida formuliert diese Merkmale der sacerdotalen Identität in einem literarischen Stil, der die Bitten des Gottesvolkes an seine Presbyter widerspiegelt. Unsere Gläubigen wünschen sich „Hirten des Volkes" und nicht „Funktionäre des Staates", „Lehrer des Lebens", die eine gesunde Lehre vermitteln, die rettet, und nicht „Dilettanten", die damit beschäftigt sind, ihren eigenen Ruf

11 Zitiert wird das Schlussdokument der 5. Generalversammlung des Episkopats von Lateinamerika und der Karibik, Aparecida 2007, Nr. 199 [79].

zu verteidigen und über Nebensächlichkeiten zu diskutieren. Um gute Hirten und Lehrer zu sein, die das Leben vermitteln, braucht es in der Ausbildung von Anfang an an eine tiefe und solide Spiritualität der Gemeinschaft mit Christus, dem Hirten, und der Empfänglichkeit für das Wirken des Geistes.

Papst Franziskus

Kapitel 6
Diakone als Ausspender der Nächstenliebe

Einer der ersten Beiträge von Papst Franziskus zum Diakonat ist ein Brief, den er eigenhändig an Monsignore Joaquin Sucunza, Weihbischof von Buenos Aires, schrieb und der nach seinem Vorschlag am Ende der Feier der Diakonatsweihe in der Kathedrale verlesen werden sollte.

Mit dem Ausdruck „Legt das Fleisch auf den Grill" bezieht sich Papst Franziskus in dem Brief auf den Diakon Laurentius, der nach der Überlieferung auf den Grill gelegt und verbrannt wurde. Er war der erste Diakon von Rom, der die Aufgabe hatte, die von den Christen der Stadt gesammelten Gaben an die Armen zu verteilen. Überliefert sind die Ereignisse rund um seinen Tod: wie er Papst Sixtus II. traf, der zum Märtyrertod geführt wurde, wie er sich weigerte, die ihm anvertrauten „Schätze" der Kirche herauszugeben, und wie er die Folter auf dem Rost erlitt, der zu seinem ikonografischen Attribut wurde.

„Die römische Kirche", sagt der hl. Augustinus, „empfiehlt uns diesen Tag, den 10. August, als wahrhaft triumphalen Tag, an dem der hl. Laurentius die erbebende Welt zerschmetterte. Ganz Rom ist Zeuge der herrlichen und unermesslichen Vielzahl von Tugenden, so vielfältig wie die Blumen, mit denen die Krone des Laurentius geschmückt ist".[1] In Rom hatte Augustinus selbst mehrmals an dem Jahrestag des heiligen Märtyrers teilgenommen, der stets

---

1 Augustinus, *Sermo* 304 (PL 38, 1395-1397), Nr. 1.

mit großer Pracht gefeiert wurde.[2] Wie die Apostel hatte auch der hl. Laurentius das Privileg einer feierlichen Vigil zum Gedenken an die Nacht, in der er den Märtyrertod erlitt.

Im frühen Mittelalter wurde am 10. August eine Messe an seinem Grab und eine noch feierlichere Messe in der Basilika San Lorenzo fuori le Mura gefeiert, die Konstantin errichtet hatte. In der Basilika befand sich bereits eine Inschrift, die als das älteste historische Zeugnis über den hl. Laurentius angesehen werden kann:

Sferze, ugne, fiamme, tormenti, catene,
Solo la fede di Lorenzo ha potuto vincerle.
Damaso supplicante colma questi altari di doni
Ammirando i meriti del glorioso martire.[3]

Peitschenhiebe, Glut, Flammen, Qualen, Ketten,
nur der Glaube des Laurentius konnte sie überwinden.
Der Fürbitter Damasus füllt diese Altäre mit Gaben
und bewundert die Verdienste des glorreichen Märtyrers.

Trotz ihrer Kürze ist diese Inschrift aufgrund ihres Alters von besonderem Interesse: Sie wurde vom hl. Damasus etwa ein Jahrhundert nach dem Tod des hl. Laurentius verfasst. Um diesen außergewöhnlichen Tod rankte sich bald eine Legende: Der hl. Ambrosius und der hl. Augustinus erwähnen einige Episoden.

Zur Zeit von Papst Sixtus II. (258) war Laurentius einer der sieben römischen Diakone. In Rom blieb die Zahl der Diakone lange Zeit auf sieben begrenzt, einer für jede kirchliche Region. Neben dem Dienst am Altar und der Unterstützung des Papstes waren die römischen Diakone mit der Verwaltung der zeitlichen Güter der römischen Kirche betraut. Diese Funktion machte sie zu bedeutenden Persönlichkeiten, und es kam häufig vor, dass der Papst aus den Reihen der Diakone und nicht aus den Reihen der Presbyter gewählt wurde.

---

2 Vgl. Augustinus, *Sermo* 303 (PL 38, 1393-1395), Nr. 1.

3 A. Ferrua, Epigrammata damasiana, Città del Vaticano, 1942, 167.

Da Laurentius der kirchlichen Hierarchie angehörte, fiel er unter die Verfügung von Kaiser Valerian aus dem Jahr 258. Dieses Gesetz ordnete die Hinrichtung eines jeden Bischofs, Presbyters oder Diakons an, sobald sie als solche identifiziert wurden. Papst Sixtus war von der Verfolgung betroffen: Während einer liturgischen Zeremonie in den Calixtus-Katakomben wurde er verhaftet und enthauptet. Etwa zur gleichen Zeit wurden sechs Diakone getötet. Der hl. Laurentius blieb also allein zurück.

Die Verfolger waren in diesem Fall von einem Interesse geleitet: Laurentius war nun in der Tat der einzige Verwalter der Güter der römischen Kirche. Nach dem Bericht des hl. Ambrosius wurde Laurentius aufgefordert, die Schätze der Kirche auszuliefern. Nach dreitägigem Aufschub präsentierte der Diakon dem Richter anstelle von Gold und Silber die Armen, denen seine caritative Sorge galt. Und der hl. Augustinus schließt daraus: „Die großen Schätze der Christen sind die Bedürfnisse der Bedürftigen".[4]

Drei Tage nach dem hl. Sixtus wurde Laurentius in der Nacht vom 9. auf den 10. August den Henkern übergeben. Mit „großer geistlicher Glut und unerschütterlichem Mut" erlitt er die Feuerqualen. Die raffinierte Grausamkeit, die darin bestand, das Opfer auf geringer Flamme auf einem Rost zu verbrennen, stand eigentlich im Widerspruch zur römischen Tradition. Doch liegt in Bezug auf den hl. Laurentius das oben erwähnte Zeugnis des hl. Damasus vor. Zweifellos wurde die Bedeutung dieses Epigramms heruntergespielt, indem man in ihm eine Aufzählung der klassischen Foltermethoden sah. Eine andere Inschrift aus der Kirche San Lorenzo in Damaso, die man verwerfen wollte, weil sie nicht datierbar sei, ist nach Ansicht eines zeitgenössischen römischen Archäologen sehr alt und stammt höchstwahrscheinlich von Papst Damasus selbst.

4 Die folgenden Aussagen orientieren sich an: Dom Prosper Guéranger, L'anno liturgico. II. Tempo Pasquale e dopo la Pentecoste, Alba 1959, 958-961 [88].

Durch den Glauben, so heißt es in dem Text, hat Laurentius die Qualen der Flammen, durch die der Weg zum Himmel führt, überwunden. Der hl. Augustinus schreibt den Sieg des hl. Laurentius dessen großer Nächstenliebe zu: „Doch wie könnte in ihnen die unbesiegbare Kraft sein, wenn sie nicht in der Nächstenliebe geformt wären? Jener also gab uns die wahre Kraft, der in unserem Herzen die Liebe ausgegossen hat. Wie hätte der selige Laurentius die äußerlich zugefügten Flammen furchtlos annehmen können, wenn nicht innerlich die Flamme der Liebe gebrannt hätte?“[5]

Zugleich gibt uns der hl. Lehrer in bewundernswerten Worten einen Einblick in die letzten Momente des Martyriums: „Das Leben der Zeit erlöscht, doch das ewige Leben tritt an seine Stelle. Welch große Würde und welche Gewissheit, inmitten von Qualen und Folter freudig von hier zur Herrlichkeit aufzubrechen; für einen Augenblick die Augen zu schließen, mit denen wir die Menschen und die Welt gesehen haben, und sie gleich danach wieder zu öffnen, um Gott zu schauen ...“.[6]

Aus Sermo 304 des hl. Bischofs Augustinus:

„Heute feiert die Kirche von Rom den Tag des Triumphes von Laurentius, den Tag, an dem er die Welt des Bösen verwarf. Er hat sie zertreten, als sie wütend gegen ihn tobte, und sie verachtet, als sie ihn mit ihren Schmeicheleien lockte. In dem einen wie in dem anderen Fall besiegte er den Satan, der ihn verfolgte. Der hl. Laurentius war Diakon der Kirche von Rom. Dort war er ein Diener des Blutes Christi, und dort hat er für den Namen Christi sein Blut vergossen. Der hl. Apostel Johannes legt klar das Geheimnis dar, das der Herr beim Abendmahl vollzog, und sagt: ‚Wie Christus sein Leben für uns hingegeben hat, so müssen auch wir unser Leben für die Brüder und Schwestern hingeben‘ (1 Joh 3,16). Liebe Brüder und Schwestern, Laurentius hat all dies verstanden. Er verstand es und setzte es in die Tat um. Und er hat wirklich zu-

5 Augustinus, *Sermo* 304, Nr. 5.

6 Augustinus, *Sermo* 303, Nr. 2.

rückgegeben, was er an diesem Tisch empfangen hatte. Er liebte Christus in seinem Leben, er ahmte ihn in seinem Tod nach. Auch wir, Brüder und Schwester, wenn wir wirklich lieben, ahmen wir nach. Denn eine schönere Frucht unserer Liebe als die Nachahmung Christi, der ‚für uns gelitten und uns ein Beispiel gegeben hat, damit wir seinen Fußstapfen folgen' (1 Petr 2,21), können wir nicht zurückgeben. Es scheint fast so, als wollte der Apostel Petrus damit sagen, Christus habe nur für diejenigen gelitten, die ihm nachfolgen, und das Leiden Christi komme nur denen zugute, die ihm nachfolgen. Die heiligen Märtyrer sind ihm bis zum Blutvergießen nachgefolgt, bis hin zur Verähnlichung mit ihm im Leiden. Die Märtyrer folgten ihm, aber nicht sie allein. Denn nachdem sie hinübergegangen waren, ist die Brücke nicht zerbrochen, und die Quelle ist nicht versiegt, nachdem sie getrunken haben. Der schöne Garten des Herrn, liebe Brüder und Schwestern, hat nicht nur die Rosen der Märtyrer, sondern auch die Lilien der Jungfrauen, den Efeu der Eheleute und die Veilchen der Witwen. Keine Kategorie von Menschen darf an ihrer Berufung zweifeln: Christus hat für alle gelitten. In ganzer Wahrheit steht von ihm geschrieben: ‚Er will, dass alle Menschen gerettet werden und zur Erkenntnis der Wahrheit gelangen' (1 Tim 2,4). Versuchen wir also zu verstehen, wie der Christ, abgesehen vom Blutvergießen, abgesehen von der Prüfung des Leidens, dem Meister nachfolgen soll. Von Christus, dem Herrn, sagt der Apostel: ‚Obwohl er göttlicher Natur war, betrachtete er seine Gleichheit mit Gott nicht eifersüchtig als Schatz'. Welche Erhabenheit! ‚Er entäußerte sich selbst, nahm Knechtsgestalt an und wurde den Menschen gleich; er erschien in menschlicher Gestalt und erniedrigte sich' (Phil 2,7-8). Welcher Abstieg! Christus erniedrigte sich selbst: Siehe, o Christ, hier ist das Beispiel, das wir nachahmen sollen. Christus ist gehorsam geworden: Warum erhebst du dich? Nachdem er alle Stufen dieser Erniedrigung durchlaufen und den Tod besiegt hat, ist Christus zum Himmel aufgefahren: Folgen wir ihm nach. Hören wir auf den Apostel, der sagt: ‚Wenn ihr mit Christus auferstanden seid, sucht die Dinge, die droben sind, wo Christus zur Rechten Gottes sitzt' (Kol 3,1)".[7]

Für das Martyrium des Diakons Laurentius liegt außerdem das besonders beredte Zeugnis des hl. Ambrosius in *De officiis* vor.[8] Ambrosius geht zunächst länger auf die Begegnung und den Dialog zwischen Laurentius und dem Papst ein, spielt dann auf die Verteilung der kirchlichen Güter an die Armen an und erwähnt schließlich den Grillrost, das Folterwerkzeug. Dabei hebt er den Satz hervor, mit dem sich der Protodiakon der Kirche von Rom an seine Folterer wendet: *assum est, ... versa et manduca* – „[Diese Seite ist] durchgebraten, ... [bitte] wende [mich] und iss".[9]

Gerade dieser Text des Ambrosius aus *De Officiis*, bewegend in Intensität und Ausdruckskraft, dient uns als Referenz:

„Als er seinen Bischof Sixtus zum Martyrium geführt werden sah, fing er an zu weinen, nicht über dessen Leidenstod, sondern weil er selbst zurückbleiben musste. Er begann daher mit folgenden Worten ihn anzureden: ‚Wohin gehst du, Vater, ohne den Sohn? Wohin eilst du, heiliger Priester, ohne deinen Diakon? Nie pflegtest du das Opfer ohne den Diener darzubringen. Was also missfiel dir, Vater, an mir? Hast du mich deiner unwürdig befunden? Prüfe doch, ob du einen tauglichen Diener erwählt hast! Ihm hast du das konsekrierte Blut des Herrn, ihm die Teilnahme am Vollzuge der Geheimnisse anvertraut: ihm willst du die Teilnahme an deinem Blute verweigern? Sieh zu, dass dein Urteil nicht wanke, während dein Starkmut Lob verdient! Die Abweisung des Schülers ginge zu Schaden des Lehrers. Wie? Siegen denn nicht berühmte und hervorragende Männer ebenso durch die Kampfestaten ihrer Schüler wie durch die eigenen? So brachte Abraham seinen Sohn zum Opfer dar; so ließ Petrus den Stephanus vorausgehen. Auch

7 Augustinus, *Sermo* 304 (PL 38, 1395-1397).

8 Ambrosius, *De officiis ministrorum* (Von den Pflichten der Kirchendiener) (PL 16, 23-184), Buch I, Kap. 41, Nr. 205-207 [87].

9 Ebd. Nr. 207.

du, Vater, zeige deine Tugend in deinem Sohne! Opfere ihn, den du herangezogen hast, und sei deiner Überzeugung sicher: du wirst unter würdiger Begleitung zur Krone gelangen!'

Da antwortete ihm Sixtus: ‚Ich lasse dich nicht zurück, mein Sohn, und verlasse dich nicht. Noch größere Kämpfe gebühren dir. Ich als Greis trete den Waffengang zu einem leichteren Kampf an; deiner als Jüngling harrt ein herrlicherer Triumph über den Tyrannen. Bald wirst du kommen. Höre auf zu weinen! Nach drei Tagen wirst du mir folgen. Diese Zahl (der Tage) dazwischen geziemt sich zwischen Priester und Leviten. Es wäre deiner nicht würdig gewesen, an der Seite des Lehrers zu siegen, als hättest du eines Helfers bedurft. Was begehrst du nach der bloßen Teilnahme an meinem Leidenstod? Sein ganzes Erbe hinterlasse ich dir. Was verlangst du nach meiner Gegenwart? Schwache Schüler mögen dem Lehrer vorausgehen, starke folgen ihm, um ohne den Lehrer zu siegen, nachdem sie der Belehrung nicht mehr bedürfen. So ließ auch Elias den Elisäus zurück. Auf dich übertrage ich denn die Nachfolge meiner Tugendkraft.'

Das war der Streit, wahrhaft ein würdiger Streit, den Bischof und Diakon um den Vorrang führten, wer zuerst für dem Namen Christi leiden dürfe. In der Tragödie löste es, wie man erzählt, bei den Zuschauern großen Beifall aus, als Pylades sich für Orestes ausgab, Orestes hingegen beteuerte, wie es der Fall war, er sei Orestes: Pylades wollte sich für Orestes töten lassen; Orestes wollte nicht dulden, dass Pylades sich für ihn dem Tode weihe. Doch diese hatten ihr Leben verwirkt, weil beide des Muttermordes schuldig waren, der eine als Täter, der andere als Helfer. In unserem Fall drängte nichts den hl. Laurentius hierzu als hingebende Liebe. Auch er jedoch spottete nach drei Tagen des Tyrannen und sprach, als er auf dem Roste liegend verbrannt wurde: [Diese Seite ist] durchgebraten, [bitte] wende [mich] und iss! So besiegte er durch den Starkmut der Seele die Natur des Feuers".[10]

10 Ambrosius, *De officiis ministrorum,* Buch I, Kap. 41, Nr. 205-207.

Ausgehend von dieser aufschlussreichen Schrift des Ambrosius wird der Diakon wie folgt charakterisiert:

1) Er steht sakramental im Dienst der Darbringung *(diakonia)* und lebt seinen diakonischen Dienst, indem er in der *martyria* das höchste Zeugnis für Christus zum Ausdruck bringt und die größere Liebe bejaht, die im Martyrium besteht.
2) Kraft des sakramentalen Bandes zwischen ihm und dem Bischof lebt er die kirchliche *communio* durch einen spezifischen Dienst für den Bischof, ausgehend von der Eucharistie und in Bezug zu ihr.
3) In der Kraft des Sakraments (d.h. verwurzelt im ersten Grad des sakramentalen Ordo) widmet er sich dem Dienst einer allumfassenden, ganzheitlichen Nächstenliebe – also nicht nur der menschlichen und sozialen Solidarität – und bringt damit das typische Merkmal der Diakonie zum Ausdruck.

Wenn der Diakon wesentlich für den Dienst der Nächstenliebe geweiht ist, dann muss das Martyrium – das Zeugnis bis zum Blutvergießen – als Ausdruck einer größeren Liebe betrachtet werden, d.h. als Dienst einer Nächstenliebe, die keine Grenzen kennt. Der Dienst der Nächstenliebe, zu dem der Diakon durch die Weihe berufen ist, hört also nicht beim Dienst an den Tischen auf oder, wie es einmal in der Sprache der Katechese hieß, bei den „leiblichen Werken der Barmherzigkeit", aber auch nicht bei den geistlichen Werken. Der diakonische Dienst der Nächstenliebe reicht in der bedingungslosen Selbstaufgabe bis zur Nachahmung Christi, des treuen Zeugen schlechthin (Offb 1,5; 3,14).

Worte von Papst Franziskus

- Brief anlässlich der Weihe mehrerer Diakone in Buenos Aires[11]

Liebe Söhne und Brüder,
wie gern wäre ich heute bei Euch gewesen! Ohne Vorbehalt bin ich gewiss, im Geist dabei zu sein. Ihr habt soeben den Diakonat empfangen und öffentlich eure Berufung zum Dienen bekundet... nicht nur auf Zeit, sondern für das ganze Leben. Möge eure sacerdotale Existenz ein Dienst sein: Dienst für Jesus Christus, Dienst für die Kirche, Dienst an euren Brüdern und Schwestern, besonders an den Ärmsten und Bedürftigsten. Seid keine „Diakone auf Zeit" oder Funktionäre. Die Kirche ist keine NGO. Lasst den Dienst euer Leben umwälzen. „Legt das Fleisch auf den Grill!" Ich bete für jeden von euch, für eure Sehnsüchte und für eure Leiden. Vergesst nicht, dass Jesus auf euch geschaut hat; lasst weiterhin Jesus auf euch schauen. Bitte betet für mich. Möge Jesus Christus euch segnen und die Jungfrau Maria für euch sorgen.

Vatikanstadt, 13. März 2013
In herzlicher Verbundenheit
Franziskus

- Morgenmeditation in der Kapelle von Santa Martha
  15. Dezember 2015 [51]

Vor allem muss die Kirche demütig sein – eine demütige Kirche, die nicht mit Macht und Größe einherstolziert. Eine schwächliche, kraftlose Person mit leerem Blick – das ist keine Demut, das ist Theater! Das ist vorgetäuschte Demut. Demut hat einen ersten Schritt: „Ich bin ein Sünder, eine Sünderin". Wenn du nicht fähig bist, dir selbst zu sagen: Ich bin ein Sünder. Ich bin eine Sünderin,

---

11 In der italienischen Originalausgabe ist der handschriftliche Brief von Papst Franziskus als Faksimile abgedruckt.

und: Andere sind besser als ich – dann bist du nicht demütig. Der erste Schritt in der demütigen Kirche besteht darin, sich sündig zu wissen; der erste Schritt für uns alle ist derselbe. Wenn jemand von uns die Gewohnheit hat, auf die Fehler der anderen zu schauen und darüber zu plaudern, ist er nicht demütig, sondern hält sich für den Richter der anderen. [...]

Unser Diakon, der Diakon dieser Diözese Rom, Laurentius, war der Vermögensverwalter der Diözese Rom. Als der Kaiser ihn aufforderte, das Vermögen der Diözese auszuliefern, um sich freizukaufen und nicht getötet zu werden, holte dieser die Armen herbei. Die Armen sind der Reichtum der Kirche. Wer eine eigene Bank hat, ist Bankdirektor, sein Herz bleibt jedoch arm, es hängt nicht am Geld, sondern beständig am Dienst. Armut ist diese Loslösung, um den Bedürftigen zu dienen, um den anderen zu dienen. [...]

Worauf setze ich mein Vertrauen? Auf Macht, auf Freunde, auf Geld? Auf den Herrn! Das ist das Erbe, das der Herr uns verheißt: „Ich lasse in deiner Mitte übrig ein demütiges und armes Volk, das seine Zuflucht sucht beim Namen des Herrn" (Zef 3,12). Demütig, weil es sich sündig fühlt; arm, weil sein Herz an den Schätzen Gottes hängt, und wer selbst solche Schätze hat, dem sind sie zur Verwaltung anvertraut; Zuflucht suchend beim Herrn, weil das Volk weiß, dass nur der Herr garantieren kann, was gut tut. Und wahrlich, die Hohenpriester, an die Jesus sich wandte, verstanden diese Dinge nicht, und Jesus musste ihnen sagen, dass eine Prostituierte vor ihnen in das Himmelreich eintreten wird.

- Ansprache an die ständigen Diakone der Diözese von Rom mit ihren Familien (19. Juni 2021)[12] [65]

Liebe Brüder und Schwestern,
guten Morgen und herzlich willkommen! Ich danke euch für euren Besuch. Ich danke euch für eure Worte und eure Zeugnisse. Ich grüße den Kardinalvikar, euch alle und eure Familien. Ich freue mich, dass du, Giustino [Trincia], zum Caritasdirektor ernannt worden bist: Wenn ich dich anschaue, denke ich, dass du wachsen wirst, du bist doppelt so groß wie Pater Ben, mach weiter! Und ich freue mich, dass die Diözese Rom den alten Brauch wieder aufgenommen hat, eine Kirche einem Diakon anzuvertrauen, um sie zur Diakonie zu machen, wie es bei dir, lieber Andrea [Sartori], in einem Arbeiterviertel der Stadt geschehen ist. Ich grüße dich und deine Frau Laura mit Zuneigung. Ich hoffe, ihr werdet nicht so enden wie der hl. Laurentius, aber nur zu!

Da ihr mich gefragt habt, was ich von den Diakonen Roms erwarte, werde ich euch ein paar Dinge erzählen, wie ich es oft tue, wenn ich euch begegne und mit einigen von euch ins Gespräch komme.

Lasst uns zunächst ein wenig über den Dienst des Diakons nachdenken. Den Weg in die Zukunft hat das II. Vatikanische Konzil aufgezeigt, das den Diakonat als einen „eigenen und ständigen Grad der Hierarchie“ verstanden hat. Nachdem *Lumen gentium* die Rolle der Presbyter als Teilhabe an der priesterlichen Rolle Christi beschrieben hat, veranschaulicht es den Dienst der Diakone, denen, wie es heißt, „die Hände nicht zum Priestertum, sondern zum Dienst aufgelegt werden“ (LG 29). Dieser Unterschied ist nicht unbedeutend. Der Diakonat, der in der früheren Konzeption auf eine Durchgangsstufe zum Priestertum reduziert

12 Die beiden folgenden Texte wurden mit Zustimmung des Autors ergänzend in dieses Buch aufgenommen. Sie lassen sich nicht ganz präzise einem Unterkapitel zuordnen und werden daher dem ersten Kapitel über die Amtszeit von Papst Franziskus angefügt, weil sie einen Vorblick auf spätere Aspekte enthalten; Anm. der Übersetzerin.

war, erhält so seinen Platz und seine Eigenart zurück. Gerade die Betonung dieses Unterschieds hilft, die Geißel des Klerikalismus zu überwinden, der eine Priesterkaste „über" das Volk Gottes stellt. Dies ist der Kern des Klerikalismus: eine Priesterkaste „über" dem Volk Gottes. Und wenn dies nicht beseitigt wird, wird der Klerikalismus in der Kirche fortbestehen. Die Diakone, gerade weil sie sich dem Dienst an diesem Volk widmen, wissen, dass sich im kirchlichen Leib niemand über andere erheben kann.

In der Kirche muss die entgegengesetzte Logik gelten, die Logik der *Erniedrigung*. Wir alle sind aufgerufen, uns zu erniedrigen, denn Jesus hat sich erniedrigt, er hat sich zum Diener aller gemacht. Wenn es jemanden in der Kirche gibt, der groß ist, dann ist er es, der sich selbst zum Geringsten und zum Diener aller gemacht hat. Alles beginnt hier, wie uns die Tatsache in Erinnerung ruft, dass der Diakonat die Eingangstür zum Weihesakrament ist. Diakon bleibt man für immer. Erinnern wir uns bitte daran, dass für die Jünger Jesu *lieben* immer *dienen* bedeutet, und *dienen* bedeutet *herrschen*. Die Macht liegt im Dienen, nicht in etwas anderem. Ihr habt euch daran erinnert, was ich gesagt habe: Die Diakone sind die Hüter des Dienens in der Kirche, und so können wir sagen, dass sie die Hüter der wahren „Macht" in der Kirche sind, damit niemand über die Macht des Dienens hinausgeht. Denkt darüber nach.

Der Diakonat führt uns also, dem Weg des Konzils folgend, in die Mitte des Geheimnisses der Kirche. So wie ich von einer „konstitutiv missionarischen Kirche" und einer „konstitutiv synodalen Kirche" gesprochen habe, so sage ich: Wir sollten von einer „konstitutiv diakonischen Kirche" sprechen. Wenn wir diese Dimension des Dienens nicht leben, wird jeder Dienst von innen heraus leer, wird steril, bringt keine Frucht. Und nach und nach wird er weltlich. Die Diakone erinnern die Kirche daran, wie wahr es ist, was die hl. Therese von Lisieux entdeckt hat: Die Kirche hat ein Herz, das von der Liebe entflammt ist, ja, ein demütiges Herz, das vom Dienen durchdrungen ist. Die Diakone erinnern uns daran, wenn sie, wie der Diakon Franziskus, die Nähe Gottes zu den anderen bringen, ohne sich aufzudrängen, und mit Demut und Freude dienen. Die Großzügigkeit eines Diakons, der sich verausgabt, ohne sich vorzudrängen, riecht nach dem Evangelium, erzählt von der Größe der Demut Gottes, der den ersten Schritt tut - immer, Gott tut immer den ersten Schritt -, um auch denen zu begegnen, die sich von ihm abgewandt haben.

Heute müssen wir auch auf einen anderen Aspekt achten. Aufgrund des Rückgangs der Anzahl der Priester werden Diakone überwiegend mit stellvertretenden Aufgaben betraut, die, so wichtig sie auch sind, nicht das Spezifikum des Diakonats sind. Es handelt sich um stellvertretende Aufgaben. Nachdem das Konzil vom Dienst am Volk Gottes „in der Diakonie der Liturgie, des Wortes und der Nächstenliebe" gesprochen hat, betont es: Die Diakone widmen sich vor allem „den Pflichten der Nächstenliebe und der Verwaltung" (LG 29). Diese Formulierung erinnert an die ersten Jahrhunderte, als die Diakone im Namen und im Auftrag des Bischofs für die Bedürfnisse der Gläubigen, insbesondere der Armen und Kranken, sorgten. Wir können auch auf die Wurzeln der Kirche von Rom zurückgreifen. Ich denke dabei nicht nur an den hl. Laurentius, sondern auch an die Entscheidung, *Diakonien* ins Leben zu rufen. In der großen kaiserlichen Metropole wurden sieben von den Pfarreien unterschiedene und über die Stadtbezirke verteilte Stellen eingerichtet, in denen die Diakone eine feinmaschige Arbeit zugunsten der gesamten christlichen Gemeinschaft, insbesondere der Geringsten, verrichteten, damit, wie es in der Apostelgeschichte heißt, niemand unter ihnen Not litt (Apg 4,34).

Deshalb haben wir in Rom versucht, diese alte Tradition der Diakonie in der Kirche des hl. Stanislaus wieder aufleben zu lassen. Ich weiß, dass ihr auch in der Caritas und anderen den Armen nahestehenden Einrichtungen sehr präsent seid.

Wenn ihr so vorgeht, werdet ihr nie die Orientierung verlieren: Diakone werden keine „Halbpriester" oder Priester „zweiter Klasse" sein, auch keine „schicken Ministranten", nein, auf diesem Weg werdet ihr nicht wandeln; ihr werdet aufmerksame Diener sein, die sich einsetzen, damit niemand ausgeschlossen wird und die Liebe des Herrn das Leben der Menschen konkret berührt. Letztlich könnte man die diakonische Spiritualität, d.h. die Spiritualität des Dienens, in wenigen Worten zusammenfassen: *innere Verfügbarkeit* und *äußere Offenheit:* im Inneren von Herzen verfügbar, bereit, Ja zu sagen, auf die Situation einzugehen, ohne das Leben um die eigene Agenda kreisen zu lassen; und nach außen offen, den Blick auf alle gerichtet, vor allem auf die Ausgegrenzten, die sich ausgeschlossen fühlen. Gestern habe ich einen Text von Don [Luigi] Orione gelesen, der von der Aufnahme der Bedürftigen spricht und zu den Ordensleuten seiner Kongregation sagt: „In unseren Häusern muss jeder aufgenommen werden, der etwas braucht, irgendetwas – auch diejenigen, die Schmerzen haben". Das gefällt mir. Es gilt nicht nur die Bedürftigen aufzunehmen, sondern auch diejenigen, die Schmerzen haben. Diesen Menschen zu helfen ist wichtig. Das vertraue ich euch an.

Über das, was ich von den Diakonen in Rom erwarte, möchte ich noch drei kurze Gedanken hinzufügen – keine Angst: Ich höre gleich auf –, die nicht in die Richtung gehen, „etwas zu tun", sondern Haltungen zu pflegen. Erstens erwarte ich von euch, dass ihr demütig seid. Wenn ein Bischof oder ein Priester sich aufspielt, ist das traurig anzusehen, aber es ist noch trauriger, einen Diakon zu sehen, der sich in den Mittelpunkt der Welt, in den Mittelpunkt der Liturgie oder in den Mittelpunkt der Kirche stellen will. Sei demütig. Lass alles Gute, das du tust, ein Geheimnis zwischen dir und Gott sein. So wird es Früchte tragen.

Zweitens: Seid gute Ehemänner und gute Väter – und gute Großväter. Das erwarte ich. Ehepaaren, die schwierige Zeiten durchmachen und in eurer aufrichtigen Einfachheit eine ausgestreckte Hand finden, wird dies Hoffnung und Trost bieten. Sie werden denken: Seht euch unseren Diakon an! Er ist gern bei den Armen, aber auch beim Pfarrer, ja auch bei seinen Kindern und seiner Frau! Sogar bei der Schwiegermutter, das ist sehr wichtig! Alles mit Freude tun, ohne zu klagen – ein solches Zeugnis ist mehr wert als viele Predigten. Und weg mit den Klagen. Klagt nicht. „Ich hatte so viel Arbeit, so viel ...". Nichts davon. Schluckt diese Dinge herunter. Draußen: Lächeln, Familie, offen für die Familie, Großzügigkeit ...

Schließlich, drittens, erwarte ich von euch, dass ihr *Hüter* seid: Ihr sollt nicht nur wissen, wie man die Fernstehenden und die Armen erkennt – das ist nicht so schwierig –, sondern der christlichen Gemeinschaft helfen, Jesus in den Armen und Fernstehenden zu erkennen, wenn er durch sie an unsere Türen klopft. Es gibt auch eine katechetische, prophetische Dimension des Hüters, Propheten und Katecheten, der es versteht, über den Tellerrand hinauszuschauen und anderen zu helfen, über den Tellerrand hinauszuschauen und die Armen zu sehen, die weit weg sind. Man kann das schöne Bild am Ende der Evangelien aufgreifen, wenn Jesus die Seinen aus der Ferne fragt: „Habt ihr nicht etwas zu essen?" Der geliebte Jünger erkennt ihn und sagt: „Es ist der Herr" (Joh 21,5.7). Wie groß auch immer die Not ist, sieh den Herrn. So seht auch ihr den Herrn, wenn er in so vielen seiner geringsten Brüder und Schwestern darum bittet, zu essen zu erhalten, aufgenommen und geliebt zu werden. Ich möchte, dass dies das Profil der Diakone in Rom und in der ganzen Welt ist. Arbeitet daran. Ihr habt Großzügigkeit und geht damit voran.

Ich danke euch für das, was ihr tut und was ihr seid, und ich bitte euch, weiterhin für mich zu beten. Ich danke euch.

- Ansprache an Diakone der Diözese von Rom in der Zeit ihrer Vorbereitung auf die Priesterweihe, 24. Februar 2024 [67]

Liebe Brüder,
ich danke euch für eure Anwesenheit. Ich grüße Erzbischof Di Tolve und heiße jeden einzelnen von euch willkommen und freue mich, euch in dieser Zeit vor eurer Priesterweihe zu treffen.

Ich stelle mir vor, dass ihr beim Denken an diesen Tag bereits den Ritus der Priesterweihe „studiert"! Nun, die erste Frage, die man euch zu den Verpflichtungen, die ihr eingehen werdet, stellen wird, lautet: „Wollt ihr das sacerdotale Amt euer ganzes Leben lang im Rang eines Presbyters ausüben, als treue Mitarbeiter des bischöflichen Ordo im Dienst am Volk Gottes, unter der Leitung des Heiligen Geistes?“ Wie mir scheint, sehe ich in diesen Worten drei wesentliche Elemente des Dienstamtes: erstens *treue Mitarbeiter* zu sein, zweitens *im Dienst des Volkes Gottes* zu stehen und drittens *unter der Leitung des Heiligen Geistes* zu stehen. Ich möchte kurz auf diese drei Punkte eingehen.

Treue Mitarbeiter. Man könnte meinen, sobald man einmal Priester, Hirte im Volk Gottes geworden ist, sei im Grunde die Zeit gekommen, die Dinge selbst in die Hand zu nehmen, in eigener Person umzusetzen, was man sich seit Jahren gewünscht hat, endlich Situationen im eigenen Stil und nach eigenen Vorstellungen zu gestalten, wie es einem nach der eigenen Geschichte und dem eigenen Weg am Herzen liegt. Doch die Heilige Mutter Kirche erwartet in erster Linie nicht *Leader*, sondern Mitarbeiter, d.h. dem Wortsinne nach diejenigen, die „arbeiten mit ...“. Dieses „mit“ ist wesentlich, denn die Kirche ist, wie das Konzil in Erinnerung ruft, in erster Linie ein *Geheimnis der Gemeinschaft.* Und der Presbyter ist ein Zeuge dieser Gemeinschaft, die Geschwisterlichkeit, Treue und Anpassungsfähigkeit voraussetzt. Choristen also, nicht Solisten; Brüder im Presbyterium und Priester für alle, nicht für die eigene Gruppe; Diener in ständiger Weiterbildung, ohne jemals zu meinen, autonom zu sein und sich selbst zu genügen. Wie wichtig ist heute die ständige Fortbildung, und zwar nicht allein, sondern immer im Kontakt mit jemandem, der berufen ist, euch zu begleiten, weil er im Dienst schon eine längere Wegstrecke zurückgelegt hat. Dies soll geschehen mit offenem Herzen, um nicht der Versuchung zu erliegen, das Leben allein zu bewältigen und damit eine leichte Beute für ganz verschiedene Versuchungen zu werden.

Zweiter Aspekt: *dem Volk Gottes dienen.* Ich möchte euch jetzt kennenlernen, während ihr Diakone seid, denn man wird nicht Pfarrer, ohne zuvor Diakon zu sein. Der Diakonat verschwindet nicht, im Gegenteil, er ist das Fundament, auf dem das Presbytersein gegründet ist. Ihr werdet Priester sein, um zu dienen, gleichgestaltet mit Jesus, der „nicht gekommen ist, um sich dienen zu lassen, sondern um zu dienen und sein Leben hinzugeben" (Mt 20,28; Mk 10,45). Ich würde also sagen, dass es ein inneres Fundament des sacerdotalen Dienstes zu bewahren gilt, das wir „diakonisches Gewissen" nennen könnten: So wie das Gewissen den Entscheidungen zugrunde liegt, so liegt dem Priestersein der Geist des Dienens zugrunde. Es ist also gut, jeden Morgen zu beten und zu fragen, wie man dienen kann: „Herr, hilf mir heute zu dienen"; und jeden Abend zu danken und eine Gewissenserforschung zu machen und zu sagen: „Herr, vergib mir, wenn ich mehr an mich selbst gedacht habe als an den Dienst an den anderen". „Dienen", liebe Freunde, ist ein Verb, das sich jeder Abstraktheit verweigert. Dienen bedeutet: verfügbar sein, auf ein Leben nach eigenen Vorstellungen verzichten, bereit sein für die Überraschungen Gottes, die sich zeigen durch Menschen, Unerwartetes, Planänderungen, Situationen, die nicht in unsere Schemata und in die „Richtigkeit" dessen, was man studiert hat, passen.

Das pastorale Leben ist kein Handbuch, sondern eine tägliche Hingabe; es ist keine am Schreibtisch vorbereitete Arbeit, sondern „ein eucharistisches Abenteuer". Es bedeutet, mit dem Leben, in eigener Person, zu wiederholen: „Das ist mein Leib, der für euch hingegeben wird". Es ist eine ständige Haltung von Willkommen, Mitgefühl, Zärtlichkeit, ein Stil, der sich eher in Taten als in Worten zeigt und die Sprache der Nähe zum Ausdruck bringt. Es bedeutet, den Menschen wohlwollend zu begegnen ohne Hintergedanken, und seien es die besten, sondern in ihnen die einzigartigen und wunderbaren Gaben zu erkennen, die der Herr uns gegeben hat, um ihnen mit Freude und Demut zu dienen. Es ist die Freude, andere an der Hand zu nehmen und die Schritte zu begleiten, mit Geduld und Unterscheidungsvermögen. Und in diesem Licht überwinden wir mit Gottes Gnade die Gefahr, in uns ein wenig Bitterkeit und Unzufriedenheit über Dinge aufkommen zu lassen, die nicht so laufen, wie wir es uns wünschen, über Menschen, die unsere Erwartungen nicht erfüllen und die nicht unseren Vorstellungen entsprechen.

Und nun kommen wir zum letzten Aspekt: *unter der Führung des Heiligen Geistes.* Dem Geist, der auf euch herabkommen wird, müsst ihr unbedingt immer den Vorrang geben. Wenn das geschieht, wird euer Leben, wie das der Apostel, auf den Herrn und durch den Herrn ausgerichtet sein, und ihr werdet wirklich „Männer Gottes“ sein. Andernfalls, wenn ihr euch auf eure eigene Kraft verlasst, riskiert ihr, mit leeren Händen dazustehen. Leben unter der Leitung des Geistes bedeutet, von der Salbung der Weihe zu einer „täglichen Salbung“ überzugehen. Jesus gießt die Salbung des Geistes über uns aus, wenn wir in seiner Gegenwart sind, wenn wir ihn anbeten, wenn wir mit seinem Wort vertraut sind. Bei ihm zu sein, bei ihm zu bleiben (vgl. Joh 15) gestattet uns also auch, bei ihm Fürsprache zu halten für das heilige Volk Gottes, für die Menschheit, für die Menschen, denen wir täglich begegnen. So verliert ein Herz, das seine Freude aus dem Herrn schöpft und die Beziehungen durch das Gebet fruchtbar macht, die zeitlose Schönheit des priesterlichen Lebens nie aus den Augen.

Das wünsche ich euch, liebe Brüder, indem ich euch für euer Ja zu Gott danke und euch bitte, jeden Tag für mich zu beten.

Kapitel 7

Der Diakon in der Kirche als Volk Gottes

Diakonie ist mehr als ein Bündel von Kenntnissen und Erfahrungen, sie ist eine Lebensform. Deshalb erfordert sie eine grundlegende Option, die ein eschatologisches Ziel hat: die Hoffnung auf ein neues Leben, das Reich Gottes als Fluchtpunkt und Orientierung des eigenen Lebens. Eine Zielsetzung ist nur dann sinnvoll, wenn sie im Glauben, in der Hoffnung und in der Liebe angestrebt wird. Dazu schreibt Jürgen Moltmann: „Die Welt ist das Experimentierfeld des Reiches Gottes. Liebe kann man nur üben, wenn man jene Ordnungen abschafft, die Konkurrenz, Hass und Krieg produzieren, und die ‚neue Ordnung aller Dinge', den Frieden, vorwegnimmt. Diakonie ist dann nicht nur Notlinderung, Wundbehandlung und soziale Kompensation, sondern Vorwegnahme des neuen Lebens, der neuen Gemeinschaft und der freien Welt. Diakonie ist dann nicht nur am vorhandenen Leiden des Menschen orientiert, sondern zugleich damit am Reich Gottes, der wahren Zukunft des Menschen. Ohne die Reich-Gottes-Perspektive wird Diakonie zur ideenlosen Liebe, die nur kompensiert und wiedergutmacht. Ohne die Diakonie wird allerdings die Reich-Gottes-Hoffnung zur lieblosen Utopie, die nur fordert und anklagt. Also kommt es in der diakonischen Praxis darauf an, die Liebe auf die Hoffnung und das Reich Gottes auf die konkrete Not zu beziehen".[1]

Ausgangspunkt für die Interpretation der Dienstgestalt der Kirche ist Jesus Christus selbst, der Diener und barmherzige Samariter. Jesus von Nazareth stellte sein Leben in den Dienst der Menschen (Mk 10,43-45; Mt 10,24), und so zögerte er nicht, seinen Aposteln beim letzten Abendmahl die Füße zu waschen

1 Jürgen Moltmann, Diakonie im Horizont des Reiches Gottes. Schritte zum Diakonentum aller Gläubigen, Neukirchen-Vluyn 1984, 20.

(Joh 13,3-20) und ihnen bei Tisch zu dienen. Er hat gelitten und sein Leben als Lösegeld für die Menschheit hingegeben (Mk 15, 33-39; Mt 27,45-54; Lk 23,44-47; Joh 19,28-30), um in der Auferstehung über den Tod zu triumphieren und jeden an seinem Leben teilhaben zu lassen (Joh 3,16). So wurde er schließlich zu einem Paradigma des Lebens auf diesem Pilgerweg, der von Galiläa aus neu beginnt.

Die Kirche, die das Heilshandeln Jesu Christi weiterführt, wird auch zum Subjekt der Verkündigung der Botschaft, die im Volk Gottes inkulturiert und inkarniert ist, und fördert das Heilsparadigma ihres Meisters durch ihre eigene Sendung und ihren eigenen Dienst. In diesem Sinne tritt jeder Getaufte, Mann oder Frau, potenziell in die Nachfolge seiner Liebe und dient den Brüdern und Schwestern in Jesus Christus, damit sie, inspiriert durch den Gehorsam gegenüber dem Vater, ihre eigene Rolle ausüben und in der Kraft des Heiligen Geistes die verschiedenen ihnen geschenkten Charismen zur Geltung bringen können (1 Kor 12,47). Der spezifische Charakter der christlichen Gemeinschaft wird ganz durch den Glauben an Jesus, den lebendigen Christus, bestimmt, der durch den Geist alle zu sich und in sich ruft.

Das wahrhaftigste Siegel der christlichen Berufung ist das Dienen, ein Dienen des Glaubens in Hoffnung mit Liebe. Dieser Dienst muss daher der Würde, Diener Christi zu sein, gerecht werden. Es ist also ein Dienst, der völlig losgelöst ist von jeglichem Kampf um Posten und Macht. Dieses Dienen hilft ohne Hintergedanken, wie ein barmherziger Samariter in Judäa, ohne jemals zu fragen: „Wer ist mein Nächster?" In der Kirche des Herrn sind die ersten Plätze und die wahre Größe denen vorbehalten, die dienen.

Der Diakon hört mit seinem Charisma des Dienens in Liebe auf den Schrei, der immer von den Bedürfnissen der Armen, der Leidenden, der Demütigen an die Kirche ergeht. In dieser Art des Handelns muss das Evangelium sich verwirklichen, es muss verstanden und aufgenommen werden, es muss verwandeln *(metanoia)*, muss gültig bleiben, sich „heute" erfüllen (Lk 4,21); denn gestern wie heute ist das gleiche unerschütterliche Wort Jesu immer bei den Armen, die ständig nach diesem Dienst rufen. Denn die Armen werden wir „immer haben“ (Mt 26,11).

Die Diakone im Dienst des Gottesvolkes

Von seiner Wiedereinführung bis heute hat der Diakonat einen langen Weg der Reflexion durchlaufen, um sich schrittweise seiner Identität bewusst zu werden. Das II. Vatikanische Konzil, ein vorwiegend pastorales Konzil, stellt mit seiner *Communio*-Ekklesiologie, gestützt auf *Lumen gentium* (LG), unmissverständlich fest, dass der diakonische Dienst (LG 29) in der Kirche als eigenes Dienstamt wiederbelebt wird und nicht mehr nur eine Etappe für Priesteramtskandidaten darstellt. Dieses Dienstamt kann sowohl ledigen als auch verheirateten Männern übertragen werden. Die Stellung des Diakonats innerhalb der Hierarchie wird durch den Verweis auf die „Handauflegung“ und die „sakramentale Gnade“ beschrieben, und so wird die Sakramentalität des Diakonats unterstrichen. Der Konzilstext über den bischöflichen Dienst (LG 30) besagt, dass dieser Dienst mit Hilfe von Presbytern und Diakonen ausgeübt wird. Erneut wird betont: Das kirchliche Dienstamt wird nach göttlicher Einsetzung von alters her durch die verschiedenen Ränge des Ordo ausgeübt: Bischöfe, Presbyter, Diakone (LG 28).

Papst Franziskus widmet dem Thema zwei Mittwochsaudienzen; am 5. November 2014 erklärt er: „Im Dienst der Bischöfe, Presbyter und Diakone können wir das wahre Antlitz der Kirche erkennen: Sie ist die heilige, hierarchische Mutter Kirche“. Er fährt fort: „Es gibt keine gesunde Kirche, wenn die Gläubigen, die Diakone und die Presbyter nicht mit dem Bischof geeint sind. Diese Kirche, die nicht mit dem Bischof geeint ist, ist eine kranke Kirche“ [45].[2]

Der Diakonat ist, wie Paul VI. sagt, als *Faktor der Erneuerung der Kirche* wiederhergestellt worden. Diese Aussage sollte dem diakonischen Dienst neue Horizonte eröffnen und ihm helfen, die

2 Siehe unten S. 107-110; hier: 109f.

bis heute immer bestehenden Gefahren zu überwinden, in neuen Formen des Ritualismus oder der reinen Frömmigkeitsübungen auszutrocknen: Es geht darum, die *Würde des Volkes Gottes* immer besser zu erfassen und zur Geltung zu bringen, um die besondere Berufung zum Diakonat und ganz allgemein jeden Dienst besser zu verstehen.

Die Formulierung, die das Konzil aus dem Gedankengut der patristischen und liturgischen Tradition übernommen hat – „nicht zum Sacerdotium[3], sondern zum Dienst" (LG 29) –, soll zudem verdeutlichen, dass der Diakon zwar in seinem Rang am amtlichen Sacerdotium teilhat, jedoch nicht geweiht ist, um Leib und Blut Christi zu konsekrieren, und auch nicht – in ordentlicher Form –, um das Amt des Vorsitzes in der liturgischen Versammlung auszuüben. Vielmehr steht er im Dienst des Bischofs, des Presbyters und des Volkes Gottes.

In der Erfahrung der frühen Kirche, wie sie in der Überlieferung zahlreicher Kirchenväter (vor allem des hl. Ignatius von Antiochien) Ausdruck findet, kommt dem Diakon bis zum fünften Jahrhundert eine wichtige Rolle zu: Sein Dienst entspringt direkt und in erster Linie aus der Eucharistie. Damit wird klar, dass nicht nur die Nächstenliebe Jesu, der seinen Brüdern die Füße wäscht, sondern auch die Eucharistie der Zielpunkt allen christlichen Dienstes ist. In der *Didascalia Apostolorum* lesen wir, dass die Diakone in enger und herzlicher Gemeinschaft mit dem Bischof arbeiten müssen, damit sie „Ohr, Auge und Mund, Herz und Seele des Bischofs" sind; Bischof und Diakon „müssen beide ein Leib sein".[4] Diese Aussage ist hoch bedeutsam – in ihrem kirchlichen

---

3 Der lateinische Text lautet: *non ad sacerdotium, sed ad ministerium.* Die übliche deutsche Übersetzung „nicht zum Priestertum, sondern zum Dienst", ist irreführend, da der Ausdruck *sacerdotium* sich auf Priester (sonst Presbyter genannt) und Bischöfe bezieht. Daher wird das lateinische Wort hier unübersetzt verwendet.

4 „Testament des Herrn", aus dem sogenannten „Oktateuch Clementine", in: Nuovo Enchiridion sul diaconato, p. 147. Die Zitate finden sich in der *Didascalia apostolorum,* insofern sie in die „Apostolischen Konstitutio-

und pastoralen Wert und vor allem für die Identität und den Dienst des Diakons heute. Denn hier wird deutlich, dass der Diakon als Mitarbeiter des Bischofs und daher für die Ortskirche geweiht wird.

Darüber hinaus ergibt sich die Beziehung des Diakons zu den Laien aus der Tatsache, dass er durch die sakramentale Gnade befähigt ist, auf die verschiedenen Nöte einzugehen und Dienste und Ämter im Volk Gottes hervorzubringen und zu wecken. Einerseits gehört der Diakon also zum Klerus, weil er die Weihe empfangen hat, andererseits teilt er das Leben der Laien, die ihn unterstützen, insofern er einer von ihnen ist.

Aufgrund dieser Realität hat das Dienstamt des Diakons, der am Weihesakrament teilhat, unter den Gläubigen eine ähnliche Autorität wie das des Presbyters; gleichzeitig aber nimmt er an der allgemeinen Lage des Volkes teil, versteht die Probleme aller und hilft auch den Presbytern bei diesem Verständnis.

Gewiss, der übermäßig dynamische und manchmal entfremdende Rhythmus, der unsere Gesellschaft und unsere kirchlichen Gemeinschaften kennzeichnet, entzieht den direkten persönlichen Kontakten mit den Menschen ihren menschlichen Gehalt und reduziert sie auf eine wirre Vermischung sekundärer Beziehungen, ohne weitere Berührungspunkte und ohne die Möglichkeit zu einem lebendigen Erfahrungsaustausch und einer Zusammenarbeit.

Diese Schwierigkeiten sind heute auch in der Realität unserer Pfarreien anzutreffen, wo unsere Gemeinschaften sich auf eine gesichtslose Anonymität zubewegen, überwiegend bei Großveranstaltungen und manchmal rein formellen Treffen, in denen der menschliche und persönliche Kontakt fehlt. Es handelt sich um

---

nen“ integriert wurde, dort in Buch II, Kap. 44. Vgl. Franz Xaver Funk (Hg.), *Didascalia et Constitutiones apostolorum* (lat.-grch.), Band 1, Paderborn 1905, 138 [85]. Vgl. die Übersetzung der *Didascalia* aus dem Syrischen: Die syrische Didaskalia, übersetzt und erklärt von H. Achelis und J. Flemming, Leipzig 1904, 86 [86].

eine Krise der Kommunikation, denn die Menschen wenden sich heute nicht mehr an die Pfarrei, um eine angemessene Bildung zu erhalten. Der einzige Zeitpunkt für den Presbyter, um seine Gläubigen zu erreichen, ist die Sonntagsmesse. Dieser Moment lässt wenig Raum für einen spontanen und konstruktiven Dialog.

In diesem Sinne müssen der Diakonat und seine Ausübung im Hinblick auf eine Kirche gesehen werden, deren Sendungsbewusstsein wächst. Diese Verpflichtung muss die Pastoral dazu führen, sich von der bloßen Bewahrung des Bestehenden zu lösen und sich mutig für neue Ansprüche der Gesellschaft zu öffnen.

Schließlich greift Franziskus in der Generalaudienz am 12. November 2014 auf, was der Apostel Paulus über die Eigenschaften der geweihten Seelsorger schreibt: „Es ist bezeichnend, dass neben den Gaben, die zum Glauben und zum geistlichen Leben gehören [...], einige ganz menschliche Eigenschaften aufgezählt werden: Gastfreundlichkeit, Nüchternheit, Geduld, Besonnenheit, Zuverlässigkeit, Herzensgüte. Das ist das Alphabet, die grundlegende Grammatik eines jeden Dienstamtes! Es muss die Elementargrammatik eines jeden Bischofs, eines jeden Pfarrers, eines jeden Diakons sein“ [46].[5]

Hier zeichnet sich eine tiefe und radikale Herausforderung ab. In den letzten zwanzig Jahren haben sich der internationale, der nationale und auch der süditalienische Rahmen tiefgreifend verändert. Die Beziehung zu den östlichen und südlichen Ufern des Mittelmeers hat sich geändert. Die massive Einwanderung aus Osteuropa, Afrika und Asien macht neue Formen der Solidarität erforderlich. Sehr oft ist gerade der Süden der erste Landeplatz der Hoffnung für Tausende von Einwanderern und stellt ein kirchliches Laboratorium dar: Nachdem sie empfangen wurden, Hilfe und Gastfreundschaft erhalten haben, muss sich das christliche Unterscheidungsvermögen bewähren, und es gilt einen Weg der Gerechtigkeit und des menschlichen Fortschritts und eine Begegnung mit den Religionen zu suchen, zu denen sich die Ein-

5 Siehe unten S. 110-112; hier: 110f.

wanderer und Flüchtlinge bekennen. Heute, so Papst Franziskus, „wollen wir uns fragen: Was wird von diesen Dienern der Kirche verlangt, damit sie ihr Dienstamt authentisch und fruchtbar ausüben können?“ [46].[6]

Die Diakone sind dazu berufen, in Symbiose mit den Menschen zu leben, mit ihrem eigenen Zuhause inmitten der Häuser, mit ihrer Nähe zu glücklichen und traurigen Familienereignissen, mit ihrer Bereitschaft, zuzuhören und insbesondere Menschen in Schwierigkeiten aufzunehmen, mit ihrer Bereitschaft, von Haus zu Haus zu gehen. Immer häufiger werden die Diakone von den Pfarrern in der Osterzeit ausgesandt, um die Familien zu segnen, dort wo sie wohnen. Das Wort „Volk“ ist ebenso wie das Wort „Welt“ mit Ambivalenzen behaftet, und nur der Kontext gibt Aufschluss über die Bedeutung. In den Evangelien wird viel Sympathie Jesu für die Menschen geschildert. Daher ist die Frage, die Jesus seinen Jüngern stellt, bedeutsam und muss ernst genommen werden: „Für wen halten die Leute den Menschensohn?“ (Mt 16, 13). Die Frage, wie die Menschen uns sehen, ist keineswegs harmlos. Eine ehrliche Prüfung der Kluft zwischen dem, was die Menschen sehen, und dem, was wir zutiefst empfinden, kann uns zu einem strikten Umdenken über uns selbst, unseren Glauben und unseren Dienst nötigen – ein herausfordernder Lackmustest.

Folglich ist es unerlässlich und dringend, unseren Dienst, den wir als Diakone in diesen nachkonziliaren Jahrzehnten der christlichen Gemeinschaft und der Welt angeboten haben, auszuwerten. Inwieweit tragen wir dazu bei, den Horizont der Diakonie Christi auf das gesamte Leben und die Sendung der Kirche in unserer Zeit auszuweiten? So können wir verstehen, ob durch unser Handeln in unseren Gemeinschaften ein „diakonisches Bewusstsein“ herangereift ist, das heißt, ein Bewusstsein für die Diakonie, das sich in Mitwirkung und Mitverantwortung auf allen Ebenen und in deren verschiedenen Formen niederschlägt. Es gibt noch eine weitere Aussage, die uns in Frage stellt und auf die wir nur mit unserem

6 Siehe unten S. 110.

Leben des Dienens antworten können. Franziskus sagt, an alle gerichtet: „Geht also hinaus auf die Straßen, und geht dorthin, wo die Wege sich kreuzen: Ladet alle ein, die ihr trefft, ohne Ausnahme (Mt 22,9). Begleitet vor allem jene, die am Straßenrand zurückgeblieben sind: Lahme, Krüppel, Blinde, Stumme (Mt 15, 30). Wo ihr auch seid, baut niemals Mauern und Grenzen, sondern offene Plätze und Feldlazarette“ [49]. In diesen Worten des Papstes finden wir für die Diakone einen besonderen Hinweis auf die große Aufgabe unserer Zeit, geprägt von Kreativität und Mühsal, wie sie für jeden Epochenwechsel typisch sind. Wenn neue Herausforderungen auftauchen, die nur schwer zu verstehen sind, neigt man instinktiv dazu, sich zu verschließen, zu verteidigen, Mauern zu errichten und unüberwindbare Grenzen zu schaffen.

Das ist eine menschlich allzu-menschliche Reaktion. Diakone müssen dieser Gefahr entgehen, indem sie sich ihrer Diakonie wirklich bewusst werden – nicht nur in der Kirche, sondern gerade in der Welt, inmitten dieses Wandels und durch ihn und seine Herausforderungen. Dann eröffnet sich eine neue Perspektive für den diakonischen Dienst: Man kann mit Zuversicht hinausgehen; man kann die Kühnheit finden, die Straßen aller zu beschreiten; man kann die Kraft freisetzen, Plätze der Begegnung zu bauen, und die am Rande Gebliebenen mit Fürsorge und Barmherzigkeit begleiten. Das ist der Traum von Papst Franziskus für die Männer und Frauen, die für Christus Zeugnis ablegen. Von uns hängt es ab, ob wir uns mit Herz, Hand und Verstand dafür einsetzen, diesen Traum Wirklichkeit werden zu lassen. Eine wesentliche Voraussetzung besteht in der Einsicht: Das „Hinausgehen“ stellt nicht eine besondere Tätigkeit neben anderen dar, sondern ist vielmehr der „Stil“, die einheitstiftende Lebensform des Diakons und der Kirche insgesamt. Der Papst merkt an: „Die Menschlichkeit des Christen befindet sich immer im Aufbruch. Sie ist nicht narzisstisch, selbstbezogen“ [49].

Ohne Wachstum der Kirchlichkeit besteht die Gefahr, den Dienst der Diakone misszuverstehen als eine Art Einsatz „im Auftrag“, um punktuelle Bedürfnisse sowie umständebedingte logistische Probleme der einzelnen Kirchen zu lösen. Die Aufgabe folgt dabei Entscheidungen, die von der Dringlichkeit inspiriert oder diktiert sind. Das ist leider schon oft geschehen. Die Diakonie nach dem Modell des Konzils ist hingegen eine Erneuerung des „neuen Gebotes", das Christus seinen Jüngern gegeben hat (Joh 13,34). In diesem Zusammenhang ist das Zeugnis des diakonischen Dienstes dazu bestimmt, zum historischen Zeichen zu werden, das auf diese Weise zutiefst dem Menschen und den Zeichen der Zeit Aufmerksamkeit schenken kann.

Worte von Papst Franziskus

- Generalaudienz am 26. März 2014 [44]

Liebe Brüder und Schwestern, guten Tag!
Wir hatten bereits Gelegenheit hervorzuheben, dass die drei Sakramente der Taufe, der Firmung und der Eucharistie zusammen das Geheimnis der „christlichen Initiation" bilden, ein einziges großes Heilsgeschehen, das uns in Christus erneuert. Das ist die grundlegende Berufung, die alle in der Kirche als Jünger und Jüngerinnen Jesu, des Herrn, vereint. Außerdem gibt es zwei Sakramente, die zwei besonderen Berufungen entsprechen: Es handelt sich um die Weihe und um die Ehe. Sie stellen zwei große Wege dar, durch die der Christ nach dem Vorbild und im Namen Christi sein eigenes Leben zu einem Geschenk der Liebe machen und so am Aufbau der Kirche mitwirken kann.

Das Weihesakrament in den drei Rängen des Bischofs, des Presbyters und des Diakons befähigt dazu, den Dienst auszuüben, den der Herr den Aposteln anvertraut hat: seine Herde zu weiden, in der Vollmacht seines Geistes und nach seinem Herzen. Die Herde Jesu weiden, nicht in der Macht der menschlichen Kraft, sondern in der Vollmacht seines Geistes und nach seinem Herzen, dem Herzen Jesu, das ein liebendes Herz ist. Der Presbyter, der Bischof, der Diakon muss die Herde des Herrn mit Liebe weiden. Wenn er es nicht mit Liebe tut, dann dient er überhaupt nicht. Und in diesem Sinne führen die Diener, die für diesen Dienst ausgewählt und geweiht werden, die Gegenwart Jesu in der Zeit fort, wenn sie es in der Kraft des Heiligen Geistes, im Namen Gottes und mit Liebe tun.

1. Ein erster Aspekt: Die Geweihten sind *Vorsteher der Gemeinde*. Ja, sie sind „Vorsteher"; für Jesus bedeutet das jedoch, die eigene Autorität zum Dienen einzusetzen, wie er selbst es den Jüngern gezeigt und sie gelehrt hat: „Ihr wisst, dass die Herrscher ihre Völker unterdrücken und die Mächtigen ihre Macht über die Menschen missbrauchen. Bei euch soll es nicht so sein, sondern wer bei euch groß sein will, der soll euer Diener sein, und wer bei euch der Erste sein will, soll euer Sklave sein. Denn auch der Menschensohn ist nicht gekommen, um sich dienen zu lassen, sondern um zu dienen und sein Leben hinzugeben als Lösegeld für viele" (Mt 20,25-28; vgl. Mk 10,42-45). Ein Bischof, der nicht im Dienst der Gemeinschaft steht, handelt nicht gut; ein Priester, der nicht im Dienst seiner Gemeinschaft steht, handelt nicht gut, er irrt.

2. Eine weitere Eigenschaft, die ebenfalls von dieser sakramentalen Vereinigung mit Christus stammt, ist die *leidenschaftliche Liebe zur Kirche*. Denken wir an den Abschnitt aus dem Brief an die Epheser, in dem der hl. Paulus sagt: Christus hat „die Kirche geliebt und sich für sie hingegeben, um sie im Wasser und durch das Wort rein und heilig zu machen. So will er die Kirche herrlich vor sich erscheinen lassen, ohne Flecken, Falten oder andere Fehler" (Eph 5,25-27). Kraft der Weihe widmet sich der Träger des Dienstamtes ganz seiner eigenen Gemeinschaft und liebt sie von ganzem Herzen: Sie ist seine Familie. Der Bischof und der Priester lieben die Kirche in der eigenen Gemeinschaft, sie lieben sie sehr. Wie? Wie Christus die Kirche liebt. Dasselbe sagt der hl. Paulus über die Ehe: Der Ehemann liebt seine Ehefrau, wie Christus die Kirche liebt. Das ist ein großes Geheimnis der Liebe: das Geheim-

nis des geweihten Dienstes und das der Ehe, zwei Sakramente, die der Weg sind, auf dem die Menschen gewöhnlich zum Herrn gehen.

3. Ein letzter Aspekt. Der Apostel Paulus ermahnt seinen Schüler Timotheus, *die Gabe,* die in ihm ist, nicht zu vernachlässigen, sondern sie *stets neu zu entfachen* – die Gabe, dic ihm durch Auflegung der Hände zuteil geworden ist (1 Tim 4,14; 2 Tim 1,6). Wenn man den Dienst – den bischöflichen Dienst, den priesterlichen Dienst – nicht durch das Gebet, durch das Hören auf das Wort Gottes und durch die tägliche Feier der Eucharistie und auch durch den häufigen Empfang des Bußsakraments nährt, dann verliert man am Ende unvermeidlich den wahren Sinn des eigenen Dienens aus dem Blick und ebenso die Freude, die aus einer tiefen Gemeinschaft mit Jesus kommt.

- Katechese bei der Generalaudienz am 5. November 2014
  Die Kirche – Die heilige, hierarchische Mutter Kirche [45]

Liebe Brüder und Schwestern, guten Tag!
Wir haben gehört, was der Apostel Paulus zum Bischof Titus sagt. Aber wie viele Tugenden müssen wir Bischöfe haben? Wir haben es gehört, nicht wahr? Es ist nicht leicht, denn wir sind Sünder. Aber wir vertrauen uns eurem Gebet an, damit wir uns diesen Dingen, die der Apostel Paulus allen Bischöfen rät, wenigstens annähern. Einverstanden? Werdet ihr für uns beten?

In den vergangenen Katechesen hatten wir bereits Gelegenheit hervorzuheben, dass der Heilige Geist die Kirche mit seinen Gaben immer reich erfüllt. In der Kraft und in der Gnade seines Geistes lässt es Christus nicht daran fehlen, Dienste zu erwecken, um die christlichen Gemeinden als seinen Leib aufzubauen. Unter diesen Diensten zeichnet sich der bischöfliche Dienst aus. Im Bischof, mit Hilfe der Presbyter und der Diakone, wird Christus selbst gegenwärtig und trägt stets Sorge für seine Kirche, gewährt seinen Schutz und seine Leitung.

1. In der Präsenz und im Dienst der Bischöfe, Presbyter und Diakone können wir das wahre Antlitz der Kirche erkennen: Sie ist die heilige Mutter, die hierarchische Kirche. Und tatsächlich übt die Kirche durch diese vom Herrn erwählten und durch das Weihesakrament geweihten Brüder ihre Mutterschaft aus: Sie bringt uns in der Taufe als Christen hervor und lässt uns neu geboren werden in Christus; sie wacht über unser Wachstum im Glauben; sie begleitet uns in die Arme des Vaters, um seine Vergebung zu empfangen; sie bereitet für uns das eucharistische Mahl, wo sie uns mit dem Wort Gottes und dem Leib und Blut Jesu nährt; sie ruft den Segen Gottes und die Kraft seines Geistes auf uns herab und stützt uns unser ganzes Leben hindurch, indem sie uns mit ihrer Zärtlichkeit und ihrer Wärme umgibt, vor allem in den schwierigsten Augenblicken der Prüfung, des Leidens und des Todes.

2. Diese Mutterschaft der Kirche kommt besonders in der Person des Bischofs und in seinem Dienst zum Ausdruck. Denn wie Jesus die Apostel erwählt und gesandt hat, um das Evangelium zu verkünden und seine Herde zu weiden, so stehen die Bischöfe als ihre Nachfolger den christlichen Gemeinschaften vor, als Garanten ihres Glaubens und als lebendiges Zeichen der Gegenwart des Herrn mitten unter ihnen. Wir verstehen also, dass es sich nicht um ein Prestige- oder Ehrenamt handelt. Der Episkopat ist kein Ehrentitel; es ist ein Dienst. So hat Jesus es gewollt. In der Kirche darf es keinen Platz für die weltliche Denkweise geben. Die weltliche Denkweise besagt: „Dieser Mann hat eine kirchliche Karriere gemacht; er ist Bischof geworden.“

Nein, nein, in der Kirche darf es keinen Platz für diese Denkweise geben. Das Bischofsamt ist ein Dienst, kein Ehrentitel, mit dem man sich brüsten kann. Bischof sein bedeutet, stets das Vorbild Jesu vor Augen zu haben, der als guter Hirt gekommen ist, nicht um sich dienen zu lassen, sondern um zu dienen (Mt 20,28; Mk 10,45) und um sein Leben hinzugeben für seine Schafe (Joh 10,11). Die heiligen Bischöfe – und es gibt in der Kirchengeschichte viele heilige Bischöfe – zeigen uns, dass man nicht nach diesem

Dienst strebt, ihn nicht erbittet, ihn nicht kauft, sondern ihn im Gehorsam annimmt, nicht um sich zu erheben, sondern um sich zu erniedrigen wie Jesus: „Er erniedrigte sich und war gehorsam bis zum Tod, bis zum Tod am Kreuz" (Phil 2,8). Es ist traurig, wenn man einen Mann sieht, der nach diesem Amt strebt und viel tut, um dorthin zu gelangen, und der dann, wenn er dorthin gelangt ist, nicht dient, sondern sich brüstet und nur für seine Eitelkeit lebt.

3. Ein weiteres wertvolles Element verdient hervorgehoben zu werden. Als Jesus die Apostel erwählte und berief, hat er sie nicht als Einzelne gedacht, jeden für sich, sondern zusammen, um bei ihm zu sein, vereint, wie eine einzige Familie. Auch die Bischöfe bilden ein einziges Kollegium, das um den Papst versammelt ist, der Hüter und Garant dieser tiefen Gemeinschaft ist, die Jesus und seinen Aposteln so sehr am Herzen lag. Wie schön ist es also, wenn die Bischöfe mit dem Papst diese Kollegialität zum Ausdruck bringen und versuchen, immer mehr und besser Diener der Gläubigen zu sein, mehr Diener in der Kirche! Das haben wir kürzlich in der Versammlung der Bischofssynode über die Familie erfahren. Denken wir an all die Bischöfe in der ganzen Welt, die an Orten, in Kulturen, Mentalitäten und Traditionen leben, die unterschiedlich sind und deren Gebiete weit voneinander entfernt liegen. Ein Bischof sagte mir neulich, dass er, um von seinem Wohnort nach Rom zu gelangen, dreißig Stunden mit dem Flugzeug benötige. Dennoch fühlen sich die Bischöfe einander zugehörig und bringen die enge Verbundenheit in Christus zwischen ihren Gemeinschaften zum Ausdruck. Und im gemeinsamen kirchlichen Gebet schenken sie alle zusammen dem Herrn und dem Heiligen Geist Gehör und können so dem Menschen und den Zeichen der Zeit tiefe Aufmerksamkeit widmen (GS 4).

Liebe Freunde, all das lässt uns verstehen, warum die christlichen Gemeinden im Bischof ein großes Geschenk sehen und aufgerufen sind, aufrichtige und tiefe Gemeinschaft mit ihm zu pflegen, angefangen bei den Presbytern und Diakonen. Es gibt keine gesunde Kirche, wenn die Gläubigen, die Diakone und die

Presbyter nicht mit dem Bischof geeint sind. Die Kirche, die nicht mit dem Bischof geeint ist, ist eine kranke Kirche. Jesus wollte die Einheit aller Gläubigen mit dem Bischof, auch der Diakone und der Presbyter Und sie tun es in dem Bewusstsein, dass gerade im Bischof die Bindung einer jeden Kirche an die Apostel und an alle anderen Gemeinschaften sichtbar wird, geeint mit ihren Bischöfen und dem Papst in der einen Kirche Jesu, des Herrn: unsere heilige Mutter, die hierarchische Kirche. Danke.

- Katechese bei der Generalaudienz am 12. November 2014 [46]
  Die Kirche – Bischöfe, Presbyter, Diakone

Liebe Brüder und Schwestern, guten Tag!
In der letzten Katechese haben wir hervorgehoben, dass der Herr fortfährt, seine Herde zu weiden durch den Dienst der Bischöfe mit Hilfe der Presbyter und Diakone. In ihnen wird Jesus in der Kraft seines Geistes gegenwärtig und dient weiter der Kirche, nährt in ihr den Glauben, die Hoffnung und das Zeugnis der Liebe. Diese Dienstämter stellen also ein großes Geschenk des Herrn für jede christliche Gemeinschaft und für die ganze Kirche dar, als lebendiges Zeichen seiner Gegenwart und seiner Liebe. Heute wollen wir uns fragen: Was wird von diesen Dienern der Kirche verlangt, damit sie ihr Dienstamt authentisch und fruchtbar ausüben können?

1. In den Pastoralbriefen, die Paulus an seine Jünger Timotheus und Titus sandte, gilt die Sorge des Apostels der Gestalt der Bischöfe, der Presbyter und der Diakone – auch der Gestalt der Gläubigen, der älteren Leute, der jungen Menschen. Er gibt eine Beschreibung jedes Christen in der Kirche, er zeigt auf, wozu Bischöfe, Presbyter und Diakone berufen sind, und weist auf die Voraussetzungen hin, die bei denen vorhanden sein müssen, die für diese Dienstämter erwählt und beauftragt werden. Es ist bezeichnend, dass neben den Gaben, die zum Glauben und zum geistlichen Leben gehören – die nicht vernachlässigt werden dürfen, weil sie das Leben selbst sind –, einige ganz menschliche

Eigenschaften aufgezählt werden: Gastfreundlichkeit, Nüchternheit, Geduld, Besonnenheit, Zuverlässigkeit, Herzensgüte. Das ist das Alphabet, die grundlegende Grammatik eines jeden Dienstamtes! Es muss die grundlegende Grammatik eines jeden Bischofs, eines jeden Pfarrers, eines jeden Diakons sein. Ja, denn ohne diese schöne und echte Bereitschaft, den Brüdern und Schwestern zu begegnen, sie kennenzulernen, mit ihnen zu sprechen, sie anzuerkennen und respektvoll und aufrichtig zu ihnen in Beziehung zu treten, ist es nicht möglich, einen wirklich freudigen und glaubwürdigen Dienst auszuüben und ein ebensolches Zeugnis zu geben.

2. Außerdem gibt es eine Grundhaltung, die der hl. Paulus den Jüngern und Jüngerinnen in seinem Umkreis und folglich allen empfiehlt, die mit dem Hirtendienst bekleidet werden, seien es Bischöfe, Presbyter oder Diakone. Der Apostel mahnt, die empfangene Gnade ständig neu zu entfachen (Tim 4,14; 2 Tim 1,6). Stets soll also das Bewusstsein lebendig bleiben, dass man nicht Bischof, Presbyter oder Diakon ist, weil man intelligenter, fähiger und besser ist als die anderen, sondern nur kraft einer Gabe, einer Gabe der Liebe, die von Gott ausgeht, in der Kraft seines Geistes, zum Wohl seines Volkes. Dieses Bewusstsein ist wirklich wichtig und stellt eine Gnade dar, um die man täglich bitten muss! Denn ein Hirte, der sich bewusst ist, dass sein Dienst einzig und allein der Barmherzigkeit und dem Herzen Gottes entspringt, kann nie eine autoritäre Haltung annehmen, so als lägen ihm alle zu Füßen und als wäre die Gemeinschaft sein Eigentum, sein persönliches Reich.

3. Das Bewusstsein, dass alles Gabe ist, dass alles Gnade ist, schützt einen Hirten auch vor der Versuchung, sich in den Mittelpunkt der Aufmerksamkeit zu stellen und nur auf sich selbst zu vertrauen. Das sind die Versuchungen der Eitelkeit, des Stolzes, der Selbstgenügsamkeit, des Hochmuts. Wehe, wenn ein Bischof, ein Presbyter oder ein Diakon meint, alles zu wissen, immer die richtige Antwort auf alles zu haben und niemanden zu brauchen. Vielmehr muss das Bewusstsein, der erste zu sein, der die Barm-

herzigkeit und das Mitgefühl Gottes braucht, einen Diener der Kirche dazu führen, stets demütig und verständnisvoll gegenüber den anderen zu sein. Auch im Bewusstsein seiner Berufung, das Glaubensgut mutig zu bewahren (1 Tim 6,20), wird er den Menschen Gehör schenken. Er ist sich ja bewusst, dass er stets etwas zu lernen hat, auch von jenen, die dem Glauben und der Kirche vielleicht fernstehen. Gegenüber den eigenen Mitbrüdern muss all das dazu führen, eine neue Haltung einzuüben, die von Austausch, Mitverantwortung und Gemeinschaft geprägt ist.

Liebe Freunde, wir müssen dem Herrn stets dankbar sein, weil er in der Person und im Dienst der Bischöfe, der Presbyter und der Diakone seine Kirche weiterhin führt und formt und sie auf dem Weg der Heiligkeit wachsen lässt. Zugleich müssen wir weiter dafür beten, dass die Hirten unserer Gemeinden ein lebendiges Bild der Gemeinschaft und der Liebe Gottes sein können.

Kapitel 8

Diakone als sanftmütige und demütige Diener Christi und der Menschen

Der Diakon ist ein Apostel und ein Diener „nach dem Stil Gottes“, in der Form der „Sanftmut“ Jesu. Dies waren die Worte von Papst Franziskus in seiner Predigt bei der Eucharistiefeier am Morgen des Diakonenjubiläums auf dem überfüllten Petersplatz am Fronleichnamstag des Jahres 2016 [54].

Franziskus hält fest: Die Berufung, ja der Ehrgeiz des Diakons kann sich nur auf eines richten: Diener aller, des erwarteten und des unerwarteten Mitmenschen zu sein, flexibel und verfügbar, auch im Umgang mit der Zeit, indem er die Bedürftigen aufnimmt und ihnen Raum gibt. Der Diakon ist kein Bürokrat des Heiligen, als ob auch die Nächstenliebe durch einen Dienstplan geregelt würde.

Der Papst erinnert daran, dass „der erste Diakon von allen“ Christus war, und der hl. Paulus selbst stellt sich im Brief an die Galater sowohl als „Apostel“ als auch als „Diener“ vor: „Das sind zwei Seiten derselben Medaille“, fügt der Heilige Vater hinzu, denn „wer Jesus verkündet, ist zum Dienen berufen, und wer dient, verkündet Jesus“. Deshalb: „Der Jünger Jesu kann keinen anderen Weg als den des Meisters einschlagen. Wenn er verkünden will, muss er ihn nachahmen, wie Paulus es tat: er muss danach streben, ein Diener zu werden“ [54].

In der liturgischen Lesung zum Tag des „Jubiläums der Diakone“ wird von dem Hauptmann erzählt, der Jesus um die Heilung eines ihm nahestehenden Dieners bittet, und zwar „äußerst zurückhaltend“, um den Meister nicht zu stören. „Über diese Worte ist Jesus erstaunt. Ihn berührt die große Demut des Hauptmanns, dessen Sanftmut. Die Sanftmut ist eine der Tugenden der Diakone. [...] Angesichts des Problems, das ihn bedrückt, hätte der Hauptmann sich erregen und Gehör verlangen können, indem er seine Autorität geltend macht. Er hätte Jesus mit Nachdruck überzeugen, ja sogar zwingen können, in sein Haus zu kommen. Stattdessen macht er sich klein, unauffällig, sanft, erhebt nicht die Stimme und will nicht stören. Er verhält sich, wohl ohne es zu wissen, nach dem Stil Gottes, der sanftmütig und von Herzen demütig ist" (Mt 11,29) [54].[1]

Dies sind auch „die sanftmütigen und demütigen Züge des christlichen Dienstes, der darin besteht, *Gott nachzuahmen im Dienst an den anderen:* sie mit geduldiger Liebe aufnehmen, sie verstehen, ohne müde zu werden, ihnen das Gefühl geben, ernst genommen, zu Hause zu sein, in der kirchlichen Gemeinschaft, wo nicht groß ist, wer befiehlt, sondern wer dient" [54].[2]

Es handelt sich also um eine Sendung, die ihrem Wesen nach alle Christen einbezieht, die dazu berufen sind, das Evangelium in diesem neuen Jahrtausend zu bezeugen, das von Spaltungen und Widersprüchen gekennzeichnet ist. Angesichts dieser Situation muss die Verkündigung des Reiches Gottes als *Prophetie* und zugleich als *konkreter Einsatz* erklingen.

Wenn aber für die Laien das Engagement in der Welt ein nicht nur mögliches, sondern verpflichtendes Handlungsfeld ist, so ist die Frage für die Diakone vielschichtiger und komplexer, da sie berufen sind, sowohl innerhalb der christlichen Gemeinschaft als auch in der Gesellschaft ein sichtbares Zeichen für die Diakonie Christi und der Kirche zu sein. Als Zeichen der Liebe Christi, vor allem zu den Armen und Bedürftigen, sind die Diakone in der Tat berufen, sich ständig mit dem Sinn des Lebens zu befassen, in welchem Zustand der Mensch sich auch befinden mag.

Mit diesen Schwerpunkten lädt der Papst dazu ein, die weite Welt der Pfarreigebiete aus der Perspektive eines *Laboratoriums von Beziehungen* neu zu lesen. So wird einerseits die zentrale Stellung des Menschen – der sein Wesen als Person in Beziehungen verwirklicht – und andererseits die geschichtliche Rolle der

1 Siehe unten S. 117-120; hier: 119.

2 Ebd. 119f.

Kirche als *Expertin der Menschlichkeit* bekräftigt. Dies vorausgesetzt, lassen sich einige Hauptbereiche der pastoralen Arbeit ausmachen. Sie können als Experimentierfelder innerhalb der Gemeinschaft gewählt werden, um Beziehungen und Zusammenarbeit zu pflegen. In diesem Kontext kann der Dienst des Diakons einen wertvollen Beitrag zu einer Pastoral leisten, die von den unmittelbaren zwischenmenschlichen Beziehungen geprägt ist und das Teilen von Freud und Leid ermöglicht. Wie jedes Mitglied des Volkes Gottes leben und erfüllen die Diakone ihre Sendung entsprechend dem konkreten geschichtlichen Kontext, in dem ihr Dienst erfolgt. Dieser pastorale Ansatz, der sich in den Stadtvierteln, in Häuserblocks, in Familien, in den von der Pfarrei am weitesten entfernten Gebieten vollzieht, wandelt allmählich die Gemeinschaft organisatorisch um, so dass die verschiedenen Beiträge zum Gemeinwohl gemäß den vom Geist empfangenen Gaben größere Bedeutung erlangen.

Worte von Papst Franziskus

- Angelus, Sonntag, 7. Juli 2013 [38]

Liebe Brüder und Schwestern, guten Tag!
Vor allem möchte ich die Freude über das Zusammentreffen gestern und heute mit einer besonderen Wallfahrtsgruppe zum „Jahr des Glaubens“ mit euch teilen: mit der Wallfahrt der Seminaristen, Novizen und Novizinnen. Ich bitte euch, für sie zu beten, damit die Liebe zu Christus immer mehr in ihrem Leben reife und sie wahre Missionare und Missionarinnen des Reiches Gottes werden.

Das Evangelium des heutigen Sonntags (Lk 10,1-12.17-20) spricht zu uns gerade von dieser Tatsache: Jesus ist kein isolierter Missionar, er will seine Sendung nicht allein erfüllen, sondern er bezieht seine Jünger ein. Heute sehen wir, wie er neben den Zwölf weitere Zweiundsiebzig beruft und sie zu zweit voraus in die Städte und Ortschaften schickt, um zu verkündigen: Das Reich Gottes ist nahe. Das ist sehr schön! Jesus will nicht allein handeln, er ist gekommen, um die Liebe Gottes in die Welt zu bringen, und er will sie im Stil der Gemeinschaft, im Stil der Geschwisterlichkeit verbreiten. Aus diesem Grund bildet er sofort eine Gemeinschaft von Jüngern, die eine missionarische Gemeinschaft ist. Sofort schult er sie für die Sendung, damit sie hinausgehen.

Doch Vorsicht: Das Ziel besteht nicht darin, sich zusammenzutun, Zeit gemeinsam zu verbringen, nein, das Ziel ist die Verkündigung des Reiches Gottes, und das ist dringend, und auch heute ist es dringend! Es darf keine Zeit mit Gerede vergeudet werden, man darf nicht auf die Zustimmung aller warten, man muss gehen und verkündigen. Allen muss der Friede Christi gebracht werden, und wenn sie ihn nicht annehmen, geht man trotzdem weiter. Den Kranken bringt man Heilung, weil Gott den Menschen von allem Übel heilen will. Wie viele Missionare tun dies! Sie säen Leben, Gesundheit, Trost in den Randgebieten der Welt. Wie schön ist das! Nicht für sich selbst leben, sondern leben, um hinauszugehen und Gutes zu tun. Viele Jugendliche sind heute hier auf dem Platz. Denkt daran, fragt euch: Ruft mich Jesus, um zu gehen, um aus mir herauszugehen und das Gute zu tun? Euch Jugendliche, euch Jungen und Mädchen frage ich: Habt ihr den Mut dazu, die Stimme Jesu zu hören? Es ist schön, Missionar zu sein! ... Ah, ihr seid mutig! Das gefällt mir!

Wer sind diese zweiundsiebzig Jünger, die Jesus aussendet, um ihm voranzugehen? Wen repräsentieren sie? Wenn die Zwölf die Apostel sind und somit auch für die Bischöfe, ihre Nachfolger, stehen, so können diese Zweiundsiebzig die anderen Amtsträger, Presbyter und Diakone, repräsentieren; doch im weiteren Sinn können wir an die übrigen Dienste in der Kirche denken, an die Katecheten und Katechetinnen, an die gläubigen Laien, die sich in den missionarischen Aufgaben der Pfarrei einsetzen, an alle, die mit den Kranken arbeiten und mit verschiedenen Formen von

Bedürftigkeit und Ausgrenzung, doch immer als Missionare des Evangeliums, mit der Dringlichkeit des Reiches, das nahe ist. Alle sollen Missionare sein, alle können den Ruf Jesu hören und vorwärts gehen und das Reich Gottes verkündigen!

Im Evangelium heißt es, dass jene Zweiundsiebzig voll Freude von ihrer Aussendung zurückkehrten, da sie die Kraft des Namens Christi gegen das Böse erfahren hatten. Jesus bestätigt es: Diesen Jüngern gibt er die Kraft, den Satan zu bezwingen. Doch er fügt hinzu: „Freut euch nicht darüber, dass euch die Geister gehorchen, sondern freut euch darüber, dass eure Namen im Himmel verzeichnet sind" (Lk 10,20). Wir dürfen uns nicht rühmen, als seien wir die Hauptakteure. Der Hauptakteur ist einer allein, der Herr! Hauptakteur ist die Gnade des Herrn. Er ist der einzige Hauptakteur! Und unsere Freude besteht allein darin, seine Jünger, seine Freunde zu sein. Die Gottesmutter helfe uns, gute Arbeiter des Evangeliums zu sein.

Liebe Freunde, die Freude! Habt keine Angst, voll Freude zu sein! Habt keine Angst vor der Freude – jene Freude, die der Herr uns schenkt, wenn wir ihn in unser Leben eintreten lassen, wenn wir es zulassen, dass er in unser Leben eintritt und uns einlädt, hinauszugehen in die Randgebiete des Lebens und das Evangelium zu verkünden. Habt keine Angst vor der Freude. Freude und Mut!

- Predigt zum Jubiläum der Diakone, 29. Mai 2016 [54]

„Diener Christi" (Gal 1,10). Wir haben diesen Ausdruck gehört, mit dem der Apostel Paulus sich in seinem Schreiben an die Galater bezeichnet. Zu Beginn des Briefes hatte er sich als „Apostel" nach dem Willen des Herrn Jesus vorgestellt (Gal 1,1). Die beiden Begriffe – Apostel und Diener – stehen beisammen, sie können nicht getrennt werden. Sie sind die beiden Seiten einer Medaille: Wer Jesus verkündet, ist berufen zu dienen, und wer dient, verkündet Jesus.

Der Herr hat es uns als Erster gezeigt: Er, das Wort des Vaters, er, der uns die frohe Botschaft gebracht hat (Jes 61,1), der selbst die frohe Botschaft ist (Lk 4,1) – er wurde unser Diener (Phil 2,7), er „ist nicht gekommen, um sich dienen zu lassen, sondern um zu dienen“ (Mt 20,28; Mk 10,45). „Er war der Diener aller“, schrieb ein Kirchenvater.[3] Alle, die ihn verkündigen, sind berufen, es ihm gleichzutun. Der Jünger Jesu kann keinen anderen Weg gehen als der Meister. Wenn er verkündigen will, muss er ihn nachahmen, wie Paulus es getan hat: danach streben, Diener zu werden. Anders gesagt, wenn das Evangelisieren die Sendung ist, die in der Taufe jedem Christen übergeben wurde, dann ist das Dienen der Stil, mit dem diese Sendung gelebt werden muss, die einzige Art und Weise, ein Jünger Jesu zu sein. Sein Zeuge ist, wer es ihm gleichtut und den Brüdern und Schwestern dient, ohne des demütigen Christus müde zu werden, ohne des christlichen Lebens müde zu werden, das ein Leben des Dienens ist.

Wo kann man anfangen, um ein „tüchtiger und treuer Diener“ (Mt 25,21) zu werden? Der erste Schritt besteht darin, die *Verfügbarkeit* zu leben. Der Diener lernt jeden Tag, sich von der Idee zu lösen, über alles selbst zu verfügen und über sich selbst zu verfügen, wie er will. Er übt sich jeden Morgen darin, das Leben hinzugeben, zu denken, dass dieser Tag nicht ihm gehört, sondern als Selbsthingabe zu leben ist. Denn wer dient, wacht nicht eifersüchtig über seine eigene Zeit, er verzichtet sogar darauf, der Herr seines Tagesablaufs zu sein. Er weiß, dass die Zeit, die er lebt, nicht ihm gehört, sondern ein Geschenk ist, das er von Gott erhält, um es seinerseits zu schenken. Nur so wird die Zeit wirklich fruchtbar werden. Wer dient, ist nicht Sklave des Terminkalenders, den er selbst festlegt, sondern stellt sich bereitwillig dem Ungeplanten zur Verfügung: bereit für den Bruder oder die Schwester und offen für das Unvorhergesehene, an dem es nie fehlt und das oft die tägliche Überraschung Gottes ist. Der Diener ist offen für die Überraschung, für die täglichen Überraschungen Gottes. Der Diener versteht es, die

3 Polykarp, Brief an die Philipper, V,2.

Türen seiner Zeit und seiner Räume für den zu öffnen, der ihm nahesteht, und auch für den, der zur Unzeit anklopft – auf die Gefahr hin, etwas liegen zu lassen, das ihm Freude macht, oder die verdiente Ruhe zu unterbrechen. Der Diener geht über die Zeitpläne hinaus. Es tut mir im Herzen weh, wenn ich in den Pfarreien Öffnungszeiten sehe: „von dann bis dann". Und dann? Dann ist keine Tür offen, kein Priester ist da, kein Diakon, kein Laie, der die Leute empfängt ... Das tut weh. Über die Zeitpläne hinausgehen, Mut haben, die Zeitpläne außer Acht zu lassen. Wenn ihr, liebe Diakone, die Verfügbarkeit auf diese Weise lebt, dann wird euer Dienst von jedem Eigennutz frei sein und fruchtbar werden im Sinne des Evangeliums.

Auch das heutige Evangelium spricht zu uns vom Dienen. Es zeigt uns zwei Diener, von denen wir Wertvolles lernen können: den Diener des Hauptmanns, der von Jesus geheilt wird, und den Hauptmann selbst, der im Dienst des Kaisers steht. Die Worte, die der Hauptmann Jesus überbringen lässt, damit er nicht bis in sein Haus kommt, sind überraschend, und unsere Gebete tun oft das Gegenteil: „Herr, bemüh dich nicht! Denn ich bin es nicht wert, dass du mein Haus betrittst" (Lk 7,6). „Deshalb habe ich mich auch nicht für würdig gehalten, selbst zu dir zu kommen" (V. 7). „Auch ich muss Befehlen gehorchen" (V. 8). Über diese Worte ist Jesus erstaunt. Ihn berührt die große Demut des Hauptmanns, dessen Sanftmut. Die Sanftmut ist eine der Tugenden der Diakone. Wenn der Diakon sanftmütig ist, ist er Diener und spielt nicht den Priester; nein, er ist sanftmütig. Angesichts des Problems, das den Hauptmann bedrückt, hätte er sich erregen und Gehör verlangen können, indem er seine Autorität geltend macht. Er hätte Jesus mit Nachdruck überzeugen, ja sogar zwingen können, in sein Haus zu kommen. Stattdessen macht er sich klein, unauffällig, sanft, erhebt nicht die Stimme und will nicht stören. Er verhält sich, wohl ohne es zu wissen, nach dem Stil Gottes, der „sanftmütig und von Herzen demütig ist" (Mt 11,29).

Denn Gott, der die Liebe ist, geht aus Liebe sogar so weit, uns zu dienen. Er ist geduldig mit uns, gütig, immer bereit und wohlwollend, er leidet wegen unserer Fehler und sucht Wege, uns zu helfen und uns besser zu machen. Dies sind auch die sanftmütigen und demütigen Züge des christlichen Dienens, das darin besteht, *Gott nachzuahmen im Dienst an den anderen:* sie mit geduldiger Liebe anzunehmen; sie zu verstehen, ohne zu ermüden; sie spüren zu lassen, dass sie ernst genommen sind, zu Hause, in der kirchlichen Gemeinschaft, wo nicht groß ist, wer befiehlt, sondern wer dient (Lk 22,26). Und nie schimpfen, nie. So, liebe Diakone, in der Sanftmut wird eure Berufung als Diener der Liebe reifen.

Nach dem Apostel Paulus und dem Hauptmann gibt es in den heutigen Lesungen einen dritten Diener, und zwar den, der von Jesus geheilt wird. In der Erzählung heißt es, dass sein Herr ihn sehr schätzte und dass er krank war, aber man weiß nicht, welche schwere Krankheit er hatte (Lk 7,2). In gewisser Weise können auch wir uns in diesem Diener erkennen. Jeder von uns wird von Gott sehr geschätzt, geliebt und erwählt; jeder und jede von uns ist gerufen zu dienen, doch zuallererst müssen wir innerlich geheilt werden. Um fähig zu sein für den Dienst, brauchen wir die Gesundheit des Herzens: ein von Gott geheiltes Herz, das spürt, dass ihm vergeben wurde, und das weder verschlossen noch hart ist. Es wird uns gut tun, jeden Tag vertrauensvoll dafür zu beten, darum zu bitten, von Jesus geheilt zu werden, ihm ähnlich zu werden, der uns „nicht mehr Knechte nennt, sondern Freunde" (Joh 15,15).

Liebe Diakone, jeden Tag könnt ihr im Gebet um diese Gnade bitten – in einem Gebet, das die Mühen, das Unvorhergesehene, die Müdigkeit und die Hoffnungen vorträgt, ein echtes Gebet, das das Leben vor den Herrn trägt und den Herrn in das Leben. Und wenn ihr am Tisch der Eucharistie dient, werdet ihr dort die Gegenwart Jesu finden, der sich euch schenkt, damit ihr ihn den anderen schenkt.

Auf diese Weise – verfügbar im Leben, sanftmütig von Herzen und im beständigen Dialog mit Jesus – werdet ihr keine Angst haben, Diener Christi zu sein, dem Fleisch des Herrn in den Armen von heute zu begegnen und es liebevoll zu berühren.

- Predigt zum Jubiläum der Diakone, 23. Februar 2025, verlesen von S.E. Kardinal Rino Fisichella [68]

Die Botschaft der Lesungen, die wir gehört haben, lässt sich mit einem Wort zusammenfassen: *Unentgeltlichkeit.* Dieses Wort bedeutet euch ständigen Diakonen, die ihr hier zur Feier des Heiligen Jahres versammelt seid, gewiss viel. Lasst uns also über diese grundlegende Dimension des christlichen Lebens und eures Dienstes nachdenken, insbesondere unter drei Gesichtspunkten: Vergebung, selbstloser Dienst und Gemeinschaft.

Erstens: *Vergebung.* Die Verkündigung der Vergebung ist eine wesentliche Aufgabe des Diakons. Sie ist in der Tat unverzichtbar für das Wirken der Kirche und Voraussetzung für jedes menschliche Zusammenleben. Jesus zeigt uns die Notwendigkeit und Reichweite der Vergebung, wenn er sagt: „Liebt eure Feinde" (Lk 6,27). Und genau so ist es: Um gemeinsam zu wachsen und die Licht- und Schattenseiten, Erfolge und Misserfolge anderer zu teilen, ist es notwendig, vergeben zu können und um Vergebung zu bitten, Beziehungen neu aufzubauen und selbst diejenigen, die uns verletzen und betrügen, nicht von unserer Liebe auszuschließen. Eine Welt, in der es für die Gegner nur Hass gibt, ist eine Welt ohne Hoffnung, ohne Zukunft. Sie ist dazu verurteilt, von Kriegen, Spaltungen und endlosen Racheakten zerrissen zu werden, wie wir es leider auch heute auf vielen Ebenen und in verschiedenen Teilen der Welt sehen. Vergeben bedeutet also, in uns selbst und in unseren Gemeinschaften ein einladendes, sicheres Zuhause für die Zukunft zu schaffen. Und der Diakon, der in besonderer Weise mit einem Dienst betraut ist, der ihn an die Peripherien der Welt führt, bemüht sich, in allen Menschen, auch in denen, die Fehler machen und Leid verursachen, eine Schwester und einen Bruder zu sehen, die in ihrer Seele verletzt sind und deshalb mehr als alle anderen Versöhnung, Begleitung und Hilfe brauchen, und er lehrt andere, dies in ihnen zu sehen.

Von dieser Offenheit des Herzens erzählt uns die erste Lesung, indem sie uns die treue und großzügige Liebe Davids gegenüber

Saul, seinem König, aber auch gegenüber seinem Verfolger, vorstellt (1 Sam 26,2.7-9.12-13.22-23). Davon spricht in einem anderen Zusammenhang auch das vorbildliche Sterben des Diakons Stephanus, der von Steinen getroffen in die Knie sinkt und denjenigen, die ihn steinigen, verzeiht (Apg 7,60). Vor allem aber sehen wir dies an Jesus, dem Urbild allen diakonischen Dienstes, der am Kreuz, als er sich bis zur Hingabe seines Lebens für uns *entäußert* (Phil 2,7), für die, die ihn kreuzigen, betet und dem guten Schächer die Pforten des Paradieses öffnet (Lk 23,34.43).

Damit kommen wir zum zweiten Punkt, dem *selbstlosen Dienst*. Der Herr beschreibt ihn im Evangelium mit einem Satz, der ebenso einfach wie klar ist: Ihr sollt „Gutes tun und leihen, wo ihr nichts zurückerhoffen könnt" (Lk 6,35). Diese wenigen Worte enthalten den Wohlgeruch der Freundschaft, zunächst einmal der Freundschaft Gottes zu uns, aber auch unserer gegenseitigen Freundschaft. Für den Diakon ist diese Haltung kein nebensächlicher Aspekt seines Handelns, sondern eine wesentliche Dimension des Seins. Er wird nämlich zum Diakon geweiht, um als „Bildhauer" und „Maler" das barmherzige Antlitz des Vaters hervorzubringen und das Geheimnis des dreifaltigen Gottes zu bezeugen.

An vielen Stellen im Evangelium spricht Jesus in diesem Sinne von sich. So sagt er zu Philippus im Abendmahlssaal, kurz nachdem er den Zwölfen die Füße gewaschen hat: „Wer mich gesehen hat, hat den Vater gesehen" (Joh 14,9). Auch als er die Eucharistie einsetzt, sagt er: „Ich bin unter euch wie der, der bedient" (Lk 22,27). Schon zuvor, auf dem Weg nach Jerusalem, als seine Jünger untereinander darüber stritten, wer der Größte sei, hatte er ihnen erklärt: „Der Menschensohn ist nicht gekommen, um sich dienen zu lassen, sondern um zu dienen und sein Leben hinzugeben als Lösegeld für viele" (Mk 10,45).

Liebe Brüder Diakone, euer selbstloses Wirken, Ausdruck eurer Weihe an die Liebe Christi, ist für euch die erste Verkündigung des Wortes, Quelle des Vertrauens und der Freude für alle, die euch begegnen. Verbindet es nach Möglichkeit mit einem Lächeln, ohne euch zu beklagen und ohne Anerkennung zu suchen, unterstützt einander, auch in euren Beziehungen zu den Bischöfen und Priestern, „als Ausdruck einer Kirche, die sich bemüht, im Dienst am Reich Gottes zu wachsen, und dabei alle Stufen des Weiheamtes zur Geltung bringt".[4] Euer einmütiges und hochherziges Handeln wird auf diese Weise eine Brücke sein, die den Altar mit der Straße, die Eucharistie mit dem täglichen Leben der Menschen verbindet; die Nächstenliebe wird eure schönste Liturgie und die Liturgie euer demütigster Dienst sein.

So kommen wir zum letzten Punkt, der *Selbstlosigkeit* als Quelle von Gemeinschaft. Geben, ohne eine Gegenleistung zu verlangen, eint, schafft Bindungen, weil es ein Miteinander ausdrückt und fördert, das keinen anderen Zweck hat als die Selbsthingabe und das Wohl der Menschen. Als der hl. Laurentius, euer Schutzpatron, von seinen Anklägern aufgefordert wurde, die Schätze der Kirche auszuhändigen, zeigte er auf die Armen und sagte: „Dies sind unsere Schätze!" So wird Gemeinschaft aufgebaut: indem man dem Bruder und der Schwester mit Worten, vor allem aber mit Taten, persönlich und als Gemeinschaft sagt: „Du bist uns wichtig", „wir haben dich gern", „wir möchten, dass du an unserem Weg und an unserem Leben teilnimmst". Das tut ihr: Als Ehemänner, Väter und Großväter seid ihr bereit, in eurem Dienst eure Familien dort, wo ihr lebt, für Bedürftige zu öffnen.

Eure Sendung, die euch aus der Gesellschaft herausnimmt, um euch neu in sie einzufügen und sie immer mehr zu einem einladenden und für alle offenen Ort zu machen, ist somit eine der schönsten Ausdrucksformen einer synodalen Kirche, die „hinausgeht".

In Kürze werden einige von euch, die das Sakrament der Weihe empfangen, die Stufen des Amtes „hinabsteigen". Ich sage und betone bewusst: „hinabsteigen" und nicht „hinaufsteigen", denn mit der Weihe steigt man nicht auf, sondern man steigt hinab, man macht sich klein, man beugt sich und legt seine Klei-

---

4 Italienische Bischofskonferenz, Die ständigen Diakone in der Kirche in Italien. Orientierungen und Normen [ital.], 1993, 55 [74].

der ab. Um es mit den Worten des heiligen Paulus zu sagen: Im Dienst legt man den „irdischen Menschen“ ab und bekleidet sich in der Liebe mit dem „himmlischen Menschen“ (1 Kor 15,45-49).

Lasst uns alle über das nachdenken, was wir nun tun werden, und uns dabei der Jungfrau Maria, der Magd des Herrn, und dem hl. Laurentius, eurem Schutzpatron, anvertrauen. Mögen sie uns helfen, jeden unserer Dienste mit einem demütigen und liebevollen Herzen zu erfüllen und freigebig Apostel der Vergebung zu sein, selbstlose Diener unserer Brüder und Schwestern und Stifter von Gemeinschaft.

Kapitel 9

Diakonat und Berufung zum Martyrium

Der Märtyrer, vom griechischen Wort *martys,* „Zeuge“, ist derjenige, der die Freude über die Auferstehung verkündet, bezeugt und hinausruft, derjenige, der den Sieg des Lebens über den Tod, der Liebe über den Hass, der Gerechtigkeit über die Willkür besingt. Der große Morgen des Martyriums war Stephanus, ein bescheidener Diener der Tische in der Apostelgeschichte, dem Lukas die „Krone“ (griechisch: *stefanos)* des Zeugen zuspricht.

Stephanus war der Geburt nach Jude. Er wird sowohl von der katholischen als auch von der orthodoxen Kirche als Heiliger verehrt. Der Bericht über sein Martyrium stammt aus der Apostelgeschichte, wo seine Berufung zum Dienen, zur Diakonie der Jünger, wie auch sein Martyrium durch Steinigung in Anwesenheit des Paulus von Tarsus (Saulus) vor dessen Bekehrung belegt sind.

Das Datum seines Todes lässt sich aufgrund der näheren Umstände mit einiger Sicherheit bestimmen: Da Stephanus nicht durch Kreuzigung (d.h. nach der von den römischen Besatzern angewandten Methode), sondern durch Steinigung getötet wurde, fiel sein Tod in die Zeit des Machtvakuums nach der Absetzung des Pontius Pilatus (36), der die Bevölkerung wegen der exzessiven Gewaltanwendung bei der Niederschlagung des sogenannten Aufstands auf dem Berg Garizim unwiderruflich gegen sich aufgebracht hatte. Zu dieser Zeit hatte in Palästina der Sanhedrin das Sagen, der nach der lokalen Tradition Todesurteile durch Steinigung vollstreckte. In der Apostelgeschichte heißt es, Stephanus habe sich einige Freigelassene zu Feinden gemacht, die so genannt wurden, weil sie Nachkommen jener Juden waren, die Pompeius versklavt hatte (69 v.Chr.) und die dann die Freiheit erlangten.

„Herr, rechne ihnen diese Sünde nicht an“, betete er für seine Mörder (Apg 7,60), ein unerhörtes Echo der Stimme Jesu selbst beim letzten Atemzug. In einer denkwürdigen Rede, in der die gesamte biblische Geschichte resümiert ist, erzählt Stephanus von dem Bund Gottes mit der Welt, von einer Zeit der Fürsorge und der Liebe, die von Anfang an bis zu Jesus Christus reicht und sich bis in die heutige Zeit fortsetzt. Für dieses kostbare Zeugnis erhielt Stephanus den Titel eines „Protomärtyrers", einer echten Säule der Kirche. Für sein Zeugnis mit so viel Kraft und Leidenschaft wurde er von vielen gehasst, die ihn mit Steinen und Blut „krönten". Das Martyrium ist also der Elan der Verkündigung des Evangeliums, der Glanz des Wortes, das eine frohe Botschaft für die Armen, die Unterdrückten und die Gefangenen ist und das niemand auslöschen kann, auch nicht durch Entstellung, Folter und Verachtung.

Es ist Tradition der Päpste, den Angelus jedes Jahr am 26. Dezember, dem Fest des hl. Stephanus, zu feiern. Der erste Märtyrer ist ausgerechnet ein Diakon, und das ist kein Zufall. Wir übersehen oft diese Bedeutung des Stephanus, er ist der Protomärtyrer als Christ und Diakon, d.h. der erste, der sein Leben hingegeben hat, um seinen eigenen Glauben an Christus und die Verbreitung des Evangeliums zu bezeugen. Stephanus, gestorben in Jerusalem im Jahr 36, war der erste der sieben Diakone, die von den Aposteln ausgewählt wurden, um ihnen im Dienst des Glaubens zu helfen.

Die Diakone waren Architekten einer Lebensform, geprägt von einem Glauben, der nicht mit den religiösen Traditionen übereinstimmte. Sie wurden beschuldigt, den Zorn der betrogenen Götter auf sich zu ziehen, und mussten als erste den Druck und die Verfolgung der damaligen Stadt ertragen, die ihrer Botschaft und ihrem Lebensstil feindlich gegenüberstand. Davon zeugen die Berichte über Verfolgungen, in denen Diakone an der Seite der Märtyrer zu sehen sind. Ein Beispiel dafür ist das Tagebuch der Perpetua, einer der berühmtesten Figuren im Martyrologium von Karthago aus dem frühen 3. Jahrhundert.[5]

5 „Nach einigen Tagen wurden wir in den Kerker gesteckt, und ich entsetzte mich, da ich noch nie eine solche Finsternis erfahren hatte. O schrecklicher Tag! Eine gewaltige Hitze; denn in ganzen Haufen wurden die

Traditionell wurde die Einsetzung der „Sieben“ (Apg 6,1-7) als Einsetzung des „Diakonats“ in der Kirche gesehen. Die Diakone sollten „an den Tischen dienen“ *(diakonein trapezais)* anstelle der Apostel, die sich stattdessen das „Gebet“ und den „Dienst am Wort“ als Aufgaben vorbehalten hatten. Die Liturgie selbst nimmt bei der Diakonatsweihe auf diesen Abschnitt der Apostelgeschichte Bezug. Doch das Handeln von mindestens zwei der „Sieben“, und zwar Stephanus und Philippus, geht weit über die ursprüngliche Zielsetzung hinaus, für die zunächst die „Sieben“ eingesetzt worden waren: Sie handeln ja eher als Prediger und Vertreter ihrer Gruppe, nicht als Diener der Nächstenliebe. Eher gleichen sie den Aposteln, auch wenn sie ihnen untergeordnet sind, als den eigentlichen Diakonen.

Leute von den Soldaten hineingeworfen, und zuletzt quälte mich auch noch die Sorge um mein Kind daselbst. Da haben die guten Diakone Tertius und Pomponius, die uns dienten, mit Geld erreicht, dass wir für einige Stunden an einer besseren Stelle des Kerkers uns erfrischen konnten. Da gingen alle aus dem Kerker und erholten sich: ich säugte mein schon halb verschmachtetes Kind [...] Solche Ängste habe ich viele Tage ausgestanden, erreichte aber, dass das Kind in meiner Pflege im Kerker blieb; es erholte sich, und ich fühlte mich erleichtert durch die Mühe und die Sorge um das Kind [...] Darauf sprach er [der Prokurator] über uns alle das Urteil, dass wir den wilden Tieren vorgeworfen werden sollten, und wir stiegen heiter in den Kerker hinab. Weil aber das Kind gewohnt war, von mir die Brust zu empfangen und bei mir im Kerker zu bleiben, schickte ich sogleich den Diakon Pomponius zu meinem Vater und bat um das Kind. Aber der Vater wollte es nicht geben. [...]Am letzten Tage vor unserem Kampfe sah ich in einer Erscheinung Folgendes: Der Diakon Pomponius trat an die Türe des Kerkers und klopfte heftig; ich ging zu ihm hinaus und öffnete ihm; er trug ein weißes, ungegürtetes Gewand mit allerlei Verzierungen am unteren Saum. Er sprach zu mir: Perpetua, dich erwarten wir, komm! Er hielt mich bei der Hand, und wir fingen an, auf rauhen und windungsreichen Wegen zu gehen. Kaum waren wir endlich keuchend am Amphitheater angekommen, da führte er mich mitten in den Kampfplatz und sagte zu mir: Fürchte dich nicht; ich bin hier bei dir und helfe dir im Streite; dann ging er fort“: Die Märtyrerakten der hl. Perpetua und Felicitas, Kap. 3., 6., 10. [74].

Insbesondere Stephanus wird als großer Prediger und Streitredner dargestellt, „erfüllt von Gnade“ und dem „Heiligen Geist“ (Apg 7,8-55), der auch „Wunder“ und „Zeichen“ vollbringt (Apg 6-8), nach dem Vorbild der Apostel. Seine feierliche und ausführliche Rede, die längste von allen, die uns die Apostelgeschichte berichtet (Apg 7,2-53), zeugt nicht nur von seiner Kenntnis der Heiligen Schrift, sondern vor allem von seiner Fähigkeit, diese im Licht des Christus-Ereignisses zu interpretieren. In gewisser Weise ist er ein Vorläufer des Paulus!

Der Diakon empfängt das Wort Gottes als vorrangige Verpflichtung am Tag seiner Weihe. Die vom Bischof ausgesprochene Formel lautet: „Empfange das Evangelium Christi: Zu seiner Verkündigung bist du bestellt. Was du liest, ergreife im Glauben; was du glaubst, das verkünde, und was du verkündest, erfülle im Leben“. Wie fügt sich der diakonische Dienst in den kirchlichen Dienst am Wort Gottes ein?

Ich spreche gerne von einer „liturgischen Ikone“, denn die Liturgie in ihrer ikonenhaften Gestalt ist und bleibt „Quelle und Höhepunkt“ (SC 10; LG 11) des gesamten Lebens der Kirche. Im Zentrum des liturgischen Geschehens steht der heilige Altar, der Tisch, auf dem das heilige Evangelium und die göttliche Eucharistie ihren Ort haben, durch die uns das fleischgewordene Wort der Weisheit den Geist schenkt, der uns vergöttlicht. Der Diakon nimmt das Evangelium der Gnade und der Barmherzigkeit vom Altar, wo es ständig ruht, und trägt es mit majestätischer Feierlichkeit zum Ambo. Dort wird es von ihm verkündet, vom Bischof oder Presbyter mystagogisch erklärt und von den Gläubigen gehört. Aus der *diakonia Verbi* entsteht also ein wahrer Dienst am Wort, der in der Evangelisierung der Geringsten und Ausgegrenzten seine biblische Quelle und seine eigentliche kirchliche Identität hat. Der Diakon „lehrt, insofern er das Wort Gottes verkündet und veranschaulicht; er heiligt, insofern er das Sakrament der Taufe, der Eucharistie und die Sakramentalien spendet; er leitet, insofern er Gemeinschaften oder Bereiche des kirchlichen Lebens animiert“ [11].

Lehren, Heiligen und Leiten bilden den diakonischen Dienst. Darin gibt es Bereiche, die dem gesamten sacerdotalen Ordo gemeinsam und in bestimmten Fällen spezifisch diakonisch sind. So haben unsere Bischöfe dem Diakon in der christlichen Gemeinschaft, zu der er gehört, stets den Dienst des Wortes und nicht nur den Dienst der Liturgie und der Nächstenliebe als integralen Bestandteil seines Weiheamtes zuerkannt. Was die Diakonie des Wortes anbelangt, so zeigt uns wiederum die Formulierung bei der Diakonenweihe zur Übergabe des Evangelienbuches, wie der Ort, den der neu geweihte Diakon in der Kirche einnehmen wird, und die Weise, wie er seinen Dienst auszuüben hat, offensichtlich zusammenhängen. „Das Evangelium verkünden", „leben, was er lehrt" – mit diesen dynamischen Begriffen vertraut die Kirche den Neugeweihten die Diakonie des Wortes an. Nur eine fortgesetzte und vielfältige Praxis kann die tiefe Bedeutung des Wortes offenbaren, das von einer Person verkündet wird, die zwar sakramental geweiht ist, sich aber weder von ihrer Familie noch von ihrem kulturellen Umfeld noch von ihrer profanen Arbeit entfernt.

Die Lebenssituation des Geweihten stellt für die Kirche heute eine neue Realität dar. Die Wiedereinführung des ständigen Diakonats kann dazu beitragen, die Perspektive des II. Vatikanischen Konzils, das im Volk Gottes die grundlegende kirchliche Wirklichkeit sieht, in vollem Umfang zu verwirklichen. Gerade hier zeigt sich die ganze Bedeutung der Tatsache, dass der Diakon *ein Wort in Aktion* ist. Das gilt nicht nur auf moralischer, sondern auch auf sakramentaler Ebene: Je mehr das Leben des Diakons ein treuer Ausdruck des von ihm verkündeten Wortes ist, desto mehr wird er selbst zu einem Zeichen der Wirksamkeit dieses Wortes, das in den Herzen der Menschen immer lebendig ist. Es ist also nicht die bloße Anwesenheit des Diakons im täglichen Leben der Menschen, die dem Wort seine Wirksamkeit sichert, sondern eher das Gegenteil: Gerade wenn der Diakon im und vom Wort gestärkt ist, wird seine Gegenwart zu einem wirksamen Zeichen, zu einem Zeichen, das in der Lage ist, auf einen Größeren als sich selbst zu verweisen.

Gerade die Einfügung des Diakons in das apostolische Amt macht diese Bedeutung möglich. Durch die Ausübung eines Dienstes, der dem Bischofsamt eigen ist, d.h. der Verkündigung des Evangeliums, lässt der Diakon eine kirchliche Wirklichkeit ersten Ranges gegenwärtig werden: Der Bischof selbst steht in dem Wort, das er kraft seines Amtes verkündet, im Dienst des Leibes Christi. Und gerade weil seine Predigt des Wortes auf den diakonischen Charakter der bischöflichen Verkündigung zurückgeführt werden muss, wird der Diakon alles vermeiden, was ihn vom Volk, in dessen Dienst er geweiht ist, entfernen könnte. Heute leistet der Diakon ein Werk der Annäherung: Er macht nicht nur das Wort, das er verkündet, glaubwürdiger, sondern er bringt auch die ersten und wichtigsten Verantwortlichen des Wortes, die Bischöfe, dem Volk Gottes näher und verdeutlicht so, dass die bischöfliche Verkündigung im Dienst des Evangeliums für die Menschen steht.

Die konkreten Formen, in denen der Diakon diesen Dienst des Wortes ausübt, führen über den Weg der *lectio divina,* gerade um den Vorrang des Wortes selbst zu bekräftigen, das als Ort und Anlass für den ordentlichen diakonischen Dienst dargestellt wird. Die Verkündigung des Evangeliums muss bei den Diakonen nicht nur einer aufrichtigen und treuen Liebe zum Wort entsprechen, sondern auch einer wirksamen Tätigkeit der Evangelisierung. Dies kann in verschiedenen Formen geschehen, nicht reduziert auf die liturgische Verkündigung des Evangeliums allein, denn „dem Evangelium zu folgen", so der Papst, „ist gewiss ein anspruchsvoller, aber schöner Weg, und wer ihn mit Treue und Mut geht, empfängt das Geschenk, das der Herr den Männern und Frauen guten Willens verheißen hat – wie die Engel am Weihnachtstag sangen: ‚Friede! Friede!'" [47].[6] Die Diakone verkörpern in ihrem Dienst an der Kirche und an der Welt die „Diakonie des Friedens", die als Diakonie des Glaubens, Diakonie der Hoffnung und Diakonie der Liebe zum Ausdruck kommt. Die Diakonie des Glaubens zeigt sich in vollendeter Weise im Diakon Stephanus, der vor

6 Siehe unten S. 138-139; hier: 139.

denen, die über ihn zu Gericht sitzen, Zeugnis ablegt, indem er die Geschichte Israels als die Geschichte der treuen Liebe Gottes zu seinem Volk liest. Treu bis zum Märtyrertod weist er uns auf Jesus als den „wahren Emmanuel" hin, der immer „mit" uns und zugleich „jenseits" von uns ist, jenseits aller Erfolge und Triumphe, jenseits aller Niederlagen und Siege: Er ist die Zukunft, auf die wir zugehen, indem wir in unserem Herzen die Gewissheit bewahren, dass er seinen Verheißungen ewig treu bleiben wird.

Was die Demut betrifft, so ist das bekannteste Beispiel sicherlich Franziskus von Assisi, dessen Namen der Papst als Bischof von Rom angenommen hat. Die entscheidende Bedeutung des caritativen Diakonats ist aus dem Leben des Franziskus bekannt, der ganz und gar Diakon sein wollte. In jedem Kranken – insbesondere in den Aussätzigen – sah er die Fleischwerdung des leidenden und gekreuzigten Christus. In der Sicht des Poverello erhalten die Armen als solche den theologischen Sinn zurück, den ihnen Christus im Evangelium gegeben hat: Sie sind privilegierte Empfänger der göttlichen Barmherzigkeit. „Alle Brüder sollen bestrebt sein, unserem Herrn Jesus Christus in seiner Demut und Armut nachzufolgen [...] von Almosen hat er gelebt, er und die selige Jungfrau und seine Jünger [...] Und das Almosen ist das Erbe und die Gerechtigkeit, die den Armen zusteht und die unser Herr Jesus Christus uns erworben hat. Und die Brüder, die sich damit abplagen, es zu sammeln, werden hohen Lohn dafür erhalten, und sie geben auch den Almosenspendern Gelegenheit, sich solchen zu verdienen und zu erwerben; denn alles, was die Menschen in dieser Welt zurücklassen, wird vergehen, aber für die Liebe und die gegebenen Almosen werden sie Lohn vom Herrn erhalten".[7]

„Und wenn auch nicht jeder berufen ist, wie der hl. Stephanus sein Blut zu vergießen, so ist doch jeder Christ aufgefordert, unter allen Umständen dem Glauben, den er bekennt, treu zu bleiben. Das konsequente Christsein ist eine Gnade, um die wir den Herrn

7 Nicht-bullierte Regel: 9. Vom Almosenbitten.

bitten müssen. Konsequent sein, als Christ leben und nicht sagen: ‚Ich bin ein Christ', und dann wie ein Heide leben. Konsequenz ist eine Gnade, um die wir heute bitten müssen" [47].[8] Gerade deshalb ist im Leben der Diakone der Weg des Martyriums eine geistliche Quelle – „ein Martyrium, das in der Geschichte der Kirche von Stephanus bis zum heutigen Tag weiter präsent ist" [57].[9]

Tatsache ist, dass Stephanus von fanatischen Hellenisten attackiert wurde, als Zeichen des Widerspruchs, das sie bekämpften. Dies zeigt nicht nur den Einfluss, den er offenbar auf das Volk ausübte, so dass er eine Art öffentliche Gefahr darstellte, sondern auch seine besondere Autorität in der Kirche: Sobald er beseitigt war, konnte alles zur Ruhe kommen!

Im Martyrium des Stephanus sieht Papst Franziskus eine besondere Nähe zu Christus, der am Kreuz Vergebung schenkt: „Vater, vergib ihnen, denn sie wissen nicht, was sie tun" (Lk 23,34). „In ähnlicher Weise ‚sank Stephanus in die Knie und rief mit lauter Stimme: Herr, rechne ihnen diese Sünde nicht an' (Apg 7,60). Stephanus ist also ein Märtyrer, d.h. ein Zeuge, weil er tut, was Jesus getan hat. Ein wahrer Zeuge ist in der Tat einer, der sich so verhält wie er: der betet, der liebt, der gibt, aber vor allem einer, der vergibt, denn die Vergebung ist, wie das Wort selbst sagt, der höchste Ausdruck der Gabe. Doch man könnte fragen: Was ist der Sinn der Vergebung? Ist sie nur eine gute Tat, oder bringt sie Ergebnisse? Eine Antwort finden wir im Martyrium des Stephanus. Zu denen, für die er um Vergebung bat, gehörte ein junger Mann namens Saulus, der die Kirche verfolgte und sie zu zerstören suchte (Apg 8,3). Aus Saulus wurde kurz darauf Paulus, der große Heilige, der Apostel der Heiden. Er hatte die Vergebung des Stephanus empfangen. Wir können sagen, dass Paulus aus der Gnade Gottes und der Vergebung des Stephanus geboren wurde" [52].[10]

8 Siehe unten S. 138-139; hier: 138.
9 Siehe unten S. 141-143; hier: 142.
10 Siehe unten S. 139-141; hier: 140.

Hier öffnet sich tatsächlich eine wichtige Seite für den diakonischen Dienst, der zur Vergebung und Versöhnung durch Barmherzigkeit erzieht. In der Bulle *Misericordiae vultus* zur Ankündigung des außerordentlichen Heiligen Jahres der Barmherzigkeit 2016 [48] zitiert Papst Franziskus den Aufruf, den der Evangelist Lukas überliefert: „Seid barmherzig, wie euer Vater barmherzig ist" (Lk 6,36). Diese Worte finden ein Echo bei Matthäus: „Seid also vollkommen, wie euer himmlischer Vater vollkommen ist" (Mt 5,48). „Selig die Barmherzigen" bedeutet nach Papst Franziskus nicht, einen Moment zu finden, in dem wir gut sind und eine Geste der Barmherzigkeit vollziehen. Nur wenn wir gewohnheitsmäßig Gutes tun, gewohnheitsmäßig anderen helfen, werden wir Barmherzigkeit finden. Gott identifiziert sich mit den Unterdrückten, den Opfern der Geschichte, und nimmt Anteil am Leiden der Armen und Bedürftigen.

Der Papst schreibt: „Der Apostel Jakobus lehrt, dass die Barmherzigkeit den anderen gegenüber uns erlaubt, siegreich aus dem göttlichen Gericht hervorzugehen: ‚Redet und handelt wie Menschen, die nach dem Gesetz der Freiheit gerichtet werden. Denn das Gericht ist erbarmungslos gegen den, der kein Erbarmen gezeigt hat. Barmherzigkeit aber triumphiert über das Gericht' (Jak 2,12-13). In diesem Text erweist Jakobus sich als Erbe des größten Reichtums der nachexilischen jüdischen Spiritualität, die der Barmherzigkeit einen speziellen Wert für das Heil zuschrieb" (EG Nr. 193) [41]. Hier zeigt sich, wie dringlich es ist, ein Verhalten anzunehmen, das in den Seligpreisungen wurzelt. So wird durch das Verhalten der Jünger Christi das Antlitz Christi selbst wiederhergestellt: Christus, der sanftmütig und von Herzen demütig ist. Es geht um das wahre Antlitz Gottes, ein Antlitz, das Geschenk und Vergebung ist. Auf dem Spiel steht zugleich das wahre Gesicht des Menschen.

Die Liturgie, die Lehrerin des Lebens, zeigt uns in der zweiten Lesung der Lesehore am Fest des heiligen Diakons die wahren „Waffen der Nächstenliebe": „Gestern [am Weihnachtstag] haben wir die zeitliche Geburt unseres ewigen Königs gefeiert; heute feiern wir das glorreiche Leiden seines Streiters, Gestern nämlich schritt unser König, mit dem Prachtgewand des Fleisches bekleidet, aus der Königshalle des jungfräulichen Schoßes hervor und würdigte sich, die Welt heimzusuchen; heute zog sein Streiter aus dem Kriegszelt des Fleisches triumphierend in den Himmel. [...] Unser König, obwohl der Allerhöchste, kam für uns zwar in Demut, aber nicht mit leeren Händen. Denn ein reiches Geschenk brachte er seinen Streitern mit, durch das er sie nicht nur reich beschenkt, sondern auch mit unbesiegbarem Kampfesmut gestärkt hat. Er brachte nämlich das Geschenk der Liebe, durch das er die Menschen zur Gemeinschaft mit der Gottheit führen wollte. Was er also gebracht hat, hat er auch ausgeteilt; er hat sich jedoch in keiner Weise entblößt, sondern in wunderbarer Weise die Armut seiner Streiter bereichert und selbst die Fülle unermesslicher Schätze behalten. Die Liebe also, die Christus vom Himmel auf die Erde herabgeführt hat, hob Stephanus von der Erde zum Himmel empor. Die Liebe, die im König vorangegangen war, folgte strahlend in seinem Streiter. [...] Stephanus also gebrauchte, damit er die in seinem Namen vorbedeutete Krone zu erhalten verdiente, die Liebe als Waffe, und durch sie war er an allen Orten siegreich. Durch die Liebe Gottes wich er nicht zurück vor den tobenden Juden, durch die Nächstenliebe trat er im Gebet für die Steiniger ein. Aus Liebe tadelte er die Irrenden, damit sie gebessert, aus Liebe betete er für die Steiniger, damit sie nicht bestraft würden. In der Kraft der Liebe besiegte er die grausame Wut des Saulus und erwarb sich das Verdienst, den Verfolger auf Erden als Mitgenossen im Himmel zu besitzen. Seine heilige, unermüdliche Liebe sehnte sich danach, durch Gebet diejenigen zu gewinnen, die seine Ermahnungen nicht zu bekehren vermochten. [...] Und siehe, nun freut sich Paulus in der Gesellschaft des Stephanus; mit Stephanus genießt er die Klarheit Christi; mit Stephanus jubelt, mit Stephanus herrscht er. An den Ort nämlich, an den Stephanus voranging, getötet von den Steinwürfen des Paulus, dorthin folgte Paulus nach, unterstützt durch das Gebet des Stephanus.

Welch ein wahres Leben, meine Brüder, wo Paulus nicht beschämt ist wegen der Hinrichtung des Stephanus, sondern Stephanus sich beglückwünscht zur Gemeinschaft mit Paulus, da die Liebe in beiden sich freut. Die Liebe in Stephanus hat ja die Wut der Juden überwunden, die Liebe in Paulus hat eine Menge von Sünden zugedeckt, die Liebe in beiden hat sich in gleichem Maß den Besitz des Himmels erworben. Die Liebe ist also Quell und Ursprung alles Guten, ein vortrefflicher Schutz, der Weg, der zum Himmel führt. Wer in der Liebe wandelt, kann nicht in die Irre gehen noch in Furcht geraten. Sie leitet, sie beschützt, sie führt zum Ziel. Bewahrt also, Brüder, da Christus die Leiter der Liebe aufgestellt hat, damit ein jeder Christ auf ihr zum Himmel emporsteigen kann, mit starkem Sinn die reine Liebe! Erweist sie euch gegenseitig und steigt durch Fortschritt in ihr zu eurem Ziel empor!“[11]

Das ist der Weg, den Jesus seinen Jüngern deutlich aufgezeigt hat, wie das Evangelium bezeugt: „Ihr werdet von allen gehasst werden um meines Namens willen. Wer aber ausharrt bis ans Ende, der wird gerettet werden (Mt 10,22)“. Das ist der Weg, den die Diakone gehen müssen, „indem sie sich für die Geringsten, für die am meisten Vernachlässigten einsetzen und ohne Unterschied allen Gutes tun. Sie bezeugen auf diese Weise die Liebe in der Wahrheit“ [57].[12]

---

11 Fulgentius von Ruspe, *Sermo* 3,1-3.5-6: PL 65, 729ff.

12 Siehe unten S. 141-143; hier: 143.

Worte von Papst Franziskus

- Angelus am Fest des hl. Stephanus, des Protomärtyrers, 26. Dezember 2013 [43]

Liebe Brüder und Schwestern, guten Morgen!
Ihr habt doch keine Angst vor dem Regen, oder? Seid tapfer!

Die Liturgie verlängert das Hochfest der Weihnacht um acht Tage: eine Zeit der Freude für das ganze Volk Gottes! Und an diesem zweiten Tag der Oktav schließt die Weihnachtsfreude das Fest des heiligen Diakons Stephanus ein, des ersten Märtyrers der Kirche. Die Apostelgeschichte stellt ihn uns vor als einen Mann „erfüllt vom Glauben und vom Heiligen Geist“ (Apg 6,5), der mit sechs anderen für den Dienst an den Witwen und Armen in der ersten Gemeinde Jerusalems ausgewählt wurde. Und sie erzählt uns von seinem Martyrium: Nach einer feurigen Rede, die den Zorn der Mitglieder des Sanhedrin erregte, wurde er vor die Stadtmauern geschleppt und gesteinigt. Stephanus starb wie Jesus, indem er um Vergebung für seine Mörder bat (Apg 7,55-60).

In der freudigen Atmosphäre von Weihnachten mag dieses Gedenken fehl am Platz erscheinen. Denn Weihnachten ist das Fest des Lebens und erfüllt uns mit Gefühlen der Heiterkeit und des Friedens; warum sollte man diesen Zauber durch die Erinnerung an so grausame Gewalt stören? Aus der Sicht des Glaubens steht das Fest des hl. Stephanus ganz im Einklang mit der tiefen Bedeutung von Weihnachten. Im Martyrium wird ja die Gewalt durch die Liebe, der Tod durch das Leben überwunden. Im Opfer der Märtyrer sieht die Kirche deren „Geburt für den Himmel“. Feiern wir also heute die „Geburt“ des Stephanus, die in ihrer Tiefe der Weihnacht Christi entspringt. Jesus verwandelt den Tod derer, die ihn lieben, in ein Licht neuen Lebens! Im Martyrium des Stephanus wiederholt sich dieselbe Konfrontation zwischen Gut und Böse, zwischen Hass und Vergebung, zwischen Sanftmut und Gewalt, die im Kreuz Christi ihren Höhepunkt fand.

Das Gedenken an den ersten Märtyrer löst also sofort ein falsches Bild von Weihnachten auf: das märchenhafte, kitschige Bild, das es im Evangelium nicht gibt! Die Liturgie bringt uns zur wahren Bedeutung der Menschwerdung zurück, indem sie Bethlehem mit Golgotha verbindet und uns daran erinnert, dass das göttliche Heil den Kampf gegen die Sünde voraussetzt und durch die enge Pforte des Kreuzes führt. Dies ist der Weg, den Jesus seinen Jüngern deutlich aufgezeigt hat, wie das heutige Evangelium bezeugt: „Ihr werdet von allen gehasst werden um meines Namens willen. Wer aber ausharrt bis ans Ende, der wird gerettet werden" (Mt 10,22).

Deshalb beten wir heute besonders für die Christen, die wegen ihres Zeugnisses für Christus und für das Evangelium diskriminiert werden. Wir sind diesen Brüdern und Schwestern nahe, die wie der hl. Stephanus zu Unrecht beschuldigt werden und Gewalt verschiedener Art erleiden müssen. Ich bin sicher, dass sie heute leider zahlreicher sind als in der Anfangszeit der Kirche. Es gibt viele von ihnen! Dies geschieht vor allem dort, wo die Religionsfreiheit noch nicht garantiert, noch nicht vollständig verwirklicht ist. Es geschieht auch in Ländern und Umgebungen, die Freiheit und Menschenrechte auf dem Papier schützen, in denen aber die Gläubigen, insbesondere die Christen, faktisch auf Einschränkungen und Diskriminierung stoßen. Ich möchte Sie bitten, für diese Brüder und Schwestern zu beten, einen Moment lang in Stille, für alle von ihnen ...

Und wir vertrauen sie der Muttergottes an: Ave Maria ... Für Christen ist dies nicht überraschend, denn Jesus hat darin eine günstige Gelegenheit zum Zeugnis vorausgesagt. Doch auf ziviler Ebene muss die Ungerechtigkeit angeprangert und beseitigt werden. Möge Maria, die Königin der Märtyrer, uns helfen, Weihnachten mit jenem Eifer des Glaubens und der Liebe zu leben, der im hl. Stephanus und in allen Märtyrern der Kirche leuchtet.

- Angelus am Fest des hl. Stephanus, des Protomärtyrers, 26. Dezember 2014 [47]

Liebe Brüder und Schwestern, guten Morgen!
Heute erinnert die Liturgie an das Zeugnis des hl. Stephanus. Er wurde von den Aposteln zusammen mit sechs anderen für die Diakonie der Nächstenliebe ausgewählt, d.h. um den Armen, Waisen und Witwen in der Jerusalemer Gemeinde beizustehen, und er wurde der erste Märtyrer der Kirche. Mit seinem Märtyrertod ehrt Stephanus das Kommen des Königs der Könige in die Welt, legt Zeugnis von ihm ab und bietet sein eigenes Leben als Gabe an, wie er es im Dienst an den Bedürftigsten tat. Auf diese Weise zeigt er uns, wie wir das Geheimnis der Weihnacht in vollem Umfang leben können.

Das Evangelium dieses Festes erzählt einen Teil der Rede Jesu an seine Jünger, als er sie in die Mission sendet. Unter anderem sagt er: „Ihr werdet von allen gehasst werden um meines Namens willen. Wer aber ausharrt bis ans Ende, der wird gerettet werden" (Mt 10,22). Diese Worte des Herrn stören das Weihnachtsfest nicht, entziehen ihm aber den falschen, süßlichen Anstrich, der nicht dazugehört. Sie machen uns bewusst, dass in den Prüfungen, die wir aufgrund des Glaubens auf uns nehmen, die Gewalt durch die Liebe, der Tod durch das Leben besiegt wird. Und um Jesus wirklich in unsere Existenz aufzunehmen und die Freude der Heiligen Nacht zu verlängern, ist der Weg genau der, den dieses Evangelium weist: Jesus in Demut bezeugen, im ruhigen Dienst, ohne Angst, gegen den Strom schwimmen und mit dem eigenen Leben bezahlen. Und wenn auch nicht jeder berufen ist, wie der hl. Stephanus sein Blut zu vergießen, so ist doch jeder Christ aufgefordert, unter allen Umständen dem Glauben, den er bekennt, treu zu bleiben. Das konsequente Christsein ist eine Gnade, um die wir den Herrn bitten müssen. Konsequent sein, als Christ leben und nicht sagen: „Ich bin ein Christ", und dann wie ein Heide leben. Konsequenz ist eine Gnade, um die wir heute bitten müssen.

Dem Evangelium zu folgen, ist gewiss ein anspruchsvoller, aber schöner Weg, und wer ihn mit Treue und Mut geht, empfängt das Geschenk, das der Herr den Männern und Frauen guten Willens verheißen hat – wie die Engel am Weihnachtstag sangen: „Friede! Friede!" Dieser von Gott geschenkte Friede vermag das Gewissen derjenigen zu beruhigen, die in den Prüfungen des Lebens das Wort Gottes anzunehmen wissen und sich verpflichten, es mit Ausdauer bis zum Ende zu bewahren (Mt 10,22).

Heute, liebe Brüder und Schwestern, wollen wir in besonderer Weise für diejenigen beten, die wegen ihres Zeugnisses für Christus diskriminiert, verfolgt und getötet werden. Ich möchte jedem von ihnen sagen: Wenn ihr dieses Kreuz mit Liebe tragt, seid ihr in das Geheimnis von Weihnachten eingetreten, ihr seid im Herzen Christi und der Kirche.

Beten wir auch dafür, dass dank des Opfers dieser Märtyrer von heute – es sind viele, sehr viele! – das Engagement für die Anerkennung und konkrete Gewährleistung der Religionsfreiheit, die ein unveräußerliches Recht eines jeden Menschen ist, in allen Teilen der Welt gestärkt wird.

Liebe Brüder und Schwestern, ich wünsche euch eine friedvolle Weihnachtszeit. Der hl. Stephanus, der Diakon und erste Märtyrer, möge uns auf unserem täglichen Weg unterstützen, den wir hoffentlich schließlich in der festlichen Versammlung der Heiligen im Paradies krönen werden.

- Angelus am Fest des hl. Stephanus, des Protomärtyrers, 26. Dezember 2015 [52]

Liebe Brüder und Schwestern, guten Morgen!

Heute feiern wir das Fest des heiligen [Diakons] Stephanus. Das Gedenken an den ersten Märtyrer schließt sich unmittelbar an die Feierlichkeiten des Weihnachtsfestes an. Gestern haben wir die barmherzige Liebe Gottes betrachtet, der für uns Fleisch geworden ist; heute sehen wir die konsequente Antwort des Jüngers Jesu, der sein Leben hingibt. Gestern wurde der Heiland auf der Erde geboren; heute wird sein treuer Zeuge im Himmel geboren. Gestern wie heute erscheint die Finsternis der Ablehnung des Lebens, aber das Licht der Liebe, das den Hass überwindet und eine neue Welt einleitet, leuchtet noch heller.

In der heutigen Erzählung aus der Apostelgeschichte gibt es einen besonderen Aspekt, der den hl. Stephanus dem Herrn annähert. Es ist seine Vergebung, bevor er zu Tode gesteinigt wurde. Als er ans Kreuz genagelt wurde, hatte Jesus gesagt: „Vater, vergib ihnen, denn sie wissen nicht, was sie tun“ (Lk 23,34); in ähnlicher Weise „sank Stephanus in die Knie und rief mit lauter Stimme: Herr, rechne ihnen diese Sünde nicht an“ (Apg 7,60). Stephanus ist also ein Märtyrer, d.h. ein Zeuge, weil er tut, was Jesus getan hat. Ein wahrer Zeuge ist in der Tat einer, der sich so verhält wie er: der betet, der liebt, der gibt, aber vor allem einer, der vergibt, denn die Vergebung ist, wie das Wort selbst sagt, der höchste Ausdruck der Gabe.

Doch man könnte fragen: Was ist der Sinn der Vergebung? Ist sie nur eine gute Tat, oder bringt sie Ergebnisse? Eine Antwort finden wir im Martyrium des Stephanus. Zu denen, für die er um Vergebung bat, gehörte ein junger Mann namens Saulus, der die Kirche verfolgte und sie zu zerstören suchte (Apg 8,3). Aus Saulus wurde kurz darauf Paulus, der große Heilige, der Apostel der Heiden. Er hatte die Vergebung des Stephanus empfangen. Wir können sagen, dass Paulus aus der Gnade Gottes und der Vergebung des Stephanus geboren wurde.

Auch wir sind aus der Vergebung Gottes geboren. Nicht nur in der Taufe, sondern jedes Mal, wenn uns vergeben wird, wird unser Herz neu geboren, erneuert. Jeder Schritt vorwärts im Leben des Glaubens trägt das Zeichen der göttlichen Barmherzigkeit am Anfang. Denn nur wenn wir geliebt werden, können wir auch lieben. Erinnern wir uns daran, es wird uns gut tun: Wenn wir im Glauben vorankommen wollen, müssen wir zuallererst die Vergebung Gottes empfangen; dem Vater begegnen, der bereit ist, alles und immer zu vergeben, und der gerade durch die Vergebung das Herz heilt und die Liebe neu belebt. Wir dürfen nicht müde werden, um die göttliche Vergebung zu bitten, denn nur wenn uns vergeben wird, wenn wir die Vergebung spüren, lernen wir zu vergeben.

Die Vergebung ist jedoch keine leichte Sache, sie ist immer sehr schwierig. Wie können wir Jesus nachahmen? Wo fangen wir an, das kleine oder große Unrecht zu vergeben, das wir jeden Tag erleiden? Zuallererst mit dem Gebet, wie Stephanus es tat. Es beginnt im Herzen: Wir können dem Groll, den wir empfinden, mit dem Gebet begegnen, indem wir diejenigen, die uns Unrecht getan haben, der Barmherzigkeit Gottes anvertrauen: „Herr, ich bitte dich für ihn, ich bitte dich für sie". Dann entdecken wir, dass dieser innere Kampf um Vergebung vom Bösen reinigt und dass Gebet und Liebe uns von den inneren Ketten des Grolls befreien. Es ist so schlimm, im Groll zu leben! Jeden Tag haben wir die Gelegenheit, uns im Verzeihen zu üben, diese erhabene Geste zu leben, die den Menschen näher zu Gott bringt. Werden auch wir, wie unser himmlischer Vater, barmherzig, denn durch die Vergebung überwinden wir das Böse mit dem Guten, verwandeln den Hass in Liebe und machen so die Welt reiner.

Möge die Jungfrau Maria, der wir all diejenigen anvertrauen, die wie der hl. Stephanus im Namen des Glaubens Verfolgung erleiden, unsere vielen Märtyrer von heute, unser Gebet lenken, um Vergebung zu empfangen und zu geben. Empfangt und gebt Vergebung.

- Angelus am Fest des hl. Stephanus, des Protomärtyrers, 26. Dezember 2016 [57]

Liebe Brüder und Schwestern, guten Morgen!
Die Freude der Weihnacht erfüllt auch heute unsere Herzen, denn die Liturgie lässt uns das Martyrium des hl. Stephanus, des ersten Märtyrers, feiern und lädt uns ein, das Zeugnis aufzunehmen, das er uns mit seinem Opfer hinterlassen hat. Es ist das glorreiche

Zeugnis, das dem christlichen Martyrium eigen ist, das um der Liebe Jesu Christi willen erlitten wurde; ein Martyrium, das in der Geschichte der Kirche von Stephanus bis zum heutigen Tag weiter präsent ist.

Das heutige Evangelium spricht zu uns von diesem Zeugnis (Mt 10,17-22). Jesus sagt den Jüngern die Ablehnung und Verfolgung voraus, die sie erleben werden: „Ihr werdet von allen gehasst werden um meines Namens willen" (V. 22). Warum aber verfolgt die Welt die Christen? Die Welt hasst die Christen aus demselben Grund, aus dem sie Jesus gehasst hat: weil er das Licht Gottes brachte und die Welt die Finsternis vorzieht, um ihre bösen Taten zu verbergen. Erinnern wir uns daran, dass Jesus selbst beim letzten Abendmahl zum Vater darum gebetet hat, uns vor dem bösen Geist der Welt zu schützen. Es besteht ein Gegensatz zwischen der Mentalität des Evangeliums und der Mentalität der Welt. Jesus nachzufolgen bedeutet, seinem Licht zu folgen, das in der Nacht von Bethlehem entzündet wurde, und die Finsternis der Welt zu verlassen.

Der Protomärtyrer Stephanus, erfüllt vom Heiligen Geist, wurde gesteinigt, weil er seinen Glauben an Jesus Christus, den Sohn Gottes, bekannte. Der Einziggeborene, der in die Welt gekommen ist, lädt jeden Gläubigen ein, den Weg des Lichts und des Lebens zu wählen. Das ist der Sinn seines Kommens unter uns. Indem er den Herrn liebte und seiner Stimme gehorchte, wählte der Diakon Stephanus Christus, das Leben und das Licht für jeden Menschen. Indem er sich für die Wahrheit entschied, wurde er gleichzeitig ein Opfer des Geheimnisses der Ungerechtigkeit (2 Thess 2,6) in der Welt. Doch in Christus hat Stephanus gesiegt!

Weil die Kirche auch heute Licht und Wahrheit bezeugt, ist sie an verschiedenen Orten harter Verfolgung ausgesetzt, bis hin zur höchsten Prüfung des Martyriums. Wie viele unserer Brüder und Schwestern im Glauben erleiden Misshandlungen, Gewaltakte und werden gehasst um Jesu willen! Ich sage euch eines: Die Märtyrer von heute sind zahlreicher als in den ersten Jahrhunderten. Wenn wir die Geschichte der ersten Jahrhunderte lesen, lesen wir über so viel Grausamkeit hier in Rom gegenüber den Christen. Ich sage euch: Die gleiche Grausamkeit gegenüber Christen gibt es heute, und in größerer Zahl. Heute wollen wir an diejenigen denken, die Verfolgung erleiden, und ihnen mit unserer Zuneigung, unserem Gebet und auch mit unseren Tränen nahe sein. Gestern, am Weihnachtstag, haben verfolgte Christen im Irak in ihrer zerstörten Kathedrale Weihnachten gefeiert – ein Beispiel für die Treue zum Evangelium. Trotz der Prüfungen und Gefahren bezeugen sie mutig ihre Zugehörigkeit zu Christus und leben das Evangelium, indem sie sich für die Geringsten, für die am meisten Vernachlässigten einsetzen und ohne Unterschied allen Gutes tun. Sie bezeugen auf diese Weise die Liebe in der Wahrheit. Wenn wir in unserem Herzen für den Sohn Gottes Raum schaffen, der sich uns an Weihnachten schenkt, erneuern wir den freudigen und mutigen Willen, uns allein von ihm führen zu lassen und ihm treu zu folgen, indem wir in einem Leben nach der Denkweise des Evangeliums verharren und die Denkweise der Herrscher dieser Welt ablehnen.

Zur Jungfrau Maria, Mutter Gottes und Königin der Märtyrer, erheben wir unser Gebet. Sie möge uns stets leiten und unterstützen auf unserem Weg in der Nachfolge Jesu Christi, den wir in der Grotte der Krippe betrachten. Er ist der treue Zeuge Gottes, des Vaters.[13]

13 Auch in den folgenden Jahren hat Papst Franziskus Gedanken zum Fest des hl. Stephanus beim Angelusgebet am 26. Dezember vorgetragen. Sie sind auf der Website des Vatikan unter <www.vatican.va> abrufbar. Stephanus wird dabei als erster Märtyrer, aber auch als erster Diakon und als Vorläufer des Apostels Paulus dargestellt; Anm. der Übersetzerin.

Kapitel 10

Der Diakon als Hüter des Dienens

Der Besuch bei drei Familien in Sozialwohnungen in einem Vorort, die Begegnung mit dem ambrosianischen Klerus im Dom, dem kirchlichen Herzen der Diözese, und das Mittagessen mit den Insassen des Gefängnisses San Vittore – so verlief der erste Teil der Reise von Papst Franziskus nach Mailand, mit der üblichen besonderen Aufmerksamkeit für die Geringsten.

In der Kathedrale sprach Franziskus mit den Anwesenden und beantwortete die Fragen eines Priesters, einer Nonne und eines Diakons. Der Diakon war Roberto Crespi, der dem Papst eine Frage stellte und zunächst darauf hinwies, dass der Diakonat 1990 in den Mailänder Klerus Eingang fand und dass es derzeit 143 Diakone in der Diözese gebe. An den Papst wandte er sich mit der Frage: „Was ist unsere Rolle als ständige Diakone? Wie können wir dazu beitragen, dem demütigen, selbstlosen und glücklichen Gesicht der Kirche, von dem wir spüren, dass es in Ihrem Herzen ist, und von dem Sie oft zu uns sprechen, Konturen zu geben?" [59].[1]

In diesem Kapitel steht der schöne Ausdruck des Papstes im Zentrum: „Der Diakon ist der Hüter des Dienens in der Kirche" [59].[2] In seiner Predigt zu Beginn seines Pontifikats, am Fest des hl. Josef, sagte Franziskus über das Hüten: „Die Berufung zum Hüten geht jedoch nicht nur uns Christen an; sie hat eine Dimension, die vorausgeht und die einfach menschlich ist, die alle betrifft. Sie besteht darin, die gesamte Schöpfung, die Schönheit der Schöpfung zu bewahren, wie das Buch Genesis sagt und wie es uns der hl. Franziskus von Assisi gezeigt hat: Sie besteht darin, Achtung zu haben vor jedem Geschöpf Gottes und vor der Umwelt, in

---

1 Siehe unten S. 152-155; hier: 153f.

2 Siehe unten S. 152-155; hier: 154.

der wir leben. Die Menschen zu hüten, sich um alle zu kümmern, um jeden Einzelnen, mit Liebe, besonders um die Kinder, die alten Menschen, um diejenigen, die schwächer sind und oft in unserem Herzen an den Rand gedrängt werden. Die Berufung zum Hüten besteht darin, in der Familie aufeinander zu achten: Die Eheleute behüten sich gegenseitig, als Eltern kümmern sie sich dann um die Kinder, und mit der Zeit werden auch die Kinder zu Hütern ihrer Eltern. Sie besteht darin, die Freundschaften in Aufrichtigkeit zu leben, einander zu behüten in Vertrautheit, gegenseitiger Achtung und im Guten. Im Grunde ist alles der Obhut des Menschen anvertraut, und das ist eine Verantwortung, die alle betrifft. Seid Hüter der Gaben Gottes!“ [35].

Dieser Zugang zur Gestalt des Josef als Hüter ist sehr aufschlussreich. Wie übt Josef diese Obhut aus? Mit Diskretion, mit Demut, im Schweigen, aber mit ständiger Präsenz und absoluter Treue, auch wenn er nicht versteht. Wie viele Dinge verstehen wir Diakone in unserem Dienst nicht, in unserer Beziehung zu den Priestern, in unserer Beziehung zur Gesellschaft und manchmal sogar in unserer Familie. Wir Diakone sind dazu berufen, jeden Menschen zu hüten, besonders die Ärmsten, auch uns selbst zu hüten.

In seiner Predigt am 20. März 2017 in Santa Martha [58] sagt Papst Franziskus: Josef ist auch der Hüter der Schwächen. In der Tat ist er fähig, „aus unseren Schwächen, aus unseren Sünden viele schöne Dinge hervorzubringen“. Er „ist der Hüter der Schwächen, damit sie stark werden im Glauben“. Diese grundlegende Aufgabe, erhielt Josef „im Traum“, denn er war „ein Mann, der träumen konnte“. Deshalb ist er nicht nur „Hüter unserer Schwächen, sondern wir können auch sagen: Er hütet den Traum Gottes. Ihm ist der Traum Gottes, unseres Vaters anvertraut, der Traum der Erlösung, der Traum, uns alle zu retten, dieser Neuschöpfung.“ Das ist der „Traum“ von Papst Franziskus für die Männer und Frauen, die von Christus Zeugnis ablegen sollen. Es liegt an uns, unser Herz, unsere Hände und unseren Verstand einzusetzen, damit dieser Traum Wirklichkeit werden kann.

Für Papst Franziskus ist der Schlüssel zum Verständnis der Diakone also das Dienen. In der Tat gefällt es dem Papst, „wenn [in der Apostelgeschichte] die frühen hellenistischen Christen zu den Aposteln gingen, um sich zu beschweren, weil ihre Witwen und Waisen nicht gut versorgt waren, und sie hielten dieses Treffen, diese ‚Synode' zwischen den Aposteln und den Jüngern, und sie ‚erfanden' Diakone, um zu dienen. Das ist auch für uns Bischöfe sehr aufschlussreich, denn es waren alles Bischöfe, die die Diakone ‚erfunden' haben. Und was sagt uns das? Dass die Diakone Diener sind. Dann haben sie verstanden, dass es in diesem Falle darum ging, Witwen und Waisen zu unterstützen – in Form des *Dienens.* Und für uns Bischöfe: das Gebet und die Verkündigung des Wortes. Das zeigt uns, was das wichtigste Charisma eines Bischofs ist: zu beten. Was ist die Aufgabe eines Bischofs, die erste Aufgabe?: das Gebet. Die zweite Aufgabe: die Verkündigung des Wortes. Doch man kann den Unterschied sehen. Und für euch [Diakone]: das Dienen" [58].[3] Zusammenfassend sagte der Papst dann zum Abschluss: Es gibt keinen Dienst am Altar, keine Liturgie, die sich nicht für den Dienst an den Armen öffnet, und es gibt keinen Dienst an den Armen, der nicht zur Liturgie führt. Und es gibt keine kirchliche Berufung, die nicht in eine familiäre Gemeinschaft eingebettet wäre.

Dies hilft uns, den Diakonat als kirchliche Berufung neu zu bewerten. „Schließlich scheint es heute so zu sein, dass alles ‚uns dienen' muss, als ob alles auf das Individuum ausgerichtet wäre. Das Gebet ‚dient mir', die Gemeinschaft ‚dient mir', die Nächstenliebe ‚dient mir'. Das ist eine Gegebenheit unserer Kultur. Ihr seid die Gabe, die der Geist uns schenkt, um zu erkennen, dass der richtige Weg umgekehrt verläuft: im Gebet diene ich, in der Gemeinschaft diene ich, in der Solidarität diene ich Gott und dem Nächsten" [58].[4]

3 Siehe unten S. 152-155; hier: 154.

4 Siehe unten S. 152-155; hier: 155.

Worte von Papst Franziskus

- Botschaft zum 53. Weltgebetstag für die Berufungen 2016 *Die Kirche, Mutter der Berufungen*, 29. November 2015 [50]

Liebe Brüder und Schwestern,
ich wünsche mir, dass im Verlauf des außerordentlichen Jubiläums der Barmherzigkeit alle Getauften die Freude, der Kirche anzugehören, erfahren können! Mögen sie wieder entdecken, wie die christliche Berufung – auch die besonderen Berufungen – im Schoß des Volkes Gottes entsteht und ein Geschenk der göttlichen Barmherzigkeit ist. Die Kirche ist das Haus der Barmherzigkeit, und sie ist der „Boden", auf dem die Berufungen aufgehen, wachsen und Frucht bringen.

Daher lade ich euch alle ein, anlässlich dieses 53. Weltgebetstags für geistliche Berufe die apostolische Gemeinschaft zu betrachten und für ihre Bedeutung auf dem Berufungsweg eines jeden zu danken. In der Verkündigungsbulle des außerordentlichen Jubiläums der Barmherzigkeit habe ich an die Worte des hl. Beda Venerabilis in Bezug auf die Berufung des hl. Matthäus erinnert: *miserando atque eligendo (Misericordiae Vultus* [48], Nr. 8). Das barmherzige Handeln des Herrn bewirkt die Vergebung unserer Sünden und öffnet uns für ein neues Leben, das sich in der Berufung zur Nachfolge und zur Sendung konkretisiert. Jede Berufung in der Kirche hat ihren Ursprung im barmherzigen Blick Jesu. Die Umkehr und die Berufung sind wie zwei Seiten ein und derselben Medaille und eine beständige Inspiration im ganzen Leben der missionarischen Jünger und Jüngerinnen.

Der selige Papst Paul VI. hat im Apostolischen Schreiben *Evangelii nuntiandi* [9] die verschiedenen Schritte auf dem Weg der Evangelisierung beschrieben. Einer davon ist die Zugehörigkeit zur christlichen Gemeinschaft (Nr. 23), also zu jener Gemeinschaft, von der man das Zeugnis des Glaubens und die ausdrückliche Verkündigung der Barmherzigkeit des Herrn empfangen hat. Die Eingliederung in die Gemeinschaft schließt den ganzen Reichtum des kirchlichen Lebens ein, insbesondere die Sakramente. Die Kirche ist aber nicht nur ein Ort, an dem man glaubt; sie ist vielmehr auch Gegenstand unseres Glaubens. Daher sprechen wir im Credo: „Ich glaube die Kirche".

Der Ruf Gottes erfolgt durch die Vermittlung der Gemeinschaft. Gott ruft uns, Teil der Kirche zu sein, und nach einer gewissen Reifung in ihr schenkt er uns eine je eigene Berufung. Den Weg der Berufung geht man zusammen mit den Brüdern und Schwestern, die der Herr uns schenkt – wir werden gemeinsam berufen. Die kirchliche Dynamik der Berufung ist ein Gegenmittel gegen Gleichgültigkeit und Individualismus. Sie gründet jene Gemeinschaft, in der die Gleichgültigkeit durch die Liebe überwunden worden ist, weil sie fordert, dass wir aus uns selbst heraustreten, unser Leben in den Dienst des Heilsplans Gottes stellen und die geschichtliche Situation seines heiligen Volkes auf uns nehmen.

An diesem Tag, der dem Gebet für die geistlichen Berufungen gewidmet ist, möchte ich alle Gläubigen ermutigen, ihre Verantwortung für die Sorge um die Berufungen und die Unterscheidung der Geister wahrzunehmen. Als die Apostel jemanden suchten, der den Platz des Judas Iskariot einnehmen sollte, versammelte Petrus einhundertzwanzig Brüder (Apg 1,15); für die Wahl der sieben Diakone wurde die Schar der Jünger zusammengerufen (Apg 6,2). Der hl. Paulus nennt Titus genaue Kriterien für die Wahl der Presbyter (Tit 1,5-9). Auch heute wirkt die christliche Gemeinschaft stets am Keimen der Berufungen, an ihrer Heranbildung und an ihrer Beständigkeit mit (EG 107).

Die Berufung entsteht in der Kirche. Von Anfang an braucht eine Berufung einen angemessenen „kirchlichen Sinn". Keiner wird ausschließlich für eine bestimmte Region, eine Gruppe oder eine kirchliche Bewegung berufen, sondern für die Kirche und für die Welt. „Ein deutliches Zeichen für die Echtheit eines Charismas ist seine Kirchlichkeit, seine Fähigkeit, sich harmonisch in das Leben des heiligen Gottesvolkes einzufügen zum Wohl aller" (EG 130). Wenn der junge Mensch auf den Ruf Gottes antwortet, sieht er, wie sein kirchlicher Horizont sich erweitert, kann er die vielfältigen Charismen bedenken und so eine objektivere Entscheidung treffen. Die Gemeinschaft wird auf diese Weise zum Haus und zur Familie, in der die Berufung entsteht. Der Kandidat betrachtet diese Vermittlung durch die Gemeinschaft dankbar als unverzichtbares Element für seine Zukunft. Er lernt Brüder und Schwestern kennen und lieben, die andere Wege gehen als er selbst, und diese Bande stärken in allen die Gemeinschaft.

Die Berufung wächst in der Kirche. Im Laufe der Ausbildung müssen die Kandidaten für die verschiedenen Berufungen immer besser die kirchliche Gemeinschaft kennenlernen, indem sie ihre eingeschränkte Sichtweise überwinden, die wir alle am Anfang haben. Zu diesem Zweck sind apostolische Erfahrungen gemeinsam mit anderen Mitgliedern der Gemeinschaft vorteilhaft: zum Beispiel an der Seite erfahrener Katecheten die christliche Botschaft weitergeben; die Evangelisierung an den Peripherien zusammen mit einer geistlichen Gemeinschaft erleben; den Schatz der Kontemplation durch die Teilnahme am Leben im Kloster entdecken; die Sendung zu den Völkern durch den Kontakt zu Missionaren besser kennenlernen; mit Diözesanpriestern die pastorale Erfahrung in der Pfarrei und in der Diözese vertiefen. Für die, die schon in der Ausbildung sind, wird die kirchliche Gemeinschaft immer das grundlegende Umfeld ihrer Bildung sein, dem gegenüber man Dank empfindet.

Die Berufung wird durch die Kirche gestützt. Mit der endgültigen Verpflichtung endet der Weg der Berufung in der Kirche nicht, sondern setzt sich in der Bereitschaft zum Dienst, in der Ausdauer und in der Weiterbildung fort. Wer sein Leben dem Herrn geweiht hat, ist bereit, der Kirche zu dienen, wo sie ihn braucht. Die Sendung des Paulus und des Barnabas ist ein Beispiel dieser Verfügbarkeit in der Kirche. Nach der Aussendung durch den Heiligen Geist und durch die Gemeinde von Antiochia (Apg 13,1-4), kehren sie zu dieser Gemeinde zurück und erzählen, was der Herr durch sie gewirkt hat (Apg 14,27). Die Missionare werden von der christlichen Gemeinschaft begleitet und unterstützt, die ein lebendiger Bezugspunkt bleibt, gleichsam als sichtbare Heimat, die jenen Sicherheit bietet, die auf der Pilgerschaft zum ewigen Leben sind.

Unter denen, die in der Pastoral mitwirken, sind die Priester von besonderer Bedeutung. Durch ihren Dienst vergegenwärtigt sich das Wort Jesu, der gesagt hat: „Ich bin die Tür zu den Schafen [...] Ich bin der gute Hirt“ (Joh 10,7.11). Die pastorale Sorge für die Berufungen ist ein wesentlicher Teil ihres seelsorglichen Dienstes. Die Priester begleiten jene, die auf der Suche nach der eigenen Berufung sind, wie auch jene, die schon ihr Leben in den Dienst Gottes und der Gemeinschaft gestellt haben.

Alle Gläubigen sind gerufen, sich die kirchliche Dynamik der Berufung bewusst zu machen, damit die Gemeinschaften im Glauben nach dem Beispiel der Jungfrau Maria zu einem Mutterschoss werden können, der die Gabe des Heiligen Geistes empfängt (Lk 1,35-38). Die Kirche bringt ihre Mutterschaft durch das beharrliche Gebet für die Berufungen zum Ausdruck sowie durch die Erziehung und Begleitung aller, die den Ruf Gottes vernehmen, weiterhin durch die sorgfältige Auswahl der Personen für das Weiheamt und für das geweihte Leben. Schließlich ist die Kirche Mutter der Berufungen durch die beständige Unterstützung jener, die ihr Leben dem Dienst an den anderen gewidmet haben.

Bitten wir den Herrn, allen, die einen Berufungsweg gehen, eine tiefe Bindung zur Kirche zu schenken; und bitten wir, dass der Heilige Geist in den Hirten und in allen Gläubigen die Gemeinschaft, das Urteilsvermögen und die geistliche Vater- und Mutterschaft stärke.

Vater der Barmherzigkeit, der du deinen Sohn als Gabe zu unserem Heil geschenkt hast und der du uns immer mit den Gaben deines Geistes unterstützt, gewähre uns lebendige, feurige und frohe christliche Gemeinden, die Quellen geschwisterlichen Lebens sind und die unter den jungen Menschen den Wunsch wecken, sich dir und der Evangelisierung zu weihen. Unterstütze sie in ihrem Bemühen, eine angemessene Berufungskatechese und Wege der besonderen Lebensweihe anzubieten. Schenke Weisheit für die notwendige Beurteilung der Berufungen, so dass in allem die Größe deiner barmherzigen Liebe aufleuchte. Maria, Mutter und Erzieherin Jesu, bitte für jede christliche Gemeinschaft, damit sie – fruchtbar durch den Heiligen Geist – Quelle echter Berufungen für den Dienst am heiligen Volk Gottes sei.

- Ansprache an die Delegation des Internationalen Zentrums für den Diakonat, 4. Juni 2016 [55]

Liebe Brüder und Schwestern,
mit Freude heiße ich euch anlässlich des 50jährigen Jubiläums des Internationalen Diakonatszentrums willkommen, das ihr Ende des vergangenen Jahres gefeiert habt. Euer Besuch findet im Heiligen Jahr der Barmherzigkeit statt, in einem geistlichen Rahmen, der euch die Bedeutung der Barmherzigkeit in unserem Leben und in unserem Dienst wieder neu bewusst machen will. Ich danke euch für euer Kommen, und mein besonderer Dank gilt Bischof Fürst und Professor Kießling für ihre freundlichen Worte.

Jesus, der Herr, hat den Aposteln aufgetragen: „Ein neues Gebot gebe ich euch: Liebt einander! Wie ich euch geliebt habe, so sollt auch ihr einander lieben" (Joh 13,34). Jesus selbst ist diese „Neuheit". Er hat uns ein Beispiel gegeben, damit auch wir so handeln, wie er gehandelt hat (Joh 13,15). Dieses Liebesgebot ist das Vermächtnis Jesu, das er seinen Jüngern im Abendmahlssaal nach der Fußwaschung hinterlassen hat. Und er unterstreicht es dann noch einmal: „Das ist mein Gebot: Liebt einander, so wie ich euch geliebt habe" (Joh 15,12). In dieser Liebe zueinander führen die Jünger die Sendung weiter, für die der Sohn Gottes in die Welt gekommen ist.

Mit der Hilfe des Heiligen Geistes begreifen sie, dass dieses Gebot den Dienst an den Brüdern und Schwestern einschließt. Für die konkrete Hinwendung zu den Menschen mit ihren Bedürfnissen wählen die Apostel einige „Diakone" aus, d.h. Diener. Die Diakone machen das Gebot Jesu besonders deutlich: Gott nachahmen im Dienst an den anderen; Gott nachahmen, der die Liebe ist und aus Liebe sogar so weit geht, uns zu dienen. Gottes Weise zu handeln, sein Handeln mit Geduld, Wohlwollen, Mitgefühl und der Bereitschaft, uns besser zu machen, muss auch seine Diener kennzeichnen: die Bischöfe als die Nachfolger der Apostel, die Priester, ihre Mitarbeiter, wie auch – im konkreten „Dienst an den Tischen" (Apg 6,2) – die Diakone. Gerade die Diakone sind das Gesicht der Kirche im alltäglichen Leben, in einer Gemeinschaft, die unter den Menschen lebt und unterwegs ist und wo nicht groß ist, wer befiehlt, sondern wer dient (vgl. Lk 22,26).

Liebe Diakone, ich hoffe, dass eure Wallfahrt nach Rom während dieses Jubiläumsjahres eine intensive Erfahrung der Barmherzigkeit Gottes darstellt und euch hilft, in eurer Berufung als Diener Christi zu wachsen. Der Herr möge euch in eurem Dienst unterstützen und euch zu einem immer tieferen Glauben an seine Liebe führen, um sie mit Freude und Hingabe zu leben. Ihr sollt wissen, dass mein Gebet und mein Segen euch stets begleiten. Bitte – und das ist ein diakonischer Dienst, um den ich euch bitte –, vergesst nicht, für mich zu beten. Danke!

- Treffen mit Priestern und Personen des geweihten Lebens im Mailänder Dom, 25. März 2017 [59]

Frage 2 – Roberto Crespi, Ständiger Diakon: Guten Morgen. Ich bin Roberto, ständiger Diakon. Der Diakonat wurde 1990 in unseren Klerus eingeführt, und derzeit gibt es 143 von uns, das ist keine große Zahl, aber eine bedeutsame Zahl. Wir sind Männer, die ihre Berufung, in der Ehe oder im Zölibat, voll und ganz leben, aber wir leben auch voll und ganz in der Welt der Arbeit und des Berufs. So bringen wir in den Klerus die Welt der Familie und die Welt der Arbeit ein, wir bringen all diese Dimensionen der Schönheit und der Erfahrung, aber auch der Müdigkeit und manchmal der Wunden. Wir fragen also: Was ist unsere Rolle als ständige Diakone? Wie können wir dazu beitragen, dem demütigen, selbstlosen und glücklichen Gesicht der Kirche, von dem wir spüren, dass es in Ihrem Herzen ist, und von dem Sie oft zu uns sprechen, Konturen zu geben? Ich danke Ihnen für Ihre Aufmerksamkeit und versichere Sie unserer Gebete wie auch der Gebete unserer Ehefrauen und Familien.

Papst Franziskus: Ihr Diakone habt viel zu geben, viel zu geben. Lasst uns über den Wert des Unterscheidungsvermögens nachdenken. Innerhalb des Presbyteriums könnt ihr eine maßgebliche Stimme sein, um die Spannungen zwischen Sollen und Wollen aufzuzeigen, die Spannungen im Familienleben – ihr habt eine Schwiegermutter, um ein Beispiel zu nennen –, aber auch die Segnungen, die man im Familienleben erfährt. Wir müssen aber aufpassen, dass wir die Diakone nicht halb als Priester und halb als Laien sehen. Das ist eine Gefahr. Am Ende sind sie weder hier noch dort. Nein, das darf nicht geschehen, das ist eine Gefahr. Sie so zu betrachten, schadet uns und schadet ihnen. Eine solche Betrachtungsweise schadet dem Charisma, das dem Diakonat eigen ist.

Dieser Frage möchte ich mich zuwenden: dem Charisma, das dem Diakonat eigen ist. Dieses Charisma liegt im Leben der Kirche. Auch das Bild des Diakons als einer Art Vermittler zwischen den Gläubigen und den Hirten passt nicht. Die Diakone sind weder auf halbem Weg zwischen Priestern und Laien, noch auf halbem Weg zwischen den Hirten und den Gläubigen. Es gibt zwei Versuchungen. Da ist die Gefahr des Klerikalismus: der Diakon, der zu klerikal ist. Nein, nein, das geht nicht. Ich sehe manchmal jemanden, der bei der Liturgie assistiert: Er scheint fast den Platz des Priesters einnehmen zu wollen. Hütet euch vor dem Klerikalismus. Und die andere Versuchung, der Funktionalismus, der Diakon als Helfer, den der Priester für dieses oder jenes hat …; er ist ein Bursche für bestimmte Aufgaben und nicht für andere Dinge. Nein. Ihr habt ein klares Charisma in der Kirche, und ihr müsst es aufbauen. Der Diakonat ist eine besondere Berufung, eine familiäre Berufung, *die zum Dienen aufruft.*

Mir gefällt es, wenn [in der Apostelgeschichte] die frühen hellenistischen Christen zu den Aposteln gingen, um sich zu beschweren, weil ihre Witwen und Waisen nicht gut versorgt waren. Sie hielten dieses Treffen, diese „Synode" zwischen den Aposteln und den Jüngern, und sie „erfanden" Diakone, um zu dienen. Das ist auch für uns Bischöfe sehr aufschlussreich, denn es waren alles Bischöfe, die die Diakone „erfunden" haben. Und was sagt uns das? Dass die Diakone Diener sind. Dann haben sie verstanden, dass es in diesem Falle darum ging, Witwen und Waisen zu unterstützen – in Form des *Dienens.* Und für uns Bischöfe: das Gebet und die Verkündigung des Wortes. Das zeigt uns, was das wichtigste Charisma eines Bischofs ist: zu beten. Was ist die Aufgabe eines Bischofs, die erste Aufgabe?: das Gebet. Die zweite Aufgabe: die Verkündigung des Wortes. Doch man kann den Unterschied sehen. Und für euch [Diakone]: das Dienen.

Dieses Wort ist der Schlüssel zum Verständnis eures Charismas: das Dienen als eine der charakteristischen Gaben des Volkes Gottes. Der Diakon ist – sozusagen – der *Hüter des Dienens* in der Kirche. Jedes Wort muss wohl überlegt sein. Ihr seid die Hüter des Dienens in der Kirche: Dienst am Wort, Dienst am Altar, Dienst an den Armen. Und eure Sendung, die Sendung des Diakons und sein Beitrag bestehen gerade darin: Ihr erinnert uns daran, dass der Glaube in seinen verschiedenen Ausdrucksformen – gemeinschaftliche Liturgie, persönliches Gebet, verschiedene Formen der Nächstenliebe – und in seinen verschiedenen Lebensformen – Laien, Kleriker, Familie – eine wesentliche Dimension des Dienens hat, den Dienst an Gott und an den Brüdern und Schwestern. Und wie weit müssen wir in dieser Hinsicht noch gehen! Ihr seid die Hüter des Dienens in der Kirche. Darin besteht der Wert der Charismen in der Kirche, die eine Erinnerung und ein Geschenk sind, um dem ganzen Volk Gottes zu helfen, die Perspektive und den Reichtum des Handelns Gottes nicht zu verlieren. Ihr seid nicht halb Priester und halb Laie – das wäre eine „Funktionalisierung" des Diakonats –, ihr seid ein Sakrament des Dienstes an Gott und an euren Brüdern und Schwestern. Und aus diesem

Wort „dienen“ entfaltet sich eure ganze Arbeit, eure Berufung, euer Sein in der Kirche. Wie alle Berufungen ist eure Berufung nicht nur individuell, sondern sie wird innerhalb und mit einer Familie gelebt, im Volk Gottes und mit dem Volk Gottes.

Um es zusammenzufassen: Es gibt keinen Dienst am Altar, es gibt keine Liturgie, die sich nicht zum Dienst an den Armen öffnet, und es gibt keinen Dienst an den Armen, der nicht zur Liturgie führt. Und es gibt keine kirchliche Berufung, die nicht eine familiäre Dimension hat. Das hilft uns, den Diakonat als kirchliche Berufung neu zu würdigen.

Schließlich scheint es heute so zu sein, dass alles „uns dienen“ muss, als ob alles auf das Individuum ausgerichtet wäre. Das Gebet „dient mir“, die Gemeinschaft „dient mir“, die Nächstenliebe „dient mir“. Das ist eine Gegebenheit unserer Kultur. Ihr seid die Gabe, die der Geist uns schenkt, um zu erkennen, dass der richtige Weg umgekehrt verläuft: im Gebet diene ich, in der Gemeinschaft diene ich, in der Solidarität diene ich Gott und dem Nächsten.

Möge Gott euch die Gnade schenken, in diesem Charisma der Wertschätzung des Dienens in der Kirche zu wachsen. Ich danke euch für das, was ihr tut.

Kapitel 11

Die Diakonie der Predigt

Ein weiterer Aspekt, der die diakonischen Überlegungen in der Kirche kennzeichnet, ist der Dienst des Wortes und der Verkündigung.

In den *Lineamenta* der Synode über die Neuevangelisierung wird diese Frage formuliert: „In welcher Weise hat der wieder eingerichtete Dienst des ständigen Diakonats in diesem Auftrag zur Evangelisierung einen der Inhalte seiner Identität gefunden?" [81].

Insofern die Kirche aus dem Paschamysterium der Eucharistie hervorgeht, wird verständlich, wie der Diakon durch seinen Dienst am Altar und an den Armen zum konkreten und unverzichtbaren Verbindungsglied zwischen dem liturgisch-eucharistischen Dienst, der die Quelle jeder Diakonie ist, und dem konkreten Leben jeder Gemeinschaft im neutestamentlichen Sinne wird. Die Eucharistie besteht aus zwei untrennbaren Tischen, die der Diakon durch sein Handeln in der Liturgie wie im Leben zu verbinden hat. Wenn das Volk Gottes und die Welt wahrnehmen sollen, dass die Diakonie des Dienens etwas anderes ist als Philanthropie und jede Form von allgemeiner Solidarität, dann geschieht dies nicht nur aufgrund der uneigennützigen Authentizität im Dienen der Diakone, sondern auch aufgrund der Weisheit ihrer Worte des Trostes. Die liturgischen Zeichen, die der Diakon in der Eucharistiefeier vollzieht, zeigen, wie die Verkündigung des Evangeliums und die Spendung der Kommunion nicht nur der Ausgangs- und Zielpunkt seiner Diakonie sind, sondern auch das normative Vorbild, an dem sein Verhalten sich ausrichten muss.

Insofern sich aus der eucharistischen Diakonie durch organische sakramentale Erweiterung der Dienst an den Tischen herleitet, der zuerst den Brüdern und Schwestern und dann allen Armen gilt, erwächst aus der *diakonia Verbi* auch ein wahrer und echter Dienst am Wort, der im Werk der Evangelisierung der

Geringsten und Ausgegrenzten seine biblische Quelle und seine eigentliche kirchliche Identität hat. Der Diakon „lehrt, insofern er das Wort Gottes verkündet und veranschaulicht; er heiligt, insofern er das Sakrament der Taufe, der Eucharistie und die Sakramentalien spendet; er leitet, insofern er Gemeinschaften oder Bereiche des kirchlichen Lebens animiert" [11]. Lehre, Heiligung und Leitung als diakonischer Dienst umfassen Bereiche, die dem gesamten sacerdotalen Ordo gemeinsam und in bestimmten Fällen spezifisch diakonisch sind. Und so haben unsere Bischöfe dem Diakon als integralen Bestandteil seines Weiheamtes stets die konkrete Befähigung zuerkannt, in der christlichen Gemeinschaft, der er angehört, den Dienst des Wortes und nicht nur die Liturgie und die Nächstenliebe zu animieren.

Die konkreten Formen in der Ausübung dieses Dienstes am Wort haben eine intensivere biblisch-theologische Vorbereitung und eine angemessene geistliche Ausbildung der Kandidaten erforderlich gemacht. Deshalb wurde in den letzten Jahren die Bedeutung der Ausbildung auf dem diakonischen Weg immer stärker hervorgehoben. Es ist eine theologische und geistliche Ausbildung, die einer gewissen Verwechslungsgefahr ausgesetzt war, denn sie sollte zu einer immer persönlicheren Kenntnis der Gestalt Christi, des Dieners, führen und nicht Studiengänge validieren, die andere Ziele anstreben, z.B. den Religionsunterricht an Schulen. Die Kenntnis Christi als Vorbild soll mit Liebe und Disziplin angestrebt werden, indem der von der Kirche und von Johannes Paul II. so sehr empfohlene Weg der *lectio divina* praktiziert wird. So wird der Vorrang des Wortes bekräftigt, das als regulärer Ort und wahrhafter Anlass für den diakonischen Dienst dargestellt wird. Bezeichnenderweise wird in vielen Dokumenten immer wieder betont, wie die Verkündigung des Evangeliums bei den Diakonen nicht nur mit einer aufrichtigen und treuen Liebe zum Wort, sondern auch mit einer wirksamen Tätigkeit der Evangelisierung einhergehen muss. Dies kann in verschiedenen Formen der Katechese geschehen (von der Sakramentenvorbereitung über die sogenannte Erwachsenenkatechese bis hin zu Begegnungen mit Ehepaaren in Schwierigkeiten, zu Gesprächen mit Nichtgläubigen oder Nichtchristen), darf aber nicht auf die liturgische Verkündigung des Evangeliums allein reduziert werden.

Nicht wenige Dokumente der Ortskirchen bestätigen, dass der Primat der Heiligen Schrift, wenn er wirklich gilt, dahin tendiert, vom gelehrigen und aufmerksamen Zuhören zur persönlichen Teilnahme am Stundengebet überzugehen, um schließlich seinen regulären Ort in der Diakonie des Wortes zu finden. Ein besonderer Platz in dieser Pädagogik des Hörens und der Verkündigung des Wortes wird in vielen Beiträgen der gemeinsamen Vorbereitung der Sonntagsliturgie und dem betenden Studium der Festtagslesungen zugewiesen. Damit zeigt sich: Diese alte Form der Heiligung des Sonntags als Tag des Herrn ist nicht nur ein natürlicher Ort für die *diakonia Verbi*, sie kann auch eine Gelegenheit bieten, die persönliche Eignung des Kandidaten für einen wirksamen Dienst des Wortes konkret zu erkennen. Diese Form der Diakonie des Wortes kann die Gestalt einer echten Vigil-Liturgie annehmen, die am Samstag abend in der Kirche organisiert wird und die ganze Gemeinde einbezieht, oder sie kann auf einfachere Weise zu Hause stattfinden, vor allem, wenn man die Teilnahme von einzelnen Personen, die weiter entfernt leben oder am Rande stehen, sowie von Familienmitgliedern und Freunden fördern möchte.

Worte von Papst Franziskus

- Apostolisches Schreiben *Evangelii gaudium* über die Verkündigung des Evangeliums in der Welt von heute, 24. November 2013 [41]

Drittes Kapitel: Die Verkündigung des Evangeliums[5]
III. Die Vorbereitung auf die Predigt

145. Die Vorbereitung auf die Predigt ist eine wichtige Aufgabe, und man muss ihr eine längere Zeit des Studiums, des Gebetes, der Reflexion und der pastoralen Kreativität widmen. Von Herzen möchte ich hier nun einen Weg der Vorbereitung auf die Homilie vorschlagen. Einigen mögen diese Hinweise als selbstverständlich erscheinen, doch ich halte es für angebracht, sie zu empfehlen, um an die Notwendigkeit zu erinnern, diesem wertvollen Dienst vorrangig Zeit zu widmen. Manche Prediger pflegen dagegen einzuwenden, das sei aufgrund der vielen anstehenden Verpflichtungen nicht möglich. Dennoch wage ich zu bitten, dass dieser Aufgabe jede Woche persönlich wie gemeinschaftlich eine ausreichend lange Zeit gewidmet wird, selbst wenn dann für andere, ebenfalls wichtige Aufgaben weniger Zeit übrig bleibt. Das Vertrauen auf den Heiligen Geist, der in der Verkündigung wirkt, ist nicht rein passiv, sondern aktiv und kreativ. Es schließt ein, sich mit allen eigenen Fähigkeiten darzubieten (vgl. Röm 12,1), um von Gott als Werkzeug genutzt werden können. Ein Prediger, der sich nicht vorbereitet, ist nicht „geistlich“, er ist unredlich und verantwortungslos gegenüber den Gaben, die er empfangen hat.

---

5 Der Auszug aus *Evangelii gaudium* über die „Vorbereitung auf die Predigt“ ist gewählt, weil nur in diesem Abschnitt der Enzyklika die Diakone erwähnt werden. Der Akzent liegt also auf der „Diakonie des Wortes“. Zitate innerhalb des folgenden Textauszugs sind nicht eigens gekennzeichnet; Anm. der Übersetzerin.

Der Dienst der Wahrheit

146. Nachdem man den Heiligen Geist angerufen hat, besteht der erste Schritt darin, die ganze Aufmerksamkeit dem biblischen Text zuzuwenden, der die Grundlage der Predigt sein muss. Wenn jemand innehält und zu verstehen versucht, was die Botschaft eines Textes ist, übt er den „Dienst der Wahrheit" aus. Die Demut des Herzens erkennt an, dass das Wort Gottes uns immer übersteigt, dass wir „weder seine Besitzer noch seine Herren sind, sondern nur seine Hüter, seine Herolde, seine Diener". Diese Haltung einer demütigen und staunenden Verehrung des Wortes Gottes äußert sich, wenn wir dabei verweilen, es sehr sorgfältig studieren, in heiliger Furcht davor, es zu manipulieren. Um einen biblischen Text auslegen zu können, braucht es Geduld, muss man alle Unruhe ablegen und Zeit, Interesse und uneigennützige Hingabe einsetzen. Man muss jegliche Besorgnis, die einen bedrängt, beiseite schieben, um in den andersgearteten Bereich gelassener Aufmerksamkeit einzutreten. Es ist nicht der Mühe wert, einen biblischen Text zu lesen, wenn man schnelle, einfache oder unmittelbare Ergebnisse erzielen will. Deshalb erfordert die Vorbereitung auf die Predigt Liebe. Einzig den Dingen oder Personen, die man liebt, widmet man Zeit, ohne eine Gegenleistung zu erwarten und ohne Eile; und hier geht es darum, Gott zu lieben, der sprechen wollte. Von dieser Liebe her kann man die ganze Zeit, die nötig ist, in der Haltung des Jüngers verweilen: „Rede, Herr; denn dein Diener hört" (1 Sam 3,9). [...]

Der persönliche Umgang mit dem Wort

149. Der Prediger muss zuallererst selbst eine große persönliche Vertrautheit mit dem Wort Gottes entwickeln: Für ihn genügt es nicht, dessen sprachlichen oder exegetischen Aspekt zu kennen, der sicher auch notwendig ist; er muss sich dem Wort mit bereitem und betendem Herzen nähern, damit es tief in seine Gedanken und Gefühle eindringt und in ihm eine neue Gesinnung erzeugt. Es tut uns gut, jeden Tag, jeden Sonntag unseren Eifer in

der Vorbereitung der Homilie zu erneuern und zu prüfen, ob in uns die Liebe zu dem Wort, das wir predigen, wächst. Man sollte nicht vergessen, dass insbesondere die größere oder geringere Heiligkeit des Dieners tatsächlich die Verkündigung des Wortes beeinflusst. Der hl. Paulus sagt: „Wir predigen nicht, um den Menschen, sondern um Gott zu gefallen, der unsere Herzen prüft" (1 Thess 2,3-4). Wenn in uns der Wunsch lebendig ist, als Erste auf das Wort zu hören, das wir predigen sollen, wird sich dieses auf die eine oder andere Weise auf das Volk Gottes übertragen: „Wovon das Herz voll ist, davon spricht der Mund" (Mt 12,34). Die Sonntagslesungen werden in ihrem ganzen Glanz im Herzen des Volkes widerhallen, wenn sie zuallererst so im Herzen des Hirten erklungen sind.

150. Jesus wurde ärgerlich angesichts dieser vorgeblichen, den anderen gegenüber sehr anspruchsvollen Meister, die das Wort Gottes lehrten, sich aber nicht von ihm erleuchten ließen: „Sie schnüren schwere Lasten zusammen und legen sie den Menschen auf die Schultern, wollen selbst aber keinen Finger rühren, um die Lasten zu tragen" (Mt 23,4). Der Apostel Jakobus mahnt: „Nicht so viele von euch sollen Lehrer werden, meine Brüder. Ihr wisst, dass wir im Gericht strenger beurteilt werden" (Jak 3,1). [...]

Die geistliche Lesung

152. Es gibt eine konkrete Weise, das zu hören, was der Herr uns in seinem Wort sagen will, und uns von seinem Heiligen Geist verwandeln zu lassen. Wir nennen sie *lectio divina.* Sie besteht im Lesen des Wortes Gottes innerhalb einer Zeit des Gebetes, um ihm zu erlauben, uns zu erleuchten und zu erneuern. Dieses betende Lesen der Bibel ist nicht von dem Studium getrennt, das der Prediger unternimmt, um die zentrale Botschaft des Textes zu finden; im Gegenteil, es muss von hier ausgehen und zu entdecken versuchen, was diese Botschaft seinem Leben sagen will. Die geistliche Lesung eines Textes muss bei seiner wörtlichen Bedeutung den Anfang nehmen. Andernfalls lässt man leicht den Text das sagen,

was angenehm ist, was dazu dient, die eigenen Entscheidungen zu bestätigen, was zu den eigenen geistigen Schablonen passt. Das hieße letztlich, etwas Heiliges zum eigenen Vorteil zu nutzen und diese Verwirrung auf das Volk Gottes zu übertragen. Man darf nie vergessen, dass manchmal „auch der Satan sich als Engel des Lichts tarnt" (2 Kor 11,14). [...]

Ein Ohr beim Volk

154. Der Prediger muss auch ein Ohr beim Volk haben, um herauszufinden, was für die Gläubigen zu hören notwendig ist. Ein Prediger ist ein Kontemplativer, der seine Betrachtung auf das Wort Gottes und auch auf das Volk richtet. Auf diese Weise macht er sich vertraut mit den Wünschen, Reichtümern und Grenzen, mit der Art zu beten, zu lieben, Leben und Welt zu betrachten, wie sie für eine bestimmte Menschengruppe charakteristisch sind, achtet dabei auf das konkrete Volk mit seinen Zeichen und Symbolen und antwortet auf seine besonderen Fragen. Es geht darum, die Botschaft des biblischen Textes mit einer menschlichen Situation zu verbinden, mit etwas aus ihrem Leben, mit einer Erfahrung, die das Licht des Wortes Gottes braucht. Diese Sorge entspricht nicht einer opportunistischen oder diplomatischen Haltung, sondern ist zutiefst religiös und pastoral. Es ist im Grunde eine innere Wachsamkeit, um die Botschaft Gottes aus den Ereignissen herauszulesen, und das ist viel mehr, als etwas Interessantes zu finden, um darüber zu sprechen. Man sucht zu entdecken, was der Herr uns in der jeweiligen konkreten Situation zu sagen hat. So wird also die Vorbereitung auf die Predigt zu einer Übung evangeliumsgemäßer Unterscheidung, bei der man – im Licht des Heiligen Geistes – jenen Anruf zu erkennen sucht, den Gott in gerade dieser geschichtlichen Situation vernehmen lässt. Auch in ihr und durch sie ruft Gott den Glaubenden. [...]

Pädagogische Mittel

156. Einige meinen, gute Prediger sein zu können, weil sie wissen, was sie sagen müssen, doch sie vernachlässigen das Wie, die konkrete Weise, eine Predigt zu entwickeln. Sie klagen, wenn die anderen ihnen nicht zuhören oder sie nicht schätzen, aber vielleicht haben sie sich nicht bemüht, die geeignete Weise zu finden, die Botschaft zu präsentieren. Erinnern wir uns daran: Die offenkundige Bedeutung des Inhalts [...] darf nicht die Bedeutung ihrer Wege und Mittel verdecken. Auch die Sorge um die Art und Weise des Predigens ist eine zutiefst geistliche Haltung. Es bedeutet, auf die Liebe Gottes zu antworten, indem wir uns mit all unseren Fähigkeiten und unserer Kreativität der Aufgabe widmen, die er uns anvertraut; doch es ist auch eine hervorragende Übung der Nächstenliebe, denn wir wollen den anderen nicht etwas Minderwertiges anbieten. In der Bibel finden wir zum Beispiel den Rat, die Predigt ordentlich vorzubereiten, um einen angemessenen Umfang einzuhalten: „Dräng die Worte zusammen, fasse dich kurz“ (Sir 32,8). [...]

159. Ein anderes Merkmal ist die positive Sprache. Sie sagt nicht so sehr, was man nicht tun darf, sondern zeigt vielmehr, was wir besser machen können. Wenn sie einmal auf etwas Negatives hinweist, dann versucht sie immer, auch einen positiven Wert aufzuzeigen, der anzieht, um nicht bei der Klage, beim Gejammer, bei der Kritik oder bei Gewissensbissen stehen zu bleiben. Außerdem gibt eine positive Verkündigung immer Hoffnung, orientiert auf die Zukunft hin und lässt uns nicht eingeschlossen im Negativen zurück. Wie gut ist es, wenn sich Priester, Diakone und Laien regelmäßig treffen und gemeinsam Mittel und Wege finden, um die Verkündigung attraktiver zu gestalten!

Kapitel 12

Die Diakonie der Frauen

Eine Kirche ohne Frauen, so sagte Papst Franziskus bei der Pressekonferenz auf seinem Rückflug aus Brasilien, „ist wie das Apostelkollegium ohne Maria. Die Rolle der Frau in der Kirche ist nicht nur die Mutterschaft, die Mama der Familie, sie ist stärker: Die Frau ist gerade die Ikone Marias, diejenige, die der Kirche hilft zu wachsen! Denkt daran: Die Muttergottes ist wichtiger als die Apostel! Sie ist wichtiger! Die Kirche ist weiblich: Sie ist Kirche, sie ist Braut, sie ist Mutter ... Man kann eine Kirche nicht ohne Frauen verstehen, und zwar Frauen, die in der Kirche aktiv sind, mit ihrem Profil, das sie weitertragen. In der Kirche muss man an die Frauen denken aus der Perspektive riskanter, aber fraulicher Entscheidungen. Das muss noch besser verdeutlicht werden. Ich glaube, wir haben in der Kirche noch keine vertiefte Theologie der Frau entwickelt. Nur dass sie dies oder jenes tun kann: Jetzt ist sie Ministrantin, jetzt liest sie die Lesung, ist die Präsidentin der Caritas ... Aber es gibt mehr! Es muss eine tiefe Theologie der Frau entwickelt werden. Das ist es, was ich denke" [39].

Seit Beginn seines Pontifikats hatte Jorge Mario Bergoglio seine Absicht erklärt, die Rolle der Frau aufzuwerten.[1] „Der weibliche Genius", hatte er in einem bekannten Interview mit dem Direktor der *Civiltà cattolica,* Pater Antonio Spadaro, sechs Monate vor dem Konklave gesagt, „ist an Orten notwendig, an denen wichtige Entscheidungen getroffen werden. Genau das ist heute die Herausforderung: über den spezifischen Platz der Frau nachzudenken, auch dort, wo in den verschiedenen Bereichen der Kirche Autorität ausgeübt wird" [40].

---

1 Aussagen von Papst Franziskus über die Frauen in der Kirche sind zusammengestellt in: Papst Franziskus. Keine Kirche ohne Frauen. Mit einer Einführung versehen und hg. von Gudrun Sailer, Stuttgart 2016; Anm. der Übersetzerin.

Die erste Idee einer Kommission zur Untersuchung der Möglichkeit eines weiblichen Diakonats wurde vom Papst in einem Gespräch mit der Internationalen Union der Generaloberinnen am 12. Mai 2016 im Vatikan geäußert. „In der Kirche", fragte eine Nonne in dem Gespräch unter Ausschluss der Öffentlichkeit, über das zuerst die katholische Presse in den USA berichtete und das später im *Osservatore Romano* veröffentlicht wurde, „gibt es das Amt des ständigen Diakonats, aber es steht nur Männern offen, verheirateten und unverheirateten. Was hindert die Kirche daran, Frauen in den Kreis der ständigen Diakone aufzunehmen, so wie es in der frühen Kirche der Fall war?" [53]. Die Antwort von Franziskus ist unten in voller Länge nachzulesen.[2]

Der Papst selbst kam am 26. Juni 2016 auf das Thema zurück, als er auf eine Frage von Journalisten antwortete, die ihn auf dem Rückflug von seiner jüngsten Armenienreise begleiteten, und sich darüber beschwerte, wie in den Zeitungen über diese Angelegenheit berichtet worden war: „Und tags darauf [in den Zeitungen]: ‚Die Kirche öffnet die Tür für Diakoninnen!' Ich habe mich wirklich ein bisschen über die Medien geärgert, denn das bedeutet, den Leuten nicht in Wahrheit zu sagen, wie die Dinge stehen. Ich habe mit dem Präfekten der Kongregation für die Glaubenslehre gesprochen, und er hat mir gesagt: ‚Es gibt bereits eine Studie, die die Internationale theologische Kommission in den achtziger Jahren gemacht hat.' Dann habe ich mit der Präsidentin [der Generaloberinnen] gesprochen und ihr gesagt: ‚Lassen Sie mir bitte eine Liste von Personen zukommen, die Ihrer Meinung nach für die Bildung dieser Kommission geeignet sind.' Und sie hat mir die Liste geschickt. Auch der Präfekt hat mir die Liste geschickt, und jetzt liegt sie auf meinem Schreibtisch für die Bildung der Kommission. Ich glaube, über das Thema ist in der Zeit der achtziger Jahre viel geforscht worden, und es wird nicht schwer sein, Licht in diese Angelegenheit zu bringen" [56].

2 Siehe unten S. 167-173; hier: 171.

Frauen als Diakone: eine Möglichkeit? Sicherlich ein willkommener Anlass, um heute neu über den Wert des Dienstamtes der gesamten Kirche nachzudenken und das Weiheamt selbst zu überdenken. Seit einigen Jahrzehnten wird in Predigt, Katechese und lehramtlichen Dokumenten häufig auf den „Genius der Frau" verwiesen. So scheint es heute dringend notwendig zu sein, die Formen und Strukturen des kirchlichen Lebens zu überdenken, damit die Spielräume der Beteiligung und die Orte der Entscheidungsfindung endlich von Frauen wahrgenommen werden. Auch das theologische Denken und die pastoralen Entscheidungen auf allen Ebenen sollen vom maßgeblichen, öffentlichen und kompetenten Wort der Frauen mit erarbeitet und geprägt sein.

Das Nachdenken richtet sich also auf ein aktuelles Thema im Horizont der Tradition, aber es zwingt uns auch, ein Kapitel der Geschichte, das vielen unbekannt ist, neu zu überdenken: das der weiblichen Formen des Dienstes, die das Leben der frühen christlichen Kirche auf vielfältige Weise bereichert haben. Zugleich sind wir aufgefordert, über die Zukunft einer Kirche nachzudenken, die wirklich eine Gemeinschaft von Frauen und Männern ist. Die Auseinandersetzung über den Diakonat wurde in der Theologie des Dienstamtes beim II. Vatikanischen Konzil neu überdacht und wird in diesem Licht ausdrücklich eingefordert. Es zeichnet sich ein möglicher Übergang ab, nicht in Form einer sklavischen Wiederholung der Vergangenheit (die anachronistisch wäre), sondern in der Gestalt eines Dienstes von Frauen und durch Frauen für die Kirche von heute.

Worte von Papst Franziskus

- Audienz beim Treffen der Internationalen Vereinigung der Generaloberinnen, 12. Mai 2016 [53]

Erste Frage: Papst Franziskus, Sie haben gesagt, dass der weibliche Genius in allen Ausdrucksformen des Lebens der Kirche und der Gesellschaft unentbehrlich ist, und doch sind die Frauen von den Entscheidungsprozessen in der Kirche, vor allem auf höchster Ebene, sowie von der Predigt in der Eucharistiefeier ausgeschlossen. Ein wichtiges Hindernis für die volle Annahme des „weiblichen Genius" durch die Kirche ist die Tatsache, dass sowohl die Entscheidungsprozesse als auch die Predigt an die sakramentale Weihe gebunden sind. Sehen Sie eine Möglichkeit, sowohl Führungsaufgaben als auch die Predigt im Rahmen der Eucharistie von der Weihe zu trennen, damit unsere Kirche in sehr naher Zukunft den Genius der Frauen offener annehmen kann?

Papst Franziskus: Hier müssen wir verschiedene Dinge unterscheiden. Die Frage bezieht sich auf die Funktionen, sie ist stark an die Funktionen gebunden, während die Rolle der Frau darüber hinausgeht. Ich antworte jetzt aber auf die Frage, dann reden wir weiter ... Ich habe gesehen, dass es andere Fragen gibt, die darüber hinausgehen.

Es ist wahr: Frauen sind von den Entscheidungsprozessen in der Kirche ausgeschlossen, nicht völlig ausgeschlossen, aber die Einbindung der Frauen ist dort, in den Entscheidungsprozessen, sehr schwach. Wir müssen vorangehen. Zum Beispiel wird, soweit ich weiß – und ich sehe da wirklich keine Schwierigkeiten – im Päpstlichen Rat für Gerechtigkeit und Frieden das Sekretariat von einer Frau, einer Ordensfrau, geleitet. Es wurde eine andere vorgeschlagen, und ich habe sie ernannt, aber sie hat abgelehnt, weil sie an einen anderen Ort gehen sollte, um andere Aufgaben für ihre Kongregation zu übernehmen. Man muss darüber hinausgehen, denn für viele Aspekte der Entscheidungsprozesse ist die

Weihe nicht notwendig. Sie ist nicht notwendig. In der Reform der Apostolischen Konstitution *Pastor bonus* [13] über die Dikasterien – wenn keine Jurisdiktion besteht, die aus der Weihe hervorgeht, also pastorale Jurisdiktion – steht nicht geschrieben, dass es eine Frau sein kann; ich weiß nicht, ob an der Spitze des Dikasteriums, aber ... Zum Beispiel für die Migration: Im Dikasterium für die Fragen der Migration wäre eine Frau möglich. Und wenn die Ausübung von Jurisdiktion erforderlich ist – jetzt, da die Migration in die Zuständigkeit eines Dikasteriums fällt –, dann wird der Präfekt die Genehmigung erteilen. Aber im Regelfall kann es gehen, bei der Durchführung des Entscheidungsprozesses. Für mich ist die Erarbeitung der Entscheidungen sehr wichtig: nicht nur ihre Durchführung, sondern auch die Erarbeitung. So werden Frauen – gottgeweihte Frauen wie auch Frauen im Laienstand – in diesem Prozess in die Reflexion und in die Debatte einbezogen. Denn die Frau betrachtet das Leben mit eigenen Augen, und wir Männer können es nicht so betrachten. Eine Frau sieht ein Problem oder sonst irgendetwas anders als der Mann. Sie müssen einander ergänzen, und es ist wichtig, dass Frauen bei den Beratungen dabei sind.

In Buenos Aires habe ich einmal die Erfahrung mit einem Problem gemacht: Als ich es mit dem Priesterrat – also nur mit Männern – betrachtete, wurde es gut behandelt. Die anschließende Betrachtung mit einer Gruppe von Ordensfrauen und Frauen im Laienstand war eine sehr große Bereicherung und hat die Entscheidung durch eine ergänzende Sicht gefördert. Das ist notwendig, es ist notwendig! Und ich denke, wir müssen damit vorangehen, und für den Entscheidungsprozess wird man dann sehen.

Dann ist da das Problem der Predigt in der Eucharistiefeier. Es ist kein Problem, wenn eine Frau – eine Ordensfrau oder eine Frau im Laienstand – in einer Wort-Gottes-Feier die Predigt hält. Das ist kein Problem. In der Eucharistiefeier gibt es jedoch ein liturgisch-dogmatisches Problem, denn es handelt sich um eine einzige Feier – der Wortgottesdienst und die Eucharistiefeier bilden eine Einheit –, und den Vorsitz in ihr hat Jesus Christus. Der Priester oder der Bischof hat den Vorsitz in der Person Jesu Christi. Das ist eine theologisch-liturgische Wirklichkeit. Da es keine sakramentale Weihe für Frauen gibt, können sie nicht den Vorsitz haben. Man kann das, was ich jetzt sehr schnell und etwas vereinfacht dargelegt habe, besser untersuchen und erläutern. Bei Führungsaufgaben gibt es jedoch kein Problem: Diesbezüglich müssen wir vorangehen, mit Klugheit, aber auf der Suche nach Lösungen ...

Hier bestehen zwei Versuchungen, vor denen wir uns in Acht nehmen müssen. Die erste ist der Feminismus: Die Rolle der Frau in der Kirche ist kein Feminismus, sie ist ein Recht! Es ist das Recht einer Getauften mit den Charismen und Gaben, die der Geist geschenkt hat. Man darf nicht in den Feminismus verfallen, denn das würde die Bedeutung der Frau schmälern. In diesem Augenblick sehe ich diesbezüglich keine große Gefahr bei den Ordensfrauen. Ich sehe sie nicht. Vielleicht früher einmal, aber im Allgemeinen ist sie nicht vorhanden. Die andere Gefahr, die eine sehr starke Versuchung darstellt und über die ich schon oft gesprochen habe, ist der Klerikalismus. Und diese ist sehr stark. Denken wir nur daran, dass über 60 Prozent der Pfarreien – bei den Diözesen weiß ich es nicht, vielleicht etwas weniger – keinen Kirchenvorstand und keinen Pfarrgemeinderat haben. Was heißt das? Solche Pfarrei und Diözesen werden mit klerikalem Geist geleitet, nur vom Priester, der die Synodalität auf der Ebene der Pfarrei oder der Diözese nicht umsetzt. Die Synodalität ist keine Neuerung dieses Papstes. Nein! Es steht im Kirchenrecht: Der Pfarrer ist verpflichtet, einen Laienrat zu haben, für und mit Laien – Männer und Frauen im Laienstand sowie Ordensfrauen –, für die Seelsorge und für wirtschaftliche Belange. Und das geschieht nicht. Und das ist heute in der Kirche die Gefahr des Klerikalismus.

Wir müssen dagegen angehen und diese Gefahr aus dem Weg räumen, denn der Priester ist ein Diener der Gemeinschaft, der Bischof ist ein Diener der Gemeinschaft, er ist nicht der Chef einer Firma. Nein! Das ist wichtig. In Lateinamerika zum Beispiel ist der Klerikalismus sehr stark, sehr ausgeprägt. Die Laien wissen nicht, was sie tun sollen, wenn sie nicht den Priester fragen ... Das ist sehr stark verbreitet. Und daher ist die Rolle der Laien in Lateinamerika sehr stark im Rückstand. Nur in der Volksfrömmigkeit hat sich etwas davon gerettet: Denn sie wird vom Volk getragen, und das Volk hat die Dinge so getan, wie sie kamen. Die Priester interessierte dieser Aspekt nicht so sehr, und einige von ihnen misstrauten dem Phänomen der Volksfrömmigkeit. Aber der Klerikalismus ist eine negative Haltung. Und er kommt als Komplize daher, denn man braucht dafür zwei, wie für den Tango, den man zu zweit tanzt ... Also den Priester, der den Mann oder die Frau im Laienstand, den Ordensbruder und die Ordensschwester klerikalisieren will, und den Laien, der darum bittet, klerikalisiert zu werden, weil es bequemer ist. Das ist seltsam. In Buenos Aires habe ich diese Erfahrung drei oder vier Mal gemacht: Ein guter Pfarrer kommt zu mir und sagt: ‚Wissen Sie, ich habe einen sehr tüchtigen Laien in der Pfarrei: Er tut dies und das, er kann organisieren, er ist engagiert, er ist wirklich ein wertvoller Mann ... Sollen wir ihn zum Diakon machen?" Also: Sollen wir ihn „klerikalisieren"? „Nein! Lass ihn im Laienstand. Mach ihn nicht zum Diakon." Das ist wichtig. Auch euch passiert es oft, dass der Klerikalismus euch in der rechten Entwicklung der Sache bremst.

Ich werde die Kongregation für den Gottesdienst und die Sakramentenordnung bitten – und der Präsidentin [der Vereinigung der Ordensoberinnen] lasse ich es vielleicht zukommen –, das, was ich über die Predigt in der Eucharistiefeier etwas oberflächlich gesagt habe, besser und tiefer zu erläutern. Denn ich verfüge nicht über genügend Theologie und Klarheit, um es jetzt zu erklären. Man muss jedoch gut unterscheiden: Eine Sache ist die Predigt in einer Wort-Gottes-Feier, und das ist möglich; etwas anderes ist die Eucharistiefeier, hier liegt ein anderes Geheimnis vor. Es ist das Geheimnis des gegenwärtigen Christus, und der Priester oder der Bischof feiern die Eucharistie *in persona Christi.*

Was die Führungsaufgaben betrifft, ist es klar ... Ja, ich glaube, das kann meine allgemeine Antwort auf die erste Frage sein. Kommen wir zur zweiten.

Zweite Frage: Die gottgeweihten Frauen arbeiten bereits viel mit den Armen und mit den Ausgegrenzten. Sie halten die Katechese, begleiten die Kranken und Sterbenden, spenden die Kommunion, in vielen Ländern leiten sie die gemeinsamen Gebete, wenn keine Priester da sind, und in diesem Rahmen predigen sie. In der Kirche gibt es das Amt des ständigen Diakonats, aber es steht nur Männern offen, verheirateten und unverheirateten. Was hindert die Kirche daran, Frauen in den Kreis der ständigen Diakone aufzunehmen, so wie es in der frühen Kirche der Fall war? Warum setzt man nicht eine offizielle Kommission ein, die diese Frage untersuchen könnte? Können Sie uns ein Beispiel nennen, wo Sie eine Möglichkeit zur besseren Eingliederung der Frauen und der geweihten Frauen in das Leben der Kirche sehen?

Papst Franziskus: Diese Frage zielt auf das „Tun": Die geweihten Frauen arbeiten schon viel mit den Armen, sie tun viele Dinge ... im „Tun". Die Frage betrifft das Thema des ständigen Diakonats. Jemand könnte sagen, dass die „ständigen Diakoninnen" im Leben der Kirche die Schwiegermütter sind. Tatsächlich gibt es das in der Antike: Es gab einen Anfang ... Ich erinnere mich, dass dieses Thema mich ziemlich interessierte, als ich zu Versammlungen nach Rom kam und in der *Domus Internationalis Paulus VI* untergebracht war. Dort war ein guter syrischer Theologe; er hatte die kritische Edition und die Übersetzung der Hymnen von Ephräm dem Syrer herausgegeben. Eines Tages habe ich ihn dazu befragt, und er hat mir erklärt, dass es in der Frühzeit der Kirche einige „Diakoninnen" gab. Aber was sind diese Diakoninnen? Waren sie geweiht oder nicht? Auf dem Konzil von Chalkedon (451) ist von ihnen die Rede, aber es ist nicht ganz klar. Welche Rolle hatten die Diakoninnen in jener Zeit? Es scheint – so sagte mir jener Mann, der inzwischen verstorben ist – er war ein guter Professor, weise, gelehrt –, dass die Rolle der Diakoninnen darin bestand, bei der Taufe der Frauen zu helfen, beim Untertauchen. Sie tauften sie, wegen des Anstands, auch um die Salbungen am Leib der Frauen vorzunehmen, bei der Taufe. Und auch eine bemerkenswerte

Sache: Wenn es ein Eheurteil gab, weil der Ehemann seine Frau schlug und diese zum Bischof ging, um sich zu beklagen, dann waren die Diakoninnen beauftragt, die blauen Flecken anzusehen, die die Schläge des Mannes auf dem Leib der Frau hinterließen, und den Bischof darüber zu informieren. Daran erinnere ich mich.

Es gibt einige Veröffentlichungen über den Diakonat in der Kirche, aber es ist nicht klar, wie er ausgesehen hat. Ich glaube, ich werde die Kongregation für die Glaubenslehre bitten, mich über die Studien zu diesem Thema zu informieren, denn ich habe euch nur auf der Grundlage dessen geantwortet, was ich von jenem Priester, einem gelehrten und guten Wissenschaftler, über den ständigen Diakonat gehört habe. Außerdem möchte ich eine offizielle Kommission einrichten, die diese Frage untersuchen kann: Ich glaube, es wird der Kirche guttun, diesen Punkt zu klären; ich bin einverstanden und werde Gespräche führen, um so etwas in die Wege zu leiten.

Dann sagt ihr: „Wir stimmen mit Ihnen überein, Heiliger Vater, bezüglich der Notwendigkeit einer bedeutenderen Rolle der Frauen in den Entscheidungspositionen der Kirche, auf die Sie mehrmals verwiesen haben." Das ist klar. „Können Sie uns ein Beispiel nennen, wo Sie die Möglichkeit sehen, Frauen und Ordensfrauen besser in das Leben der Kirche einzubeziehen?" Ich werde etwas sagen, das kommt später, denn ich habe gesehen, dass es eine allgemeine Frage ist. An den Beratungen und Versammlungen der Kongregation für die Institute des gottgeweihten Lebens und für die Gesellschaften des apostolischen Lebens müssen die Ordensfrauen teilnehmen: Das ist sicher. Bei den Beratungen über die vielen Probleme, die auftauchen, müssen die Ordensfrauen dabei sein. Und noch etwas: Wie werden sie besser einbezogen? Im Augenblick fallen mir keine konkreten Dinge ein, sondern immer nur das, was ich vorhin gesagt habe: das Urteil der Ordensfrau einholen, denn die Frau sieht die Dinge mit eigenen Augen und anders als die Männer, und das ist bereichernd – sowohl für die Beratung als auch für die Entscheidung und die konkrete Umsetzung.

Eure Arbeit mit den Armen, den Ausgegrenzten, die Katechese, die Kranken und die Sterbenden begleiten: Das sind sehr „mütterliche" Tätigkeiten, in denen die Mütterlichkeit der Kirche besser zum Ausdruck kommt. Aber es gibt auch Männer, die dasselbe tun, und zwar gut: Ordensmänner, Hospitalorden ... Und das ist wichtig. Was also den Diakonat betrifft, nehme ich den Vorschlag gern an: Eine Kommission, die das gut klärt, vor allem in Bezug auf die Frühzeit der Kirche, scheint mir nützlich zu sein. Im Hinblick auf eine bessere Weise, Frauen einzubeziehen, wiederhole ich, was ich vorhin gesagt habe. Wenn es etwas genauer zu erläutern gibt, dann fragt jetzt nach: Gibt es zu dem, was ich gesagt habe, noch eine Frage, die mir beim Nachdenken helfen kann? Nur zu ...

- Auszug aus einem Interview von Papst Franziskus (2023)[3]

Es ist klar, dass Sie eine stärkere Präsenz von Frauen in der Kirche wünschen, auch in Entscheidungspositionen. Aber Sie sind gegen das weibliche Priestertum. Warum?

Papst Franziskus: Das ist ein theologisches Problem. Ich glaube, wir würden das Wesen der Kirche untergraben, wenn wir nur den sacerdotalen Dienst, d.h. den Weg des Dienstamtes, betrachten würden. Man könnte sagen: Der Weg des Dienstamtes ist der Weg der petrinischen Kirche (des Petrus), anders ausgedrückt, das petrinische Prinzip hat die Form des Dienstamtes. Es gibt jedoch noch ein weiteres, viel wichtigeres Prinzip, und zwar das maria-

---

3 Papa Francesco, Non sei solo. Sfide, risposte, speranze, hg. von Francesca Ambogetti und Sergio Rubin, Salani Editore: Florenz 2023, aus Kap. 12: „Il genio femminile". Die von Enzo Petrolino vorgenommene Textauswahl, die mit dem Jahr 2017 der italienischen Edition endet, wird hier mit seiner Zustimmung erweitert, weil das Interview eine der jüngsten und umfangreichsten Äußerungen des Papstes zum Thema darstellt und über die Weiterführung der Kommission zum Frauendiakonat spricht; Anm. der Übersetzerin.

nische Prinzip, das die Weiblichkeit in der Kirche betrifft, die sich in ihr widerspiegelt, weil sie Frau und Braut ist. Die Würde der Frau wiederum spiegelt sich in dieser Realität wider. Eine Kirche, die allein auf dem petrinischen Prinzip beruht, wäre eine auf das Amtliche reduzierte Kirche. Doch die Kirche ist mehr als ein Amt, sie ist das ganze Volk Gottes. Dann gibt es noch einen dritten Weg, der nicht theologischer Natur ist, den Weg der Verwaltung, bei dem, wie ich meine, den Frauen mehr Raum gegeben werden sollte. Die Stellen im Vatikan, an denen wir Frauen eingesetzt haben, funktionieren besser: der Wirtschaftsrat zum Beispiel, der aus acht Kardinälen und sieben Laienmitgliedern besteht, von denen sechs Frauen sind. Das ist eine Revolution.

Warum hat dann eine Frau keinen Zugang zum Weiheamt?

Weil für sie nicht das petrinische Prinzip gilt, sondern das marianische, das wichtiger ist. Denn, ich wiederhole, die Frau ist der Kirche ähnlicher, die Frau und auch Braut ist. Dies sei in aller Kürze gesagt. Die Tatsache, dass die Frau keinen Zugang zum Leben im amtlichen Dienst hat, ist also keine Benachteiligung, denn ihr Platz ist viel wichtiger. Meiner Meinung nach machen wir in unserer Katechese bei der Erklärung dieser Dinge einen Fehler und greifen letztlich auf ein administratives Kriterium zurück, das auf Dauer nicht funktioniert. Was hingegen das Charisma der Frauen betrifft, möchte ich ganz klar sagen, dass sie nach meiner persönlichen Erfahrung ein großes kirchliches Gespür haben. Ich nenne ein Beispiel: Für die Priesterweihe werden Berichte von Personen angefordert, die die Kandidaten kennen, um festzustellen, ob sie geeignet sind oder nicht. Die besten und zutreffendsten Berichte, die ich erhalten habe, stammen entweder von Laienmitarbeitern, d.h. von Männern, die keine Priester sind, oder von Frauen.

Allerdings schließen Sie die Möglichkeit von Diakoninnen nicht aus. Sie haben sogar eine eigene Kommission gebildet ...

Die Generaloberinnen der Kongregationen aus aller Welt haben mir bei einem Treffen im Jahr 2016 vorgeschlagen, eine eigene Kommission zu schaffen, um diese Möglichkeit zu untersuchen, und zwar auf der Grundlage eines Präzedenzfalls, insofern es in der frühen Kirche Diakoninnen gab. Sie selbst gaben zu: Das Problem besteht darin, dass nicht mit Sicherheit bekannt ist, ob es sich um Diakoninnen oder um Mitarbeiterinnen ohne Weihe handelte. Diese Frage ist nicht irrelevant, denn die Weihe ist den Männern vorbehalten. Der Diakonat ist der erste Weihegrad in der katholischen Kirche, gefolgt vom Presbyterat und schließlich vom Episkopat. Diakone dürfen predigen, Taufen spenden, Trauungen vollziehen und Segnungen erteilen, nicht aber die Messe feiern, Beichten abnehmen oder die letzte Ölung erteilen.

Was ist darüber bekannt?

Bei diesem Treffen habe ich erzählt, wie ich während meiner Zeit als Kardinal bei einer meiner Reisen nach Rom mit einem syrischen Priester gesprochen hatte, der in derselben Unterkunft wohnte wie ich und ein Experte auf diesem Gebiet war. Er sagte mir, dass die Angelegenheit in der Tat nicht klar sei. Diese Diakoninnen durften bestimmte Aufgaben übernehmen, zum Beispiel dem Bischof helfen, wenn er Frauen die Taufe durch Untertauchen spendete, oder wenn er Ehefrauen untersuchen musste, die sich darüber beschwerten, dass ihre Ehemänner sie schlugen, und sie kümmerten sich auch um die Armen. Auf jeden Fall antwortete ich den Oberinnen, dass ich den Vorschlag für gut hielte und ihn mit der Glaubenskongregation besprechen werde. Die Kongregation wiederum wies mich darauf hin, dass die Internationale Theologische Kommission das Thema in den 1980er Jahren eingehend untersucht hat und zu dem Schluss kam, dass die Rolle der Diakoninnen mit den Segnungen der Äbtissinnen vergleichbar sei, die das Brustkreuz und bei feierlichen Anlässen (teilweise) den Stab tragen; im Übrigen könne die Studienarbeit wieder aufgenommen werden.

Die Kommission kam nicht sehr weit ...

Als mich die Journalisten auf dem Rückflug von Mazedonien nach Rom nach der Kommission fragten, da es keine Neuigkeiten über ihre Ergebnisse gab, antwortete ich mit einem Witz: Ich erinnerte mich daran, dass es in meinem Land einen Präsidenten gab, der sagte: Wenn man will, dass etwas nicht gut funktioniert, dann muss man eine Kommission einsetzen. Scherz beiseite, das Problem bestand in unterschiedlichen Meinungen darüber, ob die Diakoninnen das Weihesakrament empfangen hatten oder nicht; allerdings gab es zum Teil Übereinstimmungen, und es wurde vereinbart, die Arbeit fortzusetzen, jeder in seinem eigenen Land. Im Oktober 2019 unterbreitete die Amazonas-Synode den Vorschlag, die Studie über den weiblichen Diakonat voranzutreiben, und dieser Vorschlag wurde von zwei Dritteln der Mitglieder angenommen. Anfang 2020 habe ich die Kommission mit dem italienischen Kardinal Giuseppe Petrocchi als Leiter, einem Sekretär der Glaubenskongregation und zehn Mitgliedern, fünf Frauen und fünf Männern, wieder ins Leben gerufen.

Wenn die entscheidende Frage lautet, ob Frauen geweiht wurden oder nicht, könnten sie genauso gut Kardinäle sein, denn bei näherer Betrachtung braucht man dazu keine Weihe ...

Es stimmt: Das Kardinalsamt ist nicht mit dem Weihesakrament verbunden, sondern mit der Funktion der Beratung des Papstes. Die Frage ist jedoch komplexer, und ich möchte nicht zu sehr auf technische Aspekte eingehen, die meines Erachtens den Rahmen dieses Gesprächs überschreiten. Ich will damit sagen: Ein Kardinal kann den Papst wählen. Und der Papst wird von den Bischöfen gewählt, denn er ist Bischof einer Diözese, er ist Bischof von Rom. Wichtig ist also, dass die Wähler Bischöfe sind, nicht dass sie Kardinäle sind. Ich könnte sogar ein Dekret erlassen, in dem ich die Voraussetzungen für die Teilnahme am Konklave ändere, so dass auch Bischöfe, die keine Kardinäle sind, daran teilnehmen können. Vom dogmatischen Standpunkt aus wäre das kein Problem. Wenn aber eine Frau nicht zum Priesteramt zugelassen werden kann, dann erst recht nicht zum Bischofsamt.

Die Amazonas-Synode hat auch vorgeschlagen, in Regionen mit einem großen Mangel an Geistlichen ältere Männer mit bewährtem Glauben (viri probati) zu Priestern zu weihen, doch Sie haben sich dagegen ausgesprochen.

Ich habe den Vorschlag abgelehnt, aber ich habe die Debatte nicht beendet. Meiner Meinung nach war die Zeit noch nicht reif, und wir sollten andere Wege einschlagen, zum Beispiel indem wir Priester, die eine missionarische Berufung zeigen, zu der Entscheidung anregen, nach Amazonien zu gehen. Denn – wie ich in dem nachsynodalen Dokument gesagt habe – es ist überraschend, dass immer mehr Missionare aus einigen Ländern des Amazonasbeckens kommen und lieber nach Europa oder in die Vereinigten Staaten gehen, als die Vikariate in der Region zu unterstützen. Ich habe auch darauf hingewiesen, dass für die Priesterausbildung der indigenen Bevölkerung Seminare geschaffen werden müssen, die es heute nicht gibt. Ebenso habe ich die Notwendigkeit betont, den Diakonen und natürlich den Laien, insbesondere den Katecheten und Katechetinnen, mehr Raum zu geben. Ich bedaure, dass viele Medien die Synode auf das Thema der *viri probati* reduziert und dabei alle sozialen und ökologischen Probleme der Region außer Acht gelassen haben.

Kapitel 13

Eine diakonische Kirche: Die vorrangige Option für die Armen

In seiner Botschaft zum ersten Welttag der Armen – den er am Ende des Jubiläumsjahres der Barmherzigkeit eingeführt hat – schlug Papst Franziskus ein Thema vor, das sein gesamtes Apostolat wie ein Wasserzeichen durchzieht: „Lasst uns nicht mit Worten, sondern mit Taten lieben". Der Titel enthält eine Aufforderung zur Konkretisierung: „Meine Kinder, wir wollen nicht mit Wort und Zunge lieben, sondern in Tat und Wahrheit" (1 Joh 3,18). Er erinnert an das, was Papst Franziskus in Florenz zu den Bischöfen und zu der italienischen Kirche gesagt hat: „Das Wort nicht in die Praxis umzusetzen, es nicht in die Wirklichkeit zu bringen, bedeutet, auf Sand zu bauen, in der reinen Idee zu verharren und in den Kult der Innerlichkeit zu verfallen, der keine Früchte trägt, die seine Dynamik steril machen" [49].

Der Papst erinnert an all die heiklen Themen, die bereits in seinen lehramtlichen Dokumenten behandelt werden. Die Armen sind Personen, denen man begegnen, die man empfangen und lieben muss. Armut ist nichts Abstraktes, sondern „sie hat das Gesicht von Frauen, Männern und Kindern, die für niederträchtige Interessen ausgebeutet und von der perversen Logik der Macht und des Geldes mit Füßen getreten werden. Was für eine erbarmungslose und niemals vollständige Liste muss man angesichts der Armut erstellen, die das Ergebnis von sozialer Ungerechtigkeit, moralischem Elend, der Habgier einiger weniger und allgemeiner Gleichgültigkeit ist!" Angesichts dieser Szenarien fordert der Papst uns auf, „mit einer neuen Vision des Lebens und der Gesellschaft zu antworten" [60].[1]

1 Siehe unten S. 186-194; hier: 191.

Mehr als fünfzig Jahre sind seit dem historischen Katakombenpakt vergangen, der am 16. November 1965 in den Domitilla-Katakomben in Rom geschlossen wurde. Das Bündnis war eine von etwa vierzig Bischöfen – Teilnehmern des II. Vatikanischen Konzils – unterzeichnete Verpflichtung, ein einfaches Leben des Volkes zu führen und auf alle Formen von Macht, Reichtum und Privilegien zu verzichten: „Wir werden uns bemühen, so zu leben, wie die Menschen um uns her üblicherweise leben, im Hinblick auf Wohnung, Essen, Verkehrsmittel und alles, was sich daraus ergibt". „Wir verzichten ein für allemal darauf, als Reiche zu erscheinen wie auch wirklich reich zu sein, insbesondere in unserer Amtskleidung (teure Stoffe, auffallende Farben)." „Wir werden weder Immobilien oder Mobiliar besitzen noch mit eigenem Namen über Bankkonten verfügen." Weiterhin verpflichten sich die Bischöfe, politisch vorstellig zu werden, damit die Regierungen Strukturen der Gerechtigkeit, der Gleichheit und der Entwicklung einführen; sich von der finanziellen Verwaltung der Diözese zu befreien, die den Laien anvertraut wird, um freier für die pastorale Arbeit und den Dienst an den Armen zu sein; ihr Leben mit Priestern, Ordensleuten und Laien zu teilen. Kurz gesagt, es war eine historische und damals sehr prophetische Verpflichtung, die einige Bischöfe an Armut und Nüchternheit als angemessene Dimension ihres Lebens und an die Armen als Priorität in ihrem apostolischen und pastoralen Dienst band [89].

Die Bischöfe, die den Pakt unterzeichneten – darunter Persönlichkeiten wie Hélder Camara, Leonidas Proano, Antonio Fragoso, José Maria Pires, Luigi Bettazzi und der 1976 ermordete argentinische Bischof Enrique Angelelli – gehörten einer informellen Gruppe an, die sich seit 1962 im belgischen Kolleg zum Thema „Kirche der Armen" traf. Diese Gruppe wurde von Charles M. Himmer, Bischof von Tournai, geleitet und war von dem Theologen Paul Gauthier und der Karmelitin Marie-Thérèse Lescase inspiriert. Der Name der Gruppe geht auf einen Satz von Papst Johannes XXIII. zurück, der in seiner Radiobotschaft vom 11. September 1962, einen Monat vor Beginn des Konzils, erklärt hatte: „Vor den unterentwickelten Ländern präsentiert sich die Kirche so, wie sie ist und sein will: die Kirche aller, und besonders die Kirche der Armen“ [1].

Doch das Thema der Armut der Kirche war auf dem II. Vatikanischen Konzil nicht besonders präsent, auch wenn Kardinal Giacomo Lercaro gewollt hätte, dass die Armen und die Armut der Kirche im Zentrum der konziliaren Versammlung stehen. Lercaros Appell wurde allerdings in einem Abschnitt von *Lumen gentium* aufgegriffen, der von der Kirche spricht, „die in den Armen und Leidenden das Bild ihres armen und leidenden Gründers erkennt; sie müht sich, ihre Not zu lindern, und sucht Christus in ihnen zu dienen“ (LG 8,3). Doch die revolutionäre Bedeutung dieser Formulierung wurde nie in ihre pastoralen Konsequenzen umgesetzt und auch nicht wirklich aufgegriffen. Außerdem befürchtete Paul VI., die Frage der Armut könne politische Auswirkungen haben (es waren die Zeiten des „kalten Krieges“ und der Angst vor dem Kommunismus). Der Papst verpflichtete sich jedoch, die Vorschläge von Monsignore Lercaro zu einem späteren Zeitpunkt, nach dem Konzil, aufzugreifen. Diese Verpflichtung erfolgte dann in Form der Enzyklika *Populorum progressio* [4].

Die Armut der Kirche wurde hingegen auf der 2. Generalversammlung des lateinamerikanischen Episkopats 1968 in Medellin (Kolumbien) ausführlich behandelt; hier wurde das Handeln der Kirche ausgehend von den Armen in ihrer existenziellen Armut konzipiert: „Die Armut der Kirche und ihrer Mitglieder in Lateinamerika“, heißt es im Schlussdokument von Medellin [69][2], „muss Zeichen und Verpflichtung sein, Zeichen des unschätzbares Wertes der Armen in den Augen Gottes, und Verpflichtung zur Soli-

2 In deutscher Übersetzung sind die Dokumente publiziert in: Die Kirche Lateinamerikas. Dokumente der II. und III. Generalversammlung des Lateinamerikanischen Episkopates in Medellin und Puebla (= Stimmen der Weltkirche 8), 6. September 1967 / 13. Februar 1979, Bonn 1979; Anm. der Übersetzerin.

darität mit denen, die leiden“ (XIV, 7). Und weiter: „Diese Evangelisierung muss mit den ‚Zeichen der Zeit‘ verbunden sein“ (VII, 13). Auf der 3. Generalkonferenz in Puebla (Mexiko) im Jahr 1979 [72] wird eines der Kriterien und Zeichen der Evangelisierung die „vorrangige Liebe und Sorge für die Armen und Bedürftigen“ sein (Nr. 382).

Der Katakombenpakt hat epochale Bedeutung, weil er mit dem konstantinischen Bündnis zwischen Thron und Altar bricht und zum hermeneutischen Schlüssel einer Kirche wird, die sich von der Verquickung mit Macht und Prestige befreien will. Das Engagement, das in den Absichtserklärungen des Paktes auf die persönliche Entscheidung einiger weniger Bischöfe beschränkt war, wurde in den folgenden Jahren zu einer Herausforderung für die ganze Kirche: Armut als eigentliche Dimension ihres Lebens und die Armen als vorrangige Option. Diese Option ist sowohl theologisch als auch christologisch begründet, denn, wie Papst Benedikt XVI. sagte, „die vorrangige Option für die Armen ist implizit im christologischen Glauben an jenen Gott enthalten, der für uns arm geworden ist, um uns durch seine Armut reich zu machen (vgl. 2 Kor 8,9)“ [23]. Diese Herausforderung drängt immer noch danach, Wirklichkeit zu werden, und ist doch zu einem integralen Bestandteil des Selbstverständnisses der Kirche geworden. Es ist die Herausforderung von Papst Franziskus: „Ich wünsche mir eine arme Kirche für die Armen“ (EG 198).

Das Apostolische Schreiben *Evangelii gaudium* [41] enthält viele Aspekte, die direkt oder indirekt die Soziallehre der Kirche betreffen. Die Themen und die Perspektive der Soziallehre der Kirche durchziehen das gesamte Schreiben, sind aber vor allem auf die Kapitel II und IV konzentriert. Im Kapitel IV mit dem Titel „Die soziale Dimension der Evangelisierung“ greift der Heilige Vater mit neuen Akzenten die großen Themen der Beziehung zwischen der Verkündigung Christi und ihrer gemeinschaftlichen Auswirkung, zwischen dem Glaubensbekenntnis und dem sozialen Engagement auf. Er legt aber auch neue Perspektiven dar, die das bisherige Lehramt bereichern. „Die Zeit hat den Vorrang vor dem

Raum"; „Die Einheit siegt über den Konflikt". „Die Wirklichkeit ist wichtiger als die Idee". „Das Ganze kommt vor dem Teil". Dies sind vier neue Perspektiven, aus denen heraus die Gesamtheit der sozialen Beziehungen überdacht werden kann.

Ebenfalls unter dem Gesichtspunkt der Soziallehre der Kirche liegt eine wichtige Neuerung von *Evangelii gaudium* in Kapitel IV und in der darin enthaltenen umfassenden Vertiefung der sogenannten „vorrangigen Option für die Armen". Der Papst spricht darüber aus der Perspektive der im Evangelium bezeugten Liebe Jesu zu den Kleinen und Geringsten. Es ist eine reiche Reflexion über die Haltung der Gläubigen und der Kirche gegenüber den Armen und darüber, wie viel man von ihnen lernen kann. Die soziale Integration der Armen wird hier mehr als bloße Sozialpolitik. Um den obigen Kommentar zum Apostolischen Schreiben[3] zu ergänzen, möchten wir einige der wichtigsten Punkte des Kapitels über die soziale Integration der Armen hervorheben. Die Unmittelbarkeit des Textes und die Einfachheit des Ausdrucks erfordern keine weitere Analyse oder Erklärung.

Der Blick der Kirche auf die Armen

Vielleicht lässt sich gerade hier am besten erfassen, warum die Diakonie das Wesen des Dienens und das Wesen der Kirche auf so ursprüngliche Weise zum Ausdruck bringt. Wenn er seiner tiefsten Aufgabe gerecht wird, ist der Diakon eine Gestalt des reinen Dienens. Er vertritt die Liebe Jesu Christi zu allen Menschen gleichsam voll und ganz, nicht verwässert durch andere Aufgaben und damit auch in besonders glaubwürdiger Weise. Noch vor jeder leitenden Tätigkeit muss die Kirche die Liebe dessen repräsentieren, der nicht gekommen ist, um sich dienen zu lassen, sondern um zu dienen (Mt 20,28; Mk 10,45). In dieser Hinsicht stellt der Diakon etwas Entscheidendes und Besonderes für die christliche Botschaft dar. Deshalb ist auch die Dreiteilung des kirchlichen Amtes sinnvoll. Wer ein höheres Amt in der

3 Vgl. oben Kapitel 3, Abschnitt III., S. 38-42.

Kirche bekleidet, muss im diakonischen Dienst die Grundhaltung des Dienens sozusagen in reiner Form – ohne „Versuchung zur Macht" – erfahren haben, so dass er sein Leben lang davon geprägt bleibt, wenn er zu höheren Dienststufen in der Kirche aufsteigt.

Natürlich kann die traditionelle Sprache, auch wenn sie etwas Richtiges ausdrückt, in anderen Punkten zu Missverständnissen führen. Dies ist zum Beispiel der Fall, wenn von einem „niedrigeren" Rang in der Hierarchie oder gar von „Stufen" die Rede ist. Jesus ist äußerst kritisch, wenn seine Apostel über irgendeinen Vorrang streiten. Seine Antwort ist besonders radikal: „Ihr wisst, dass die, die als Herrscher gelten, ihre Völker unterdrücken und die Mächtigen ihre Macht über die Menschen missbrauchen. Bei euch aber soll es nicht so sein, sondern wer bei euch groß sein will, der soll euer Diener *(diakonos)* sein, und wer bei euch der Erste sein will, soll der Sklave *(doulos)* aller sein" (Mk 10,42-44). Jesus gibt seinen Aposteln als Gesetz vor, zu dienen und nicht zu befehlen, und verbindet dies mit seinem eigenen Verhalten. In der Tat ist der „letzte Platz" der vornehmste. Hier handelt es sich eher um eine „Karriere nach unten".

Von hier aus muss man auch die vielen Fragen beantworten, die sich im Zusammenhang mit der Wiedereinführung des ständigen Diakonats aufdrängen. Sind die ständigen Diakone wirklich gemäß ihrer ursprünglichen Aufgabe eingesetzt? Oder werden sie im Wesentlichen dazu benutzt, im Rahmen der Bedürfnisse, die in unseren Gemeinschaften de facto bestehen, Löcher zu stopfen, die vor allem durch den Rückgang der Priesterberufungen entstanden sind? Man fragt sich auch, ob wir in unseren Gemeinschaften die richtigen Prioritäten setzen und gesetzt haben. Welchen Wert hat für uns alle die Diakonie, die nicht allein durch die sehr verdienstvolle Arbeit der Caritas abgedeckt werden kann? Es gibt Aufgaben und Funktionen von Diakonen heute, die sehr rasch zum Kern der christlichen Sendung führen. Ich denke zum Beispiel an die Sorge für Fremde und Obdachlose, Einsame und Arme, Alte und Kranke sowie an die Mitarbeit in Einrichtungen für Senioren. Schließlich gibt es noch viele andere Nöte, über die wenig gesprochen wird, angefangen von Drogenkonsum und Alkoholsucht bis hin zu Orientierungslosigkeit, Motivationsschwäche und Verzweiflung. Auch wenn der Diakon andere Aufgaben übernimmt, etwa diejenigen, die das Konzil formuliert hat, darf dieser zentrale und vorrangige Kern seiner Aufgabe nie fehlen. Das entspricht auch dem Grundanliegen jedes Bischofs.

Man könnte sagen: Die Gestalt des Diakons ermöglicht es dem Bischof, sich in seinem Einsatz auf die vorrangige Aufgabe der Evangelisierung und des Gebets zu konzentrieren. Zugleich erlaubt dieser Dienst es den Menschen in der Kirche, die menschliche Geschichte in ihrer ganzen Fülle vor den Altar Gottes zu bringen, insbesondere jene Geschichte, die überwiegend den Kontrast, den Widerspruch, die Undurchsichtigkeit der Welt zum Ausdruck bringt, und gerade das ist die Geschichte der Armen. Wie wir alle wissen, hat die zentrale Bedeutung des Dienstes an den Armen vor allem in unserer Zeit die Entwicklung und Läuterung des Selbstverständnisses der Kirche begleitet, und sie hat sich als Hauptaufgabe den Übergang vom Wissen zur Praxis des christlichen Lebens gesetzt. Wie wir ebenfalls wissen, wurde der Ausdruck „vorrangige Option für die Armen“ in dem Sinne geklärt, dass diese Option auf jeden Fall bedeutet, auf der Seite der Armen zu stehen, mit den Armen zu sein.

Der Diakon versetzt sich ganz entschieden in das Innere des Widerspruchs der Welt. Er erinnert also im engeren Sinne an die Pflicht seiner Mitbrüder im Ordo, im Leiden des gekreuzigten und auferstandenen Jesus den Widerspruch auf sich zu nehmen. Das Bemühen des Diakons, zunächst die ganze Härte des Widerspruchs in sich selbst zu überwinden, macht ihn zu einem leuchtenden und überzeugenden Beispiel für die Selbstverleugnung, die für diejenigen notwendig ist, die sich in den Dienst des Evangeliums und der Armen stellen wollen.

Die bei der Weihe empfangene sakramentale Gnade ist die Voraussetzung für einen geweihten Amtsträger, der zugleich die sogenannten „weltlichen“ Erfahrungen wie Familie, Beruf, Arbeit und soziales Engagement lebt. Das macht den Diakon besonders geeignet, das Geheimnis der Menschwerdung sichtbar zu machen, vor allem an den Grenzen, wo die Zukunft des Menschen und der Gesellschaft auf dem Spiel steht, und auf den Wegen, die bei der Neuevangelisierung heute zu beschreiten sind.

Deshalb ist es für den Diakon leichter, aus Kirche herauszutreten und ein Mann der Straße zu werden, die von Jerusalem nach Jericho oder vielmehr von Jerusalem nach Emmaus führt, ein barmherziger Samariter, ein Wegbegleiter für diejenigen, die von Zweifeln, Ängsten und den vielen Fragen nach der Wahrheit über Gott und den Menschen, nach dem Sinn der Gegenwart und der Zukunft gequält sind.

Dieser Aspekt muss stark betont werden, um zu verhindern, dass der Diakon sich in der Klausur des Sakralen verschließt, sich in Formen innerlicher Frömmigkeit zurückzieht und sein Dienst sich in der begrenzten Gruppe der Verwandten, der Mitglieder des Vereins oder der Bewegung, in der seine Berufung vielleicht entstanden ist, oder des kleinen Kreises der sogenannten praktizierenden Christen erschöpft. Er wird vielmehr zum Diener einer Kirche, die dazu berufen ist – wie Johannes Paul II. gern wiederholte –, sich „außerhalb“ ihrer selbst zu finden.

Der Dienst der Diakone kann also auch die Aktivitäten der „irdischen Stadt“ mit neuer Bedeutung erhellen, indem die Politik immer wieder auf die Dimension ihres Dienstes hingewiesen wird, damit sie die Ursachen der Ungerechtigkeit beseitigt und nach dem Gemeinwohl strebt. „Die Kirche kann nicht und darf nicht den politischen Kampf an sich reißen, um die möglichst gerechte Gesellschaft zu verwirklichen. Sie kann und darf sich nicht an die Stelle des Staates setzen. Aber sie kann und darf im Ringen um Gerechtigkeit auch nicht abseits bleiben. Sie muss auf dem Weg der Argumentation in das Ringen der Vernunft eintreten, und sie muss die seelischen Kräfte wecken, denn ohne sie kann die Gerechtigkeit, die immer auch Verzichte verlangt, sich nicht durchsetzen und nicht gedeihen. Die gerechte Gesellschaft kann nicht das Werk der Kirche sein, sondern muss von der Politik geschaffen werden. Aber das Mühen um die Gerechtigkeit durch eine

Öffnung von Erkenntnis und Willen für die Erfordernisse des Guten geht sie zutiefst an" [19].[4]

Zu diesem Ziel müssen die Kirchen dem Dienst der Diakone immer mehr Aufmerksamkeit widmen, sich um deren Ausbildung kümmern und spezifische, strukturell klare und dauerhafte Bedingungen schaffen, damit die Diakone den Bedürfnissen der Menschen wirksam entsprechen können. Die Diakone erfüllen diese besondere Sendung, indem sie in ihrem Leben den liturgischen Dienst und das caritative Engagement, die Eucharistie und die Diakonie der Armen miteinander verbinden. So bezeugen sie allen, dass die Liebe Christi die „Schürze des Dienens" braucht. Die Armen sind zusammen mit der Eucharistie das lebendige Fleisch Christi.

Worte von Papst Franziskus

- Botschaft von Papst Franziskus zum ersten Welttag der Armen, 19. November 2017 [60]
  Lasst uns nicht mit Worten lieben, sondern mit Taten

„Meine Kinder, wir wollen nicht mit Wort und Zunge lieben, sondern in Tat und Wahrheit" (1 Joh 3,18). Diese Worte des Apostels Johannes drücken einen Imperativ aus, den kein Christ missachten kann. Der Ernst, mit dem der „geliebte Jünger" das Gebot Jesu auf unsere Zeit überträgt, wird noch deutlicher, indem er einen Gegensatz feststellt zwischen den leeren Worten, die uns oft über die Lippen kommen, und den konkreten Taten, an denen wir uns stattdessen messen sollen.

Die Liebe kennt kein Alibi: Wer so lieben will, wie Jesus geliebt hat, muss sich sein Beispiel zu eigen machen, vor allem bei dem

4 Benedikt XVI., Enzyklika *Deus caritas est*, Nr. 28a.

Aufruf, die Armen zu lieben. Die Weise, wie der Sohn Gottes geliebt hat, ist im Übrigen gut bekannt, und Johannes erinnert deutlich daran. Sie beruht auf zwei Säulen: Gott hat zuerst geliebt (1 Joh 4,10.19), und er hat geliebt, indem er sich selbst, ja sein eigenes Leben hingab (1 Joh 3,16).

Eine solche Liebe kann nicht unerwidert bleiben. Obwohl sie von einer Seite gegeben wird, d.h. ohne eine Gegenleistung zu verlangen, entflammt sie das Herz so sehr, dass sich jeder dazu veranlasst fühlt, sie trotz eigener Grenzen und Sünden zu erwidern. Das ist möglich, wenn die Gnade Gottes, seine barmherzige Liebe, so weit wie möglich in unseren Herzen Aufnahme findet und so unseren Willen und auch unsere Empfindungen der Liebe zu Gott selbst und zu unserem Nächsten zuwendet.

Auf diese Weise kann die Barmherzigkeit, die gleichsam aus dem Herzen des Dreieinen Gottes fließt, unser Leben in Bewegung setzen und Mitgefühl und Werke der Barmherzigkeit für unsere Brüder und Schwestern in Not hervorbringen. „Der Arme schreit, und der Herr erhört ihn" (Ps 34,7). Die Kirche hat immer verstanden, wie wichtig ein solcher Schrei ist. Ein großartiges Zeugnis finden wir bereits auf den ersten Seiten der Apostelgeschichte, wo Petrus darum bittet, sieben Männer „voll Geist und Weisheit" (Apg 6,3) auszuwählen, die den Dienst des Beistands für die Armen übernehmen sollen.

Eines der ersten Zeichen, mit denen die christliche Gemeinschaft sich auf der Weltbühne präsentiert hat, war sicherlich der Dienst an den Ärmsten. Dies war möglich, weil die Christen verstanden hatten, wie das Leben der Jünger und Jüngerinnen Jesu in einer solchen Geschwisterlichkeit und Solidarität zum Ausdruck kommen muss, gemäß der wichtigsten Lehre des Meisters, der die Armen selig preist und als Erben des Himmelreichs verkündet (Mt 5,3).

„Sie verkauften Hab und Gut und gaben davon allen, jedem so viel, wie er nötig hatte" (Apg 2,45). Dieser Ausdruck zeigt deutlich die lebendige Sorge der ersten Christen. Der Evangelist Lukas, der mehr als alle anderen der Barmherzigkeit Raum gibt, verzichtet bei der Beschreibung der Praxis des Teilens in der Urgemeinde auf jede Rhetorik. Im Gegenteil, in seiner Schilderung will er zu den Gläubigen aller Generationen und somit auch zu uns sprechen, um uns in unserem Zeugnis zu bestärken und uns zum Handeln zugunsten der Bedürftigsten aufzufordern.

Dieselbe Lehre trägt mit gleicher Überzeugung der Apostel Jakobus vor, der sich in seinem Brief starker und scharfer Ausdrücke bedient: „Hört, meine geliebten Brüder: Hat Gott nicht die Armen in der Welt auserwählt, um sie durch den Glauben reich und zu Erben des Königreichs zu machen, das er denen verheißen hat, die ihn lieben? Ihr aber verachtet den Armen. Sind es nicht die Reichen, die euch unterdrücken und euch vor die Gerichte schleppen? [...] Meine Brüder, was nützt es, wenn einer sagt, er habe Glauben, aber es fehlen die Werke? Kann etwa der Glaube ihn retten? Wenn ein Bruder oder eine Schwester ohne Kleidung ist und ohne das tägliche Brot und einer von euch zu ihnen sagt: Geht in Frieden, wärmt und sättigt euch!, ihr gebt ihnen aber nicht, was sie zum Leben brauchen – was nützt das? So ist auch der Glaube für sich allein tot, wenn er nicht Werke vorzuweisen hat" (Jak 2, 5-6.14-17).

Es gab jedoch Momente, in denen die Christen diesen Aufruf nicht vollständig befolgt haben und sich von der weltlichen Mentalität anstecken ließen. Doch der Heilige Geist hat es nicht versäumt, sie daran zu erinnern, ihren Blick auf das Wesentliche zu richten. Er hat in der Tat Männer und Frauen auftreten lassen, die auf verschiedene Weise ihr Leben in den Dienst der Armen gestellt haben. Wie viele Seiten der Geschichte sind in diesen zwei Jahrtausenden von Christen geschrieben worden, die in aller Einfachheit und Demut sowie mit der großzügigen Fantasie der Nächstenliebe ihren ärmeren Brüdern und Schwestern gedient haben!

Unter ihnen ragt das Beispiel des Franziskus von Assisi heraus, dem im Laufe der Jahrhunderte zahlreiche andere heilige Männer und Frauen folgten. Er begnügte sich nicht damit, Leprakranke zu umarmen und ihnen Almosen zu geben, sondern er beschloss, nach Gubbio zu gehen, um bei ihnen zu sein. Er selbst sah in dieser Begegnung den Wendepunkt seiner Bekehrung: „Da ich in Sünden war, erschien es mir unerträglich bitter, Aussätzige anzublicken. Und der Herr selbst hat mich unter sie geführt, und ich habe ihnen Barmherzigkeit erwiesen. Und während ich fortging von ihnen, wurde mir gerade das, was mir bitter schien, in Süßigkeit des Geistes und des Leibes verwandelt".[5] Dieses Zeugnis zeigt die verwandelnde Kraft der Nächstenliebe und des christlichen Lebensstils.

Betrachten wir die Armen nicht nur als Empfänger einer freiwilligen guten Tat für wohltätige Zwecke, die einmal in der Woche zu verrichten ist, und noch weniger von spontanen Gesten des guten Willens, um das Gewissen zu beruhigen. Diese Erfahrungen haben zwar ihren Wert und sind nützlich, um das Bewusstsein für die Nöte so vieler Brüder und Schwestern zu schärfen sowie für die Ungerechtigkeiten, die Ursache davon sind. Sie sollten aber zu einer echten Begegnung mit den Armen führen und ein Teilen bewirken, das zu einer Lebensform wird. Das Gebet, der Weg der Jüngerschaft und die Bekehrung finden in der Tat in der Nächstenliebe, die zum Teilen wird, die Bestätigung ihrer Echtheit gemäß dem Evangelium.

Aus dieser Lebensweise erwachsen Freude und Gelassenheit der Seele, weil man mit den eigenen Händen das Fleisch Christi berührt. Wenn wir Christus wirklich begegnen wollen, müssen wir seinen Leib im verwundeten Leib der Armen berühren, als Bestätigung der sakramentalen Gemeinschaft, die wir in der Eucharistie empfangen. Der Leib Christi, der in der heiligen Liturgie gebrochen wird, findet sich in der geteilten Nächstenliebe auf den Gesichtern und in den Personen unserer schwächeren Brüder und Schwestern wieder.

Die Worte des heiligen Bischofs Chrysostomus klingen immer wieder nach: „Wollt ihr den Leib Christi ehren? Dann verachtet ihn nicht, wenn er nackt ist. Ehrt den eucharistischen Christus

---

5 Testament, Nr. 1.

nicht mit seidenen Gewändern, während ihr draußen den von Kälte und Nacktheit geplagten vernachlässigt".[6] Wir sind also aufgerufen, den Armen die Hand zu reichen, ihnen entgegenzugehen, ihnen in die Augen zu sehen, sie zu umarmen, sie die Wärme der Liebe spüren zu lassen, die den Kreis der Einsamkeit durchbricht.

Ihre uns entgegengestreckte Hand ist auch eine Einladung, aus unseren Gewissheiten und Bequemlichkeiten herauszutreten und den Wert zu erkennen, den die Armut an sich darstellt. Vergessen wir nicht, dass die Armut für die Jünger Christi in erster Linie eine Berufung ist, dem armen Jesus nachzufolgen. Sie ist ein Weg hinter ihm und mit ihm, ein Weg, der zur Seligkeit des Himmelreichs führt (Mt 5,3; Lk 6,20). Armut bedeutet ein demütiges Herz, das sich mit dem eigenen Zustand als begrenztes und sündiges Geschöpf abzufinden weiß, um die Versuchung der Allmacht zu überwinden, die dem Menschen vorgaukelt, er sei unsterblich.

Armut ist eine Haltung des Herzens, die daran hindert, dass man an Geld, Karriere, Luxus als Lebensziel und Bedingung für Glück denkt. Armut schafft vielmehr die Voraussetzungen, um trotz der eigenen Begrenztheit freiwillig persönliche und gesellschaftliche Verantwortung zu übernehmen, im Vertrauen auf die Nähe Gottes und gestützt auf Gottes Gnade. Die so verstandene Armut ist der Maßstab, der es erlaubt, den richtigen Umgang mit den materiellen Gütern zu erkennen und auch die Bindungen und Empfindungen auf eine nicht selbstsüchtige und besitzergreifende Weise zu leben.[7]

Machen wir uns also das Beispiel des hl. Franziskus zu eigen, der ein Zeuge echter Armut ist. Gerade weil er seinen Blick auf Christus gerichtet hielt, konnte er ihn in den Armen erkennen und ihm dienen. Wenn wir also wirksam dazu beitragen wollen, die Geschichte zu verändern und eine echte Entwicklung herbeizuführen, müssen wir auf den Schrei der Armen hören und uns

6 Homiliae in Matthaeum, 50, 3: PG 58, 508.

7 Vgl. Katechismus der Katholischen Kirche, Nr. 25-45.

dafür einsetzen, sie aus ihrer marginalisierten Lage zu befreien. Gleichzeitig erinnere ich die Armen, die in unseren Städten und Gemeinden leben, daran, den Sinn für die Armut des Evangeliums, die sie in ihrem Leben tragen, nicht zu verlieren.

Wie wir wissen, ist es in der heutigen Welt sehr schwierig, Armut klar zu erkennen. Dennoch fordert sie uns jeden Tag mit ihren tausend Gesichtern heraus, die geprägt sind von Schmerz, Ausgrenzung, Machtmissbrauch, Gewalt, Folter und Gefangenschaft, Krieg, Verlust von Freiheit und Würde, Unwissenheit und Analphabetentum, Gesundheitsnotstand und Arbeitslosigkeit, Menschenhandel und Sklaverei, Exil und Elend, Zwangsmigration.

Die Armut hat das Gesicht von Frauen, Männern und Kindern, die für niederträchtige Interessen ausgebeutet und von der perversen Logik von Macht und Geld mit Füßen getreten werden. Was für eine erbarmungslose und niemals vollständige Liste, die man angesichts der Armut als Folge von sozialer Ungerechtigkeit, moralischem Elend, der Habgier einiger weniger und allgemeiner Gleichgültigkeit erstellen muss! In unseren Tagen ist die Ausbreitung der Armut in weiten Teilen der Gesellschaft in der ganzen Welt leider ein Skandal, denn der unverschämte Reichtum, der sich in den Händen einiger weniger Privilegierter anhäuft, geht oft mit Illegalität und Ausbeutung einher, die die Menschenwürde verletzen.

Angesichts dieses Szenarios darf man nicht untätig bleiben, geschweige denn resignieren. Die Armut, die den Initiativgeist so vieler junger Menschen hemmt und sie daran hindert, einen Arbeitsplatz zu finden; die Armut, die das Verantwortungsgefühl betäubt und dazu führt, Lasten mit Vorliebe zu delegieren und nach Bevorzugung zu streben; die Armut, die die Quellen der Mitwirkung vergiftet und die Räume der Berufsarbeit einengt und so das Verdienst derjenigen, die arbeiten und produzieren, schmälert – auf all dies müssen wir mit einer neuen Vision des Lebens und der Gesellschaft antworten.

All diese Menschen in Armut gehören – wie Papst Paul VI. zu sagen pflegte – zur Kirche mit dem „Recht des Evangeliums"[8] und verpflichten zur grundlegenden Option für sie. Gesegnet sind also die Hände, die sich öffnen, um die Armen aufzunehmen und ihnen zu helfen. Es sind Hände, die Hoffnung bringen. Gesegnet die Hände, die alle Schranken der Kultur, der Religion und der Nationalität überwinden, indem sie das Öl des Trostes auf die Wunden der Menschheit gießen. Gesegnet die Hände, die sich öffnen, ohne eine Gegenleistung zu verlangen, ohne „wenn" und „aber" und ohne „vielleicht": Es sind Hände, die den Segen Gottes auf ihre Brüder und Schwestern herabkommen lassen.

Am Ende des Jubiläums der Barmherzigkeit wollte ich der Kirche den Welttag der Armen schenken, damit die christlichen Gemeinschaften in der ganzen Welt mehr und mehr zu einem konkreten Zeichen der Liebe Christi für die Geringsten und Bedürftigsten werden. Zu den anderen, von meinen Vorgängern eingeführten Welttagen, die im Leben unserer Gemeinschaften bereits zur Tradition geworden sind, möchte ich diesen hinzufügen, der ihrer Gesamtheit ein ergänzendes Element bietet, das auf vorzügliche Weise dem Evangelium entspricht: die Vorliebe Jesu für die Armen.

Ich lade die ganze Kirche und alle Männer und Frauen guten Willens ein, an diesem Tag ihre Augen auf diejenigen zu richten, die ihre Hände ausstrecken, um Hilfe bitten und unsere Solidarität verlangen. Sie sind unsere Brüder und Schwestern, geschaffen und geliebt von dem einen himmlischen Vater. Dieser Tag soll in erster Linie die Gläubigen dazu anregen, der Kultur des Wegwerfens und der Verschwendung Einhalt zu gebieten und sich die Kultur der Begegnung zu eigen zu machen. Gleichzeitig richtet sich die Einladung an alle, unabhängig von ihrer Religionszugehörigkeit, offen zu sein für das Teilen mit den Armen in allen Formen der Solidarität, als konkretes Zeichen der Geschwisterlichkeit.

---

8 Papst Paul VI., Ansprache zur Eröffnung der zweiten Sitzung des II. Vatikanischen Konzils, 29. September 1963 [2].

Gott hat Himmel und Erde für alle Menschen geschaffen. Leider sind es Menschen, die Grenzen, Mauern und Zäune errichtet haben und damit das ursprüngliche Geschenk, das ohne jegliche Ausgrenzung für die Menschheit bestimmt war, verraten. Ich wünsche mir, dass sich die christlichen Gemeinschaften in der Woche vor dem Welttag der Armen, der in diesem Jahr auf den 19. November fällt, den 33. Sonntag der Zeit im Jahreskreis, verpflichten, viele Momente der Begegnung und Freundschaft, der Solidarität und der konkreten Hilfe zu schaffen. Sie können dann die Armen und die Freiwilligen einladen, gemeinsam an der Eucharistie dieses Sonntags teilzunehmen, damit die Feier des Hochfestes unseres Herrn Jesus Christus, der König des Universums ist, am folgenden Sonntag noch authentischer wird.

Das Königtum Christi kommt ja gerade auf Golgatha in seiner ganzen Bedeutung zum Vorschein, wenn der unschuldig ans Kreuz genagelte, arme, nackte und aller Dinge beraubte Mensch die Fülle der Liebe Gottes verkörpert und offenbart. Seine vollkommene Hingabe an den Vater, die seine völlige Armut zum Ausdruck bringt, macht die Macht dieser Liebe deutlich, die ihn am Ostertag zu neuem Leben erweckt.

Wenn in unserer Nachbarschaft arme Menschen leben, die Schutz und Hilfe suchen, sollten wir an diesem Sonntag auf sie zugehen: Es wird ein günstiger Moment sein, um dem Gott zu begegnen, den wir suchen. Nach der Lehre der Heiligen Schrift (Gen 18,3-5; Hebr 13,2) nehmen wir sie als privilegierte Gäste an unserem Tisch auf; sie können Lehrer sein, die uns helfen, unseren Glauben konsequenter zu leben. Mit ihrem Vertrauen und ihrer Bereitschaft, Hilfe anzunehmen, zeigen sie uns auf nüchterne und oft freudige Weise, wie entscheidend es ist, aus dem Wesentlichen zu leben und sich der Vorsehung des Vaters zu überlassen.

Grundlage für die vielen konkreten Initiativen, die an diesem Tag verwirklicht werden können, ist immer das Gebet. Vergessen wir nicht, dass das Vaterunser das Gebet der Armen ist. Die Bitte um Brot drückt unser Vertrauen auf Gott in Bezug auf die Grundbedürfnisse unseres Lebens aus. Was Jesus uns mit diesem Gebet gelehrt hat, drückt den Schrei derer aus, die unter der Unsicherheit der Existenz und dem Mangel an Notwendigem leiden, und nimmt ihn auf.

Als die Jünger Jesus baten, sie zu lehren, wie man betet, antwortete er ihnen mit den Worten der Armen, die sich an den einen Vater wenden, in dem sich alle als Brüder und Schwestern erkennen. Das Vaterunser ist ein Gebet, das im Plural gesprochen wird: Das Brot, um das gebeten wird, ist „unser", und das bedeutet Teilen, Teilhabe und gemeinsame Verantwortung. In diesem Gebet erkennen wir gemeinsam die Notwendigkeit, alle Formen des Egoismus zu überwinden, um zur Freude der gegenseitigen Annahme zu gelangen.

Ich bitte meine Mitbrüder, die Bischöfe, die Presbyter, die Diakone – die durch ihre Berufung den Auftrag haben, die Armen zu unterstützen –, die Personen des geweihten Lebens, die Vereinigungen, die Bewegungen und die weite Welt der Freiwilligen, sich zu engagieren, damit mit diesem Welttag der Armen eine Tradition begründet wird, die einen konkreten Beitrag zur Evangelisierung in der heutigen Welt darstellt.

Möge dieser neue Welttag daher eine starke Erinnerung für unser gläubiges Gewissen werden, damit wir immer mehr davon überzeugt sind, dass das Teilen mit den Armen uns ermöglicht, das Evangelium in seiner tiefsten Wahrheit zu verstehen. Die Armen sind nicht ein Problem, sie sind eine Ressource, aus der wir schöpfen können, um das Wesentliche des Evangeliums aufzunehmen und zu leben.

Kapitel 14

Diakonie in „eingerichteten Diensten" *(ministerii instituti)*[1]

In der Sicht von Papst Franziskus erschöpft sich die diakonische Sendung der Kirche keinesfalls im Diakonat aufgrund sakramentaler Weihe und auch nicht in der Gesamtheit der Weiheämter. Deren Berufung liegt vielmehr darin, das gesamte Volk Gottes in der diakonischen Berufung der Kirche zu stärken und auf der Grundlage von Taufe und Firmung die Charismen aller Christen zu wecken und zu fördern. Dadurch entsprechen sie dem Aufruf des Apostels Paulus: „Wir wollen nicht Herren über euren Glauben sein, sondern wir sind Helfer zu eurer Freude; denn im Glauben seid ihr fest verwurzelt" (2 Kor 1,24).

Es bietet sich an – wie im Titel dieses Buches – sprachlich zwischen „Diakonie" und „Diakonat" zu unterscheiden: Die *Diakonie* bezeichnet eine Berufung des gesamten Gottesvolkes in der Nachfolge Jesu Christi, der gekommen ist, um zu dienen, nicht um sich dienen zu lassen (Mt 20,28; Mk 10,45); der *Diakonat* ist die grundlegende Gestalt der sakramentalen Weihe und steht im Dienst der lebendigen Praxis der Diakonie in der Gemeinschaft der Kirche. Die Diakonie ist der Grundvollzug im Leben der christlichen Gemeinschaft *ad intra,* zugleich aber auch die innere Bewegkraft der Evangelisierung, die das Heil in Wort und Tat „in die ganze Welt" trägt und „der gesamten Schöpfung" verkündigt (Mk 16,15). In dieser Hinsicht hat die Diakonie eine fundierende Rolle für jede christliche Berufung. Papst Franziskus hat dies jüngst in seiner Neuordnung des „Vikariats von Rom" zum Aus-

---

1 Dieses Kapitel wurde mit Einverständnis des Autors durch die Herausgeberin hinzugefügt, um die neueren Entwicklungen und Initiativen von Papst Franziskus erkennbar zu machen. Die Einleitung zu den Dokumenten von Papst Franziskus verantwortet die Herausgeberin.

druck gebracht: Artikel 3 in Kapitel I legt fest, dass „alle, die unter irgendeinem Titel in den Amtseinrichtungen des Vikariats der Stadt Rom tätig sind [...], ihre wertvolle Mitarbeit im Geiste des Dienens leisten und sich an der Diakonie Christi orientieren, der gekommen ist, um zu dienen und nicht, um sich dienen zu lassen“ [66].[2]

Die Aufgaben, die sich aus dieser Diakonie ergeben, werden bis ans Ende der Zeit nicht ausbleiben. Wichtiger als einzelne Taten ist in der Sicht von Papst Franziskus eine von der Diakonie geprägte Lebensform. Sie unterläuft die Differenz zwischen Herrschen und Dienen, ja sogar zwischen arm und reich, krank und gesund, schwach und stark. Diakonisches Handeln ist darauf ausgerichtet, allen und allem einen Ort in der Schöpfung als universaler Gemeinschaft des Heils zu geben und die dafür erforderlichen Mittel in den Grenzen der geschichtlichen Möglichkeiten zu gewähren. Die Gläubigen haben im Himmel und auf Erden zahlreiche Vorbilder, die ihnen Wege für eine diakonische Lebensform weisen, auf denen sich zugleich ihre eigene Heiligung als Teilhabe am Leben des heiligen Gottes vollzieht. Papst Franziskus erwähnt bevorzugt den hl. Stephanus, den Diakon und ersten Märtyrer der Kirche, den hl. Laurentius, Diakon in Rom, seinen Namenspatron, den hl. Franziskus von Assisi, die hl. Elisabeth von Ungarn und die hl. Therese von Lisieux.

Innerhalb der kirchlichen Grundberufung zur Diakonie eröffnet Papst Franziskus die Möglichkeit für „eingerichtete Dienste“ *(ministerii instituti):* „Der Geist des Herrn Jesus, die immerwährende Quelle des Lebens und der Sendung der Kirche, teilt den Gliedern des Gottesvolkes die Gaben zu, die es jedem ermöglichen, auf unterschiedliche Weise zum Aufbau der Kirche und zur Verkündigung des Evangeliums beizutragen. Diese Charismen, die Ämter genannt werden, weil sie von der Kirche öffentlich anerkannt und eingerichtet sind, werden der Gemeinschaft und ihrer

2 Siehe unten S. 198.

Sendung in einer dauerhaften Form zur Verfügung gestellt".[3] Zu diesen Ämtern können Frauen und Männer gleichermaßen zugelassen werden. Papst Franziskus selbst hat bereits das Lektorat, das Akolythat und das neue Amt des Katecheten/der Katechetin offiziell eingerichtet. Auch andere „eingerichtete Dienste" sind möglich. In der Sicht von Papst Franziskus sind sie stets ein Ausdruck der grundlegenden Orientierung an der „Diakonie Christi".

Den pastoralen Bedürfnissen der Ortskirchen kommt in diesem Zusammenhang eine besondere Bedeutung zu. Darin verwirklicht sich die Dezentralisierung des kirchlichen Lebens, die das II. Vatikanische Konzil mit der Neuentdeckung und Aufwertung der „Teilkirchen" *(ecclesiae particulares)* vollzogen hat, „die nach dem Bild der Gesamtkirche gestaltet sind", so dass gilt: „In ihnen und aus ihnen besteht die eine und einzige katholische Kirche" (LG 23). Bischöfe und Bischofskonferenzen sind dafür verantwortlich, neue und kreative Wege zu finden, um den diakonischen Grundvollzug der Kirche zu fördern. Dazu gehört die Ermutigung von Berufungen und die Ausbildung geeigneter Menschen, Männer und Frauen, je nach den kontextuellen Bedürfnissen. Diese „eingerichteten Dienste", denen eine gewisse Dauerhaftigkeit und Öffentlichkeit zukommt, werden lokal und zugleich in Gemeinschaft mit der Gesamtkirche ausgeübt, ohne den Unterschied zwischen „geweihten" und „eingerichteten" Diensten aufzuheben. Der von Papst Franziskus eröffnete Weg bedarf einer weiteren Klärung, die der wachsenden Erfahrung der Kirche mit derartigen Diensten Rechnung trägt: Bezeichnung, Ausbildung, liturgische Einrichtung, Aufgaben und Verpflichtungen, Zusammenarbeit mit den geweihten Amtsträgern.

---

3 *Motu proprio Spiritus Domini,* 10. Januar 2021 [62].

Dokumente von Papst Franziskus

- Papst Franziskus, Apostolische Konstitution *In Ecclesiarum communione* über die Ordnung des Vikariats von Rom, 6. Januar 2023 [59]

Kapitel I, Art. 3
Ungeachtet der Unterscheidung der Aufgaben und der Verantwortung, die jedem zukommt, sollen alle, die unter irgendeinem Titel in den Amtseinrichtungen des Vikariats der Stadt Rom tätig sind und nach Frömmigkeit, Befähigung, Eifer und pastoraler Erfahrung ausgewählt werden, ihre wertvolle Mitarbeit im Geiste des Dienens leisten und sich an der Diakonie Christi orientieren, der gekommen ist, um zu dienen und nicht, um sich dienen zu lassen (Mt 20,28; Mk 10,45).

- Papst Franziskus, Apostolisches Schreiben in Form eines *Motu proprio Spiritus Domini* über die Änderung von can. 230 § 1 des Codex des kanonischen Rechts über den Zugang von Frauen zum Amt des Lektors und des Akolythen, 10. Januar 2021 [66]

Der Geist des Herrn Jesus, die immerwährende Quelle des Lebens und der Sendung der Kirche, teilt den Gliedern des Gottesvolkes die Gaben zu, die es einem jeden ermöglichen, in unterschiedlicher Weise zum Aufbau der Kirche und zur Verkündigung des Evangeliums beizutragen. Diese Charismen, „Dienste“ *(ministeri)* genannt, insofern sie von der Kirche öffentlich anerkannt und eingerichtet sind, werden der Gemeinschaft und ihrer Sendung in einer dauerhaften Form zur Verfügung gestellt.

In einigen Fällen hat dieser Beitrag in Form eines Dienstes seinen Ursprung in einem spezifischen Sakrament, der Weihe. Andere Aufgaben wurden im Laufe der Geschichte in der Kirche eingerichtet und durch einen nicht-sakramentalen liturgischen Ritus den einzelnen Gläubigen anvertraut, und zwar kraft einer besonderen Form der Ausübung des Taufpriestertums und zur Unterstützung des spezifischen Amtes der Bischöfe, Presbyter und Diakone.

Einer ehrwürdigen Tradition folgend, ging der Empfang von „Laienämtern“, den Paul VI. im *Motu proprio Ministeria quaedam* (17. August 1972) [8] regelte, dem Empfang des Weihesakraments vorbereitend voraus, auch wenn diese Ämter anderen geeigneten männlichen Gläubigen übertragen werden konnten.

Mehrere Versammlungen der Bischofssynode haben die Notwendigkeit hervorgehoben, das Thema auf der Ebene der Lehre zu vertiefen, damit es dem Wesen der genannten Charismen und den Erfordernissen der Zeit entspricht und eine angemessene Unterstützung für die Aufgabe der Evangelisierung bietet, die der kirchlichen Gemeinschaft obliegt.

Diese Empfehlungen wurden aufgegriffen, und so hat sich in den letzten Jahren in der Lehre eine Entwicklung vollzogen, die deutlich gemacht hat, dass bestimmte von der Kirche eingerichtete Ämter auf der gemeinsamen Voraussetzung der Taufe und des im Sakrament der Taufe empfangenen königlichen Priestertums beruhen; sie unterscheiden sich dem Wesen nach vom geweihten Amt, das im Sakrament der Weihe empfangen wird. Sogar eine gefestigte Praxis in der lateinischen Kirche hat in der Tat bestätigt, wie solche Laienämter, die auf dem Sakrament der Taufe beruhen, allen Gläubigen anvertraut werden können, die dafür geeignet sind, seien sie männlich oder weiblich, so wie es bereits implizit im Kanon 230 § 2 vorgesehen ist.

Nachdem ich die Meinung der zuständigen Dikasterien gehört habe, habe ich daher entschieden, Kanon 230 § 1 des Codex des kanonischen Rechts abzuändern. Daher erkläre ich, dass Kanon 230 § 1 des Codex des kanonischen Rechts in Zukunft den folgenden Wortlaut haben soll: „Laien, die das Alter und die Gaben aufweisen, wie sie durch die Bischofskonferenz per Dekret festgelegt sind, können durch den festgelegten liturgischen Ritus dauerhaft in die Dienste von Lektorat und Akolythat aufgenommen werden; diese Betrauung verleiht ihnen jedoch nicht das Recht auf Unterhalt oder Besoldung seitens der Kirche.“

Ich ordne auch die Änderung der anderen Bestimmungen an, die Gesetzeskraft haben und sich auf diesen Kanon beziehen.

Was ich mit diesem Apostolischen Schreiben in Form eines *Motu proprio* beschlossen habe, soll nach meiner Anordnung ungeachtet aller gegenteiligen Bestimmungen, auch wenn sie einer besonderen Erwähnung wert wären, fest und beständig in Kraft bleiben und durch Veröffentlichung im *Osservatore Romano* verkündet werden; es tritt am selben Tag in Kraft und wird dann in den *Acta Apostolicae Sedis* publiziert.

- Papst Franziskus, Brief an den Präfekten der Kongregation für die Glaubenslehre über den Zugang von Frauen zu den Ämtern des Lektorats und des Akolythats, 10. Januar 2021 [63]

  An den Ehrwürdigen Bruder Kardinal Luis F. Ladaria SJ, Präfekt der Kongregation für die Glaubenslehre.

Der Heilige Geist, die Beziehung der Liebe zwischen dem Gott dem Vater und dem Sohn, baut die Gemeinschaft des ganzen Gottesvolkes auf und durchdringt sie, indem er in ihr vielfältige und unterschiedliche Gaben und Charismen weckt (Papst Franziskus, Apostolisches Schreiben *Evangelii gaudium,* Nr. 117 [41]). Durch die Sakramente der Taufe, der Firmung und der Eucharistie empfangen die Glieder des Leibes Christi vom Geist des Auferstandenen in unterschiedlichem Maße und mit verschiedenen Ausdrucksformen jene Gaben, die sie befähigen, den notwendigen Beitrag zum Aufbau der Kirche und zur Verkündigung des Evangeliums an alle Geschöpfe zu leisten.

Der Apostel Paulus unterscheidet in diesem Zusammenhang zwischen Gnadengaben als Charismen *(charismata)* und Diensten *(diakoniai – ministeria)* (Röm 12,4ff. und 1 Kor 12,12ff.). Nach der kirchlichen Tradition werden als „Dienste“ die verschiedenen

Formen bezeichnet, die Charismen annehmen, wenn sie öffentlich anerkannt und der Gemeinschaft und ihrer Sendung in einer dauerhaften Form zur Verfügung gestellt werden.

In einigen Fällen hat der Dienst seinen Ursprung in einem bestimmten Sakrament, dem Weihesakrament: es handelt sich um die „geweihten“ Ämter des Bischofs, des Presbyters, des Diakons. In anderen Fällen wird der Dienst durch einen liturgischen Akt des Bischofs einer Person anvertraut, die Taufe und Firmung empfangen hat und in der nach einem angemessenen Vorbereitungsweg bestimmte Charismen anerkannt sind: Man spricht dann von „eingerichteten Diensten“. Viele andere kirchliche Dienste oder Ämter werden de facto von vielen Mitgliedern der Gemeinschaft zum Wohl der Kirche ausgeübt, oft über einen langen Zeitraum und mit großer Wirkung, ohne dass ein besonderer Ritus für die Verleihung des Amtes vorgesehen ist.

Im Laufe der Geschichte hat die Ausübung der Dienste in der katholischen Kirche je nach den kirchlichen, sozialen und kulturellen Gegebenheiten unterschiedliche Formen angenommen; dabei ist die nicht nur graduelle Unterscheidung zwischen den „eingerichteten“ (oder „Laien“-)Diensten und den „geweihten“ Diensten erhalten geblieben ist. Die eingerichteten Dienste sind besondere Ausdrucksformen des priesterlichen und königlichen Standes, der jedem Getauften eigen ist (1 Petr 2,9); die geweihten Dienste sind einigen Gliedern des Gottesvolkes eigen, die als Bischöfe und Presbyter „die Sendung und die Fähigkeit empfangen, in der Person Christi, des Hauptes, zu handeln“, oder als Diakone „befähigt sind, dem Gottesvolk in der Diakonie der Liturgie, des Wortes und der Liebe zu dienen“ (Benedikt XVI., Apostolisches Schreiben in Form eines *Motu proprio Omnium in mentem,* 26. Oktober 2009 [25]). Ausdrücke wie „Taufpriestertum“ und „geweihtes Priestertum“ (oder „Amtspriestertum“) werden ebenfalls verwendet, um auf diese Unterscheidung hinzuweisen. In jedem Fall ist es gut, mit der Dogmatischen Konstitution *Lumen gentium* des II. Vatikanischen Konzils zu bekräftigen, dass sie „aufeinander hingeordnet sind; denn jedes hat auf seine Weise teil an dem einen Priestertum Christi“ (LG 10). Das kirchliche Leben nährt sich aus diesem wechselseitigen Bezug und aus der fruchtbaren Spannung dieser beiden Pole des Priestertums – des Amts- und des Taufpriestertums –, die trotz ihrer Unterscheidung in dem einen Priestertum Christi verwurzelt sind.

Im Sinne des II. Vatikanischen Konzils wollte Papst Paul VI. die Praxis der nicht geweihten Ämter in der lateinischen Kirche, die bisher als „niedere Weihen“ bezeichnet wurden, revidieren und an die Bedürfnisse der Zeit anpassen. Diese Anpassung darf jedoch nicht als Verwerfung der früheren Lehre verstanden werden, sondern als Aktualisierung der Dynamik, die das Wesen der Kirche kennzeichnet, die immer dazu berufen ist, mit Hilfe des Geistes der Wahrheit im Gehorsam gegenüber der Offenbarung auf die Herausforderungen jeder Zeit zu antworten. Das Apostolische Schreiben in Form eines *Motu proprio Ministeria quaedam* (15. August 1972) [8] sieht zwei Ämter *[uffici]* (Aufgaben) vor, das des Lektors und das des Akolythen, wobei das erste strikt mit dem Dienst am Wort und das zweite mit dem Dienst am Altar verbunden ist, ohne auszuschließen, dass der Heilige Stuhl auf Ersuchen der Bischofskonferenzen weitere „Ämter“ einrichten kann.

Die unterschiedlichen Formen der Ausübung der nicht geweihten Ämter sind im übrigen nicht einfach auf soziologischer Ebene die Folge des Wunsches, sich der Sensibilität oder der Kultur der jeweiligen Zeit und des jeweiligen Ortes anzupassen, sondern werden durch die Notwendigkeit bestimmt, jeder Orts- bzw. Teilkirche zu ermöglichen, in Gemeinschaft mit allen anderen und mit der Kirche von Rom als Zentrum der Einheit das liturgische Handeln, den Dienst an den Armen und die Verkündigung des Evangeliums in Treue zum Auftrag des Herrn Jesus Christus zu verwirklichen. Die Hirten der Kirche haben die Aufgabe, die Gaben aller Getauften zu erkennen sowie diese Gaben auf bestimmte Dienste auszurichten, sie zu fördern und zu koordinieren, damit sie zum Wohl der Gemeinschaften beitragen und zur Sendung, die allen Jüngern und Jüngerinnen anvertraut ist.

Das Engagement der Laien, die „einfach die überwältigende Mehrheit des Volkes Gottes sind“ (Apostolisches Schreiben *Evangelii gaudium,* Nr. 102 [41]), kann und darf sich gewiss nicht in der Ausübung der nicht geweihten Dienste erschöpfen (vgl. ebd.). Doch wenn diese Dienste besser gestaltet werden und klarer auf die Verantwortung Bezug nehmen, die allen Christen aus Taufe und Firmung erwächst, können sie dazu beitragen, den Sinn für die spezifisch kirchliche Communio wiederzuentdecken und das Engagement für die Katechese und die Feier des Glaubens zu erneuern (ebd.). Gerade in dieser Wiederentdeckung kann das fruchtbare Zusammenwirken, das sich aus dem wechselseitigen Bezug zwischen Weihepriestertum und Taufpriestertum ergibt, besser umgesetzt werden. Diese Wechselseitigkeit fließt vom Dienst hin zum Sakrament des Altars und steht unter dem Ruf, in der Differenzierung der Aufgaben zurückzufließen in den Dienst, der die eigentliche Sendung der ganzen Kirche ist: „Christus zum Herzen der Welt zu machen“. Gerade dieser einzigartige, wenn auch differenzierte Dienst zugunsten der Welt weitet den Horizont der kirchlichen Sendung, verhindert, dass sie sich in sterile Logiken verschließt, die vor allem darauf abzielen, Machtbereiche zu beanspruchen, und hilft ihr, sich als geistliche Gemeinschaft zu erfahren, die „mit der ganzen Menschheit auf dem Weg ist und mit der Welt dasselbe irdische Los teilt“ (GS 40). In dieser Dynamik kann man die Bedeutung der „Kirche, die hinausgeht“ [Chiesa in uscita] wirklich verstehen.

In dem vom II. Vatikanischen Konzil vorgezeichneten Horizont der Erneuerung wird es heute immer dringlicher, die Mitverantwortung aller Getauften in der Kirche und insbesondere die Sendung der Laien wiederzuentdecken. Die Sonderversammlung der Bischofssynode für die Pan-Amazonas-Region (6.-27. Oktober 2019) hat im fünften Kapitel des Schlussdokuments die Notwendigkeit betont, „neue Wege für den kirchlichen Dienst“ (Nr. 93ff.) zu finden. Nicht nur für die Kirche der Amazonas-Region, sondern für die gesamte Kirche ist es in der Vielfalt der Situationen „dringend erforderlich, dass neue Dienste gefördert und Männern und Frauen in gleicher Weise übertragen werden [...] Es ist die Kirche der getauften Männer und Frauen, die wir festigen müssen, indem wir den Dienstcharakter *[ministerialità]* und vor allem das Bewusstsein der Würde der Taufe fördern“ (Schlussdokument, Nr. 95 [83]).

In diesem Zusammenhang ist bekannt, dass das *Motu proprio Ministeria quaedam* [8] das eingerichtete Amt des Lektors und des Akolythen nur Männern vorbehält, und Kanon 230 § 1 des CIC legt dies entsprechend fest. In jüngster Zeit und in vielen kirchlichen Kontexten wurde jedoch festgestellt, dass die Aufhebung eines solchen Vorbehalts dazu beitragen könnte, die gemeinsame Taufwürde der Glieder des Gottesvolkes besser deutlich zu machen. Bereits auf der 12. Ordentlichen Generalversammlung der Bischofssynode über das Wort Gottes im Leben und in der Sendung der Kirche (5.-26. Oktober 2008) wünschten die Synodenväter, „dass der Dienst des Lektorats auch für Frauen offen steht“ (vgl. Vorschlag Nr. 17 [80]), und im Nachsynodalen Apostolischen Schreiben *Verbum Domini* (30. September 2010) hat Benedikt XVI. präzisiert, dass die Ausübung der Aufgabe *(munus)* des Lektors in der liturgischen Feier und insbesondere der Dienst des Lektorats als solcher im lateinischen Ritus ein Laienamt ist (Nr. 58 [27]).

Die „ehrwürdige Tradition der Kirche“ hat jahrhundertelang die sogenannten „niederen Weihen“ – einschließlich Lektorat und Akolythat – als Stufen auf dem Weg zu den „höheren Weihen“ (Subdiakonat, Diakonat, Presbyterat) betrachtet. Da das Weihesakrament Männern vorbehalten war, galt dies auch für die niederen Weihen.

Eine klarere Unterscheidung zwischen den sogenannten „nicht geweihten (oder Laien-)Diensten“ und den „geweihten Diensten“ ermöglicht es, die Dienste ohne sakramentale Weihe nicht länger Männern vorzubehalten. Wenn die Kirche in Bezug auf die geweihten Ämter „in keiner Weise die Möglichkeit hat, Frauen die Priesterweihe zu erteilen“ (Johannes Paul II., Apostolisches Schreiben *Ordinatio sacerdotalis,* 22. Mai 1994 [16]), so ist eine Übertragung von nicht geweihten Diensten möglich, und heute scheint es opportun, den Vorbehalt aufzuheben. Dieser Vorbehalt war in einem bestimmten Kontext sinnvoll, kann aber in neuen Kontexten überdacht werden. Das Kriterium ist dafür immer die Treue zum Auftrag Christi und der Wille, das von den Aposteln überlieferte und der Kirche anvertraute Evangelium zu leben und zu verkünden, damit es gläubig gehört, als heilig bewahrt und treu verkündet wird.

Nicht umsonst spricht Paul VI. von einer „ehrwürdigen" *[venerabilis]* Tradition, nicht von einer „zu ehrenden" *[veneranda]* Tradition im engeren Sinne (d.h. einer Tradition, die befolgt werden „muss"): Sie kann als gültig anerkannt werden, und das war sie auch lange Zeit; sie ist jedoch nicht verbindlich, da der Vorbehalt, dass diese Dienste nur Männern erteilt werden, nicht zum eigentlichen Wesen der Dienste von Lektorat und Akolythat gehört. Indem Laien beiderlei Geschlechts aufgrund ihrer Teilhabe am Taufpriestertum Zugang zu den Diensten des Akolythats und des Lektorats erhalten, wird der wertvolle Beitrag, den viele Laien, darunter auch Frauen, seit langem zum Leben und zur Sendung der Kirche leisten, auch durch einen liturgischen Akt (Institution) stärker anerkannt.

Aus diesen Gründen habe ich es für angebracht gehalten festzulegen, dass für das Lektorat und das Akolythat nicht nur Männer, sondern auch Frauen eingesetzt werden können, in denen die Kirche nach dem Urteil der Hirten und aufgrund einer angemessenen Vorbereitung „den festen Willen erkennt, Gott und dem christlichen Volk treu zu dienen", wie es im *Motu proprio Ministeria quaedam* [8] heißt, kraft des Sakraments der Taufe und der Firmung.

Die Entscheidung, auch Frauen diese Ämter zu übertragen, die Dauerhaftigkeit, öffentliche Anerkennung und ein Mandat des Bischofs mit sich bringen, macht die Beteiligung aller am Werk der Evangelisierung in der Kirche wirksamer. „Das ermöglicht es auch Frauen, einen echten und wirksamen Einfluss bei der Organisation, bei den wichtigsten Entscheidungen und bei der Leitung von Gemeinschaften haben, ohne dabei den Stil der ihnen eigenen weiblichen Prägung aufzugeben“ (Apostolisches Schreiben *Querida Amazonia,* Nr. 103 [61]). Das „Taufpriestertum“ und der „Dienst an der Gemeinschaft“ stellen somit die beiden Säulen dar, auf denen die Einrichtung der Dienste ruht.

Auf diese Weise erfolgt eine Antwort auf die Anforderungen an die Sendung der heutigen Zeit, und das Zeugnis zahlreicher Frauen wird gewürdigt, die für den Dienst am Wort und am Altar sorgten und sorgen. Darüber hinaus wird – auch für diejenigen, die auf dem Weg zum geweihten Amt sind – deutlicher, dass die Dienste des Lektors und des Akolythen im Sakrament der Taufe und der Firmung verwurzelt sind. Auf diese Weise werden diejenigen, die auf dem Weg zur Diakonen- und Priesterweihe als Lektoren und Akolythen eingesetzt werden, besser verstehen, dass sie an einem gemeinsamen Dienst mit anderen getauften Männern und Frauen teilhaben. Und so wird sich der gegenseitige Bezug zwischen dem Priestertum aller einzelnen Gläubigen *(commune sacerdotium)* und dem Priestertum der geweihten Amtsträger *(sacerdotium ministeriale seu hierarchicum)* noch deutlicher zeigen (LG 10), zum Aufbau der Kirche und zum Zeugnis für das Evangelium.

Es wird Aufgabe der Bischofskonferenzen sein, angemessene Kriterien für die Auswahl und Vorbereitung der Kandidaten und Kandidatinnen für die Dienste des Lektorats oder des Akolythats festzulegen oder für andere Dienste, die sie zu errichten gedenken, und zwar gemäß den Bestimmungen, die bereits im *Motu proprio Ministeria quaedam* getroffen wurden, vorbehaltlich der Zustimmung des Heiligen Stuhls und entsprechend den Erfordernissen der Evangelisierung in ihrem Gebiet.

Die Kongregation für den Gottesdienst und die Sakramentenordnung wird für die Durchführung der oben genannten Reform mit der Änderung der *Editio typica* des *Pontificale Romanum* bzw. des Dokuments *De Institutione Lectorum et Acolythorum* sorgen.

- Papst Franziskus, Apostolisches Schreiben in Form eines *Motu proprio Antiquum Ministerium* zur Einführung des Dienstes des Katecheten/der Katechetin, 10. Mai 2021 [64]

1. Der Dienst des Katecheten in der Kirche ist sehr alt. In der Theologie herrscht Einvernehmen darüber, dass die ersten Beispiele bereits in den Schriften des Neuen Testaments zu finden sind. Der Dienst des Lehrens findet seine erste keimhafte Form in den „Lehrern“, die der Apostel in seinem Brief an die Gemeinde von Korinth erwähnt: „So hat Gott in der Kirche die einen als Apostel eingesetzt, die andern als Propheten, die dritten als Lehrer; ferner verlieh er die Kraft, Wunder zu tun, sodann die Gaben, Krankheiten zu heilen, zu helfen, zu leiten, endlich die verschiedenen Arten von Zungenrede. Sind etwa alle Apostel, alle Propheten, alle Lehrer? Haben alle die Kraft, Wunder zu tun? Besitzen alle die Gabe, Krankheiten zu heilen? Reden alle in Zungen? Können alle solches Reden auslegen? Strebt aber nach den höheren Gnadengaben! Ich zeige euch dazu noch einen anderen Weg, einen, der alles übersteigt“ (1 Kor 12,28-31).

Lukas beginnt sein Evangelium mit dem Bekenntnis: „Nun habe auch ich mich entschlossen, allem von Grund auf sorgfältig nachzugehen, um es für dich, hochverehrter Theophilus, der Reihe nach aufzuschreiben. So kannst du dich von der Zuverlässigkeit der Lehre überzeugen, in der du unterwiesen wurdest“ (Lk 1,3-4). Der Evangelist scheint sich sehr wohl bewusst zu sein, dass er mit seinen Schriften eine besondere Form der Unterweisung zur Verfügung stellt, die den bereits Getauften Halt und Kraft zu geben vermag. Der Apostel Paulus kommt erneut auf das Thema zu sprechen, wenn er den Galatern empfiehlt: „Wer im Evangelium unterrichtet wird, lasse seinen Lehrer an allem teilhaben, was er besitzt“ (Gal 6,6). Wie man sieht, fügt der Text eine grundlegende Besonderheit hinzu: die Lebensgemeinschaft als Merkmal für die Fruchtbarkeit der wahren Katechese, die man empfangen hat.

2. Seit ihren Anfängen kannte die christliche Gemeinschaft eine breit gefächerte Form von Diensten, konkretisiert im Dienst

von Männern und Frauen, die im Gehorsam gegenüber dem Wirken des Heiligen Geistes ihr Leben dem Aufbau der Kirche widmeten. Die Charismen, mit denen der Heilige Geist die Getauften stets erfüllt hat, fanden zu bestimmten Zeiten eine sichtbare und greifbare Gestalt des direkten Dienstes an der christlichen Gemeinschaft in ihren vielfältigen Ausdrucksweisen, so dass sie als eine für die Gemeinschaft unerlässliche „Diakonie“ anerkannt wurden. Der Apostel Paulus bringt dies maßgebend zum Ausdruck, wenn er bezeugt: „Es gibt verschiedene Gnadengaben, aber nur den einen Geist. Es gibt verschiedene Dienste, aber nur den einen Herrn. Es gibt verschiedene Kräfte, die wirken, aber nur den einen Gott: Er bewirkt alles in allen. Jedem aber wird die Offenbarung des Geistes geschenkt, damit sie anderen nützt. Dem einen wird vom Geist die Gabe geschenkt, Weisheit mitzuteilen, dem andern durch den gleichen Geist die Gabe, Erkenntnis zu vermitteln, dem dritten im gleichen Geist Glaubenskraft, einem andern – immer in dem einen Geist – die Gabe, Krankheiten zu heilen, einem andern Wunderkräfte, einem andern prophetisches Reden, einem andern die Fähigkeit, die Geister zu unterscheiden, wieder einem andern verschiedene Arten von Zungenrede, einem andern schließlich die Gabe, sie zu deuten. Das alles bewirkt ein und derselbe Geist; einem jeden teilt er seine besondere Gabe zu, wie er will“ (1 Kor 12,4-11).

In der großen charismatischen Tradition des Neuen Testaments kann man also die tatkräftige Präsenz von Getauften erkennen, die den Dienst ausgeübt haben, die Lehre der Apostel und Evangelisten in organischer, dauerhafter und an verschiedene Lebensumstände gebundener Weise weiterzugeben (DV 8). Die Kirche wollte diesen Dienst als konkrete Ausdrucksform des persönlichen Charismas anerkennen, das in nicht geringem Maße ihren Evangelisierungsauftrag unterstützt hat. Der Blick auf das Leben der ersten christlichen Gemeinschaften, die sich für die Ausbreitung und das Wachstum des Evangeliums eingesetzt haben, spornt auch heute die Kirche an, die neuen Ausdrucksformen zu erfassen, mit denen sie dem Wort des Herrn weiterhin treu bleiben kann, damit sein Evangelium zu allen Geschöpfen gelangt.

3. Die gesamte Geschichte der Evangelisierung in den vergangenen zwei Jahrtausenden zeigt ganz klar, wie wirksam die Sendung der katechetisch tätigen Personen war. Bischöfe, Priester und Diakone haben gemeinsam mit so vielen Männern und Frauen des gottgeweihten Lebens sich ganz der katechetischen Unterweisung gewidmet, damit der Glaube eine tragfähige Stütze für das persönliche Leben jedes Menschen sein konnte. Einige von ihnen haben außerdem andere Brüder und Schwestern um sich geschart, die dasselbe Charisma teilten, und so sind Ordensgemeinschaften entstanden, die sich ganz in den Dienst der Katechese stellen.

Nicht zu vergessen sind die zahllosen Laien, die direkt an der Verbreitung des Evangeliums durch den katechetischen Unterricht mitgewirkt haben: Männer und Frauen, beseelt von einem großen Glauben und echte Zeugen der Heiligkeit, die in einigen Fällen sogar Kirchen gründeten, bis hin zur Hingabe ihres Lebens. Auch in unserer Zeit leiten viele fähige und beharrliche Katecheten und Katechetinnen Gemeinschaften in verschiedenen Regionen und erfüllen eine unersetzliche Aufgabe bei der Weitergabe und Vertiefung des Glaubens. Die lange Reihe der seligen, heiligen und gemarterten Katecheten und Katechetinnen, die die Sendung der Kirche geprägt haben, verdient es, bekannt zu sein, denn sie ist eine fruchtbare Quelle nicht nur für die Katechese, sondern für die gesamte Geschichte der christlichen Spiritualität.

4. Seit dem II. Vatikanischen Konzil ist sich die Kirche neu bewusst geworden, wie bedeutsam das Engagement der Laien im Werk der Evangelisierung ist. Die Konzilsväter haben wiederholt betont, wie notwendig für die *plantatio Ecclesiae* (Einpflanzung der Kirche) und die Entwicklung der christlichen Gemeinschaft die unmittelbare Beteiligung der Laien in den verschiedenen Ausdrucksformen ihres Charismas ist. „Auch ist jene Schar des Lobes wert, die sich um das Werk der Missionen bei den Völkern so überaus verdient gemacht hat, nämlich die der Katecheten, sowohl Männer als auch Frauen, die, von apostolischem Geist erfüllt,

unter großen Mühen eine einzigartige und ganz und gar notwendige Hilfe leisten bei der Ausbreitung des Glaubens und der Kirche" (AG 17,1).

Neben der reichhaltigen Lehre des Konzils ist es notwendig, auf das beständige Interesse der Päpste, der Bischofssynode, der Bischofskonferenzen und der einzelnen Hirten Bezug zu nehmen, die im Laufe der vergangenen Jahrzehnte eine bemerkenswerte Erneuerung der Katechese bewirkt haben. Der *Katechismus der Katholischen Kirche,* das Apostolische Schreiben *Catechesi tradendae,* das *Allgemeine Katechetische Direktorium* (1971), das *Allgemeine Direktorium für die Katechese* (1997) und das kürzlich veröffentlichte *Direktorium für die Katechese* (2020) sind zusammen mit den vielen nationalen, regionalen und diözesanen Katechismen ein Ausdruck der zentralen Bedeutung der katechetischen Unterweisung, die Unterricht, Aus- und Weiterbildung der Gläubigen stark in den Vordergrund rückt.

5. Ohne in irgendeiner Weise den Auftrag des Bischofs zu schmälern, der erste Katechet in seiner Diözese zu sein, zusammen mit dem Presbyterium, das mit ihm dieselbe pastorale Sorge teilt, und der besonderen Verantwortung der Eltern für die christliche Erziehung ihrer Kinder (CIC can. 774 § 2; CCEO can. 618), ist unbedingt die Präsenz der Laien anzuerkennen, die sich kraft ihrer Taufe berufen fühlen, im Dienst der Katechese mitzuarbeiten (CIC can. 225; CCEO can. 401 und 406). Diese Präsenz ist in unserer Zeit umso dringlicher, als das Bewusstsein für die Evangelisierung in der heutigen Welt erneuert wurde (EG 163-168) und eine globalisierte Kultur sich durchsetzt (Enzyklika *Fratelli tutti,* Nr. 100, 138), so dass eine authentische Begegnung mit den jüngeren Generationen erforderlich wird. Dabei darf die Notwendigkeit von Methoden und kreativen Mitteln nicht vergessen werden, um die Verkündigung des Evangeliums mit der missionarischen Umgestaltung, die die Kirche untergenommen hat, in Einklang zu bringen. Die Treue zur Vergangenheit und die Verantwortung für die Gegenwart sind die unabdingbaren Voraussetzungen, damit die Kirche ihre Sendung in der Welt erfüllen kann.

Um den persönlichen Enthusiasmus aller Getauften zu wecken und das Bewusstsein zu beleben, dass sie dazu berufen sind, ihre Sendung in der Gemeinschaft zu erfüllen, ist es notwendig, auf die Stimme des Geistes zu hören, der es nie versäumt, seine fruchtbare Gegenwart kundzutun (CIC can. 774 §1; CCEO can. 617). Der Geist beruft auch heute Männer und Frauen, sich auf den Weg zu machen, um den vielen zu begegnen, die darauf warten, die Schönheit, Güte und Wahrheit des christlichen Glaubens kennenzulernen. Es ist die Aufgabe der Hirten, diesen Weg zu unterstützen und das Leben der christlichen Gemeinschaft durch die Anerkennung von Laiendiensten zu bereichern, die durch die „Durchdringung der sozialen, politischen und wirtschaftlichen Welt mit christlichen Werten“ (EG 102) zur Umgestaltung der Gesellschaft beitragen können.

6. Das Laienapostolat besitzt einen unbestrittenen Wert für das weltliche Leben. Es ruft die Laien dazu auf, „das Reich Gottes zu suchen, indem sie die zeitlichen Dinge ausführen und Gott gemäß ordnen“ (LG 31). Ihr tägliches Leben ist verwoben mit familiären und sozialen Beziehungen und Verhältnissen, die uns erkennen lassen, wie „sie besonders dazu berufen sind, die Kirche an den Stellen und unter den Umständen gegenwärtig und wirksam zu machen, wo sie selbst nur mit Hilfe der Laien Salz der Erde werden kann“ (LG 33). Doch es ist daran zu erinnern, dass neben diesem Apostolat „die Laien darüber hinaus auf verschiedene Weise zu einer unmittelbareren Zusammenarbeit mit dem Apostolat der Hierarchie berufen werden können, nach der Art jener Männer und Frauen, die den Apostel Paulus beim Evangelium unterstützten, indem sie sich sehr im Herrn abmühten“ (LG 33).

Die besondere Funktion, die Katecheten und Katechetinnen ausüben, hat jedoch eine spezifische Rolle innerhalb der anderen Dienste, die es in der christlichen Gemeinschaft gibt. Katecheten und Katechetinnen sind in erster Linie dazu berufen, ihre Kompetenz im pastoralen Dienst der Weitergabe des Glaubens zum Ausdruck zu bringen, der sich in seinen verschiedenen Phasen entfaltet: von der ersten Verkündigung, die in das *Kerygma* einführt, über die Unterweisung, die das neue Leben in Christus bewusst macht und insbesondere auf die Sakramente der christlichen Initiation vorbereitet, bis hin zur ständigen Weiterbildung, die alle Getauften befähigt, stets bereit zu sein, „jedem Rede und Antwort zu stehen, der nach der Hoffnung fragt, die euch erfüllt“ (1 Petr 3,15). Katecheten und Katechetinnen sind zugleich Glaubenszeugen, Lehrende und Mystagogen, Begleiter und Pädagogen, die im Namen der Kirche unterrichten. Diese Identität kann sich nur durch das Gebet, das Studium und die direkte Teilhabe am Leben der Gemeinschaft kohärent und verantwortungsvoll entfalten (Päpstlicher Rat zur Förderung der Neuevangelisierung, Direktorium für die Katechese, Nr. 113).

7. Mit Weitblick erließ der hl. Paul VI. das Apostolische Schreiben *Ministeria quaedam* [8] nicht nur in der Absicht, den Dienst des Lektorats und des Akolythats den geänderten Zeitumständen anzupassen (Apostolisches Schreiben *Spiritus Domini* [62]), sondern auch um die Bischofskonferenzen anzuregen, weitere Dienstämter zu fördern, darunter das des Katecheten und der Katechetin: „Es steht nichts im Wege, dass die Bischofskonferenzen außer den in der Lateinischen Kirche allen gemeinsamen Diensten noch andere Dienste vom Apostolischen Stuhl erbitten, deren Einführung sie in ihrem Land aus besonderen Gründen für notwendig oder sehr nützlich erachten. Dazu gehören zum Beispiel die Dienste des Ostiariers, des Exorzisten und des Katecheten“ [8]. Dieselbe eindringliche Aufforderung kehrt im Apostolischen Schreiben *Evangelii nuntiandi* mit der Bitte wieder, die gegenwärtigen Bedürfnisse der christlichen Gemeinschaft in treuer Kontinuität zu ihren Ursprüngen zu deuten und neue Formen des Dienstes für eine erneuerte Pastoral zu finden: „Solche Ämter, die zwar in ihrer Erscheinungsform neu sind, jedoch eng mit den Erfahrungen zusammenhängen, die die Kirche im Laufe ihrer Geschichte gemacht hat – z. B. das Amt des Katecheten [...] –, sind wertvoll für die *plantatio* [Einpflanzung], für das Leben und Wachsen der Kirche, für die ihr eigene Fähigkeit, in ihre Umge-

bung und bis hin zu den Fernsten auszustrahlen“ (Paul VI., Apostolisches Schreiben *Evangelii nuntiandi,* Nr. 73 [9]).

Es lässt sich also nicht leugnen: „Das Bewusstsein der Identität und des Auftrags der Laien in der Kirche ist gewachsen. Wir verfügen über ein zahlenmäßig starkes, wenn auch nicht ausreichendes Laientum mit einem verwurzelten Gemeinschaftssinn und einer großen Treue zum Einsatz in der Nächstenliebe, der Katechese, der Feier des Glaubens“ (EG 102). Daraus folgt, dass die Übernahme des laikalen Dienstes als Katechet oder Katechetin den für alle Getauften charakteristischen missionarischen Einsatz zur Geltung bringt. Dieser hat jedoch in einer Form stattzufinden, die vollständig dem weltlichen Charakter der Laien entspricht, ohne in irgendeine Form von Klerikalisierung zu verfallen.

8. Dieser Dienst besitzt einen starken Berufungscharacter, der vom Bischof eine angemessene Auswahl erfordert und durch den Einsetzungsritus hervorgehoben wird. Es handelt sich in der Tat um einen beständigen Dienst an der Ortskirche, der entsprechend den vom Ortsordinarius festgestellten pastoralen Bedürfnissen ausgeübt wird, jedoch durch Laien, wie es das Wesen des Dienstes erfordert. Es ist gut, Männer und Frauen von tiefem Glauben und menschlicher Reife zum katechetischen Dienst zu berufen. Sie sollen aktiv am Leben der christlichen Gemeinschaft teilhaben, zu Gastfreundschaft, Großzügigkeit und einem Leben in geschwisterlicher Gemeinschaft fähig sein, eine angemessene biblische, theologische, pastorale und pädagogische Ausbildung erhalten, um aufmerksame Vermittler der Glaubenswahrheit zu sein, und bereits Erfahrungen in der Katechese gesammelt haben (CD 14; CIC can. 231 §1; CCEO can. 409 §1). Sie müssen treue Mitarbeiter und Mitarbeiterinnen der Presbyter und Diakone sein und bereit, den Dienst auszuüben, wo es notwendig ist, sowie von echter apostolischer Begeisterung beseelt sein.

Nach reiflicher Überlegung und kraft apostolischer Vollmacht errichte ich daher *den laikalen Dienst des Katecheten / der Katechetin.*

Die Kongregation für den Gottesdienst und die Sakramentenordnung wird in Kürze den Ritus der Beauftragung für den laikalen Dienst des Katecheten / der Katechetin veröffentlichen.

9. Ich lade die Bischofskonferenzen ein, den katechetischen Dienst in die Praxis umzusetzen, indem sie den notwendigen Ausbildungsweg sowie Normen und Kriterien für den Zugang zu diesem Dienst festlegen. Dabei sollen sie gemäß den Ausführungen des vorliegenden Apostolischen Schreibens angemessene Formen für den Dienst finden, zu dessen Erfüllung der Katechet / die Katechetin berufen ist.

10. Die Synoden der Ostkirchen oder die Versammlungen der Hierarchen können das hier Festgelegte für ihre jeweiligen Kirchen *sui iuris* auf der Grundlage des eigenen Sonderrechtes rezipieren.

11. Die Hirten sollen sich unaufhörlich die Mahnung der Konzilsväter zu eigen machen, „dass sie von Christus nicht eingesetzt sind, um die ganze heilbringende Sendung der Kirche gegenüber der Welt allein auf sich zu nehmen, sondern dass es ihre vornehmliche Aufgabe ist, die Gläubigen so zu weiden und ihre Dienstleistungen und Gnadengaben so zu prüfen, dass alle auf ihre Weise zum gemeinsamen Werk einmütig zusammenwirken" (LG 30). Das Unterscheidungsvermögen hinsichtlich der Gaben, an denen es der Heilige Geist seiner Kirche nie fehlen lässt, möge für sie die gebührende Stütze sein, um den katechetischen Dienst zum Wachstum ihrer Gemeinden in die Praxis umzusetzen.

Ich ordne an, dass alles, was in diesem in Form eines *Motu proprio* erlassenen Apostolischen Schreiben bestimmt worden ist, fest und dauerhaft in Kraft tritt, ungeachtet aller entgegenstehenden Bestimmungen, selbst wenn sie besonderer Erwähnung wert wären, und lege fest, dass es durch Veröffentlichung im *Osservatore Romano* verkündet wird und am selben Tag in Kraft tritt sowie später in den *Acta Apostolicae Sedis* publiziert wird.

Schluss

Die Botschaft, die Papst Franziskus uns über den diakonischen Dienst vermittelt, zielt auf die Verbindung des Diakonats mit dem Leben. Nachdem wir die Worte des Papstes durchgegangen sind, geht es nun darum, die Bezüge aufzuweisen, die es ermöglichen den diakonischen Dienst in Kirche und Welt heute zu leben. Es folgen daher einige abschließende, wenn auch nicht erschöpfende Überlegungen.

Nach Apostelgeschichte 6 entsteht die Gestalt des Diakons aus einem Bedürfnis im Leben der Kirche und unter den Gläubigen. Die Berufung des Diakons, sagt Papst Franziskus, ist eine Berufung des Dienens, „Dienst für Jesus Christus, Dienst für die Kirche, Dienst an euren Brüdern und Schwestern, besonders an den Ärmsten und Bedürftigsten“.[1]

Wie für jede andere Realität der Kirche definiert sich die Identität des Diakonats nach dem doppelten Prinzip der Treue zu Gott und der Treue zum Menschen. Die göttlichen Einrichtungen folgen immer der Dynamik der Inkarnation und unseres Heils. Unsere Aufmerksamkeit muss sich daher auf das Heil des Menschen richten, hier und jetzt, denn der Mensch in der unwiederholbaren Konkretheit seiner Geschichte steht im Herzen Gottes im Zentrum der Aufmerksamkeit.

Die Vorgabe des Konzils lautet: In der Kirche, die ganz und gar zum Dienen bestimmt ist, steht das kirchliche Dienstamt, das durch das Weihesakrament übertragen wird, in Kontinuität zu der täglichen pastoralen Sorge der Apostel und stellt deren organische und wirksame Fortsetzung in der Geschichte der Menschen und des Volkes Gottes dar. Kardinal Bergoglio ging in Buenos Aires auf die „Bitten des Volkes“ ein, auf das, was die Menschen von den geweihten Amtsträgern verlangen. Vor allem sollen sie „fügsam

1 Siehe oben S. 58.

sein gegenüber den Eingebungen des Geistes, damit sie sich vom Wort Gottes, der Eucharistie und dem Gebet nähren“ und dann „Missionare sind, bewegt von der pastoralen Liebe“, in Gemeinschaft mit dem Bischof, um „Diener des Lebens zu sein, aufmerksam für die Bedürfnisse der Ärmsten, engagiert für die Rechte der Schwächsten und Förderer der Kultur der Solidarität“.[2] Diesem Programm des Lebens im diakonischen Dienst prägte Papst Franziskus in seinen Beiträgen nicht nur seine frühere pastorale Erfahrung ein, sondern vor allem seinen Aufruf, den Moment der Gnade zu nutzen, den die Kirche erlebt, um sich mit Glaube, Überzeugung und Begeisterung auf die neue Etappe des Weges der Evangelisierung zu begeben.

Die erste Spur. Zunächst gilt es, die *Vermittlung der Diakonie durch die Kirche* immer mehr und immer besser ans Licht zu bringen. Dies ist eine unabdingbare Dimension, wenn das Wesen der Kirche nicht zerstört werden soll. Mit dem II. Vatikanischen Konzil wurde allen klar, dass die Kirche sich nicht mit dem Reich Gottes identifizieren lässt, sondern ein zu diesem Reich berufenes Volk ist. Die Kirche ist der Weg zum Reich Gottes, dessen Zeichen. Das Geheimnis des Geistes, der in der Welt wirkt, wenn er das Volk Gottes behütet und umhüllt, übersteigt und überschreitet es im Heil der Menschheit. Die Kirche ist in erster Linie Verkündigung, das Wort Gottes, das zur Welt gesprochen wird; sie ist Prophetie, Evangelisierung der Generationen durch die Jahrhunderte. Diese Verkündigung wird jedoch im Leben der Kirche selbst erfahrbar, die auch *communio, koinonia* ist, d.h. geschwisterliche Gemeinschaft, Einheit in Kommunikation und Kommunion, eine gesegnete Sphäre, in der Frieden und Liebe keine leeren Worte sind, sondern die Vorwegnahme und die ersten Früchte des Reiches Gottes. Verkündigung und neues Leben werden natürlich vom Volk Gottes gefeiert. Deshalb ist die Kirche auch Liturgie: Feste, Sakramente, Gebete. All das ist nicht genug. „Das bedeutet“,

---

2 Siehe oben S. 76.

so der Papst, „dass man nicht Bischof, Presbyter oder Diakon ist, weil man intelligenter, fähiger und besser ist als die anderen, sondern nur kraft einer Gabe, einer Gabe der Liebe, die von Gott ausgeht, in der Kraft seines Geistes, zum Wohl seines Volkes".[3] Eingebettet in eine Welt, die zur Gemeinschaft mit Gott berufen ist, sich aber gegenwärtig von Gottes Plan der Liebe entfremdet hat, hat das Volk Gottes seine eigene wesentliche, unausweichliche Beziehung zu der Gesellschaft, in der es lebt: Es ist Sauerteig, eine positive Beziehung der Sympathie, nicht der Verurteilung, des Anathema. Die Kirche ist im präzisen Sinne eine Haltung der *diakonia*, des Dienstes am Menschen, in der Nachfolge ihres Herrn, der gekommen ist, um zu dienen und nicht, um sich dienen zu lassen (Mt 20,28; Mk 10,45). So wird das Volk Gottes zum Dienst, zur Förderung des Menschen, zur Geste des barmherzigen Samariters, zur Befreiung von Unterdrückung, zur Bildung, zum Kampf für Gerechtigkeit.

Mit dem Konzil schien all dies ein erworbenes Erbe zu sein, gleichsam ein gemeinsames Bewusstsein. Doch der Diakonie wohnen Gefahren inne, weil sie auch politische Implikationen mit sich bringt, da man sich notwendig in der Berührung mit der Geschichte „die Hände schmutzig macht" – all das erweckt viel Ratlosigkeit. So scheint es viel friedlicher, sich in Kerygma und Liturgie zu flüchten, vielleicht die Einheit in kleinen Gruppen zu leben und die Diakonie auf kleine Gesten der Fürsorge zu reduzieren, wie in den vergangenen Jahrhunderten. Wenn diese Versuchung lebendig würde, hätte der Diakon ganz klar nicht viel zu tun. Er könnte die weiße Tunika tragen, doch viel weiter ginge er nicht. Seine Anknüpfung an die Welt wäre nutzlos. Stumm und bedeutungslos wäre seine Existenz als „dienende Kirche" im sozialen Zusammenleben der Menschen.

Die zweite Spur. Zeiten wie die unsere verlangen mehr Raum für eine Kirche, die *weltoffen gemäß dem Evangelium* ist. Papst Fran-

---

3 Siehe oben S. 111.

ziskus sagt: „Heute sehen wir, wie er neben den Zwölf weitere Zweiundsiebzig beruft und sie zu zweit voraus in die Städte und Ortschaften schickt, um zu verkündigen: Das Reich Gottes ist nahe. Das ist sehr schön! Jesus will nicht allein handeln, er ist gekommen, um die Liebe Gottes in die Welt zu bringen, und er will sie im Stil der Gemeinschaft, im Stil der Geschwisterlichkeit verbreiten. Aus diesem Grund bildet er sofort eine Gemeinschaft von Jüngern, die eine missionarische Gemeinschaft ist. Sofort schult er sie für die Sendung, damit sie hinausgehen [...] Wie viele Missionare tun dies! Sie säen Leben, Gesundheit, Trost in den Randgebieten der Welt".[4]

Der Diakonat entstand im optimistischen Klima einer Kirche, die sich von den „Untergangspropheten" distanzierte und in der Schöpfung und der Geschichte die Zeichen der rettenden Liebe Gottes sah. Diese Kirche spricht zu den Menschen guten Willens, sie wendet sich an die Tiefe ihrer Gedanken, wo Vernunft, Ehrlichkeit und der Wunsch nach Erfüllung jeden Menschen – ob er es weiß oder nicht – zu einem Verbündeten Gottes machen. Diesen Menschen will er dienen, mit ihnen will er das Reich Gottes aufbauen, egal welcher Kultur sie angehören.

Die dritte Spur für eine künftige Gestalt des Diakons liegt in der Notwendigkeit für die Kirche in der modernen Welt, sich zu *entklerikalisieren.* Papst Franziskus sagt: „Da ist die Gefahr des Klerikalismus: der Diakon, der zu klerikal ist. Nein, nein, das geht nicht. Ich sehe manchmal jemanden, der bei der Liturgie assistiert: Er scheint fast den Platz des Priesters einnehmen zu wollen. Hütet euch vor dem Klerikalismus. Und die andere Versuchung, der Funktionalismus, der Diakon als Helfer, den der Priester für dieses oder jenes hat ...; er ist ein Bursche für bestimmte Aufgaben und nicht für andere Dinge. Nein. Ihr habt ein klares Charisma in der Kirche, und ihr müsst es aufbauen. Der Diakonat ist eine besondere Berufung, eine familiäre Berufung, *die zum Dienen aufruft.*[5]

4 Siehe oben S. 115f.

5 Siehe oben S. 153.

Hier geht es nicht darum, sich der sinkenden Zahl und der strukturellen Krise der Priesterberufungen immer bewusster zu werden. Vielmehr soll aus einer Kirche, die im Laufe der Jahrhunderte allzu oft jede Funktion und jedes Charisma für Presbyter und Bischöfe reserviert hat, immer mehr das „Volk Gottes" werden.

Der Aufruf von Papst Franziskus zur Entklerikalisierung fordert die Diakone auf, sich in den Dienst Gottes und ihrer Brüder und Schwestern zu stellen. Er sagt: „Wie weit müssen wir in dieser Hinsicht noch gehen! Ihr seid die Hüter des Dienens in der Kirche. Darin besteht der Wert der Charismen in der Kirche, die eine Erinnerung und ein Geschenk sind, um dem ganzen Volk Gottes zu helfen, die Perspektive und den Reichtum des Handelns Gottes nicht zu verlieren. Ihr seid nicht halb Priester und halb Laie – das wäre eine ‚Funktionalisierung' des Diakonats –, ihr seid ein Sakrament des Dienstes an Gott und an euren Brüdern und Schwestern. Und aus diesem Wort ‚dienen' entfaltet sich eure ganze Arbeit, eure Berufung, euer Sein in der Kirche".[6]

Die vierte Spur für die Gestalt des Diakons der Zukunft ist die Wiederentdeckung der *Option für die Armen*, die immer dringlicher und unausweichlicher wird. Wir beziehen uns auf die konziliare Konzeption der Kirche als einer Gemeinschaft, die die „Option für die Armen" erwählt. „Unser Diakon, der Diakon dieser Diözese Rom, Laurentius, war der Vermögensverwalter der Diözese Rom. Als der Kaiser ihn aufforderte, das Vermögen der Diözese auszuliefern, um sich freizukaufen und nicht getötet zu werden, holte dieser die Armen herbei. Die Armen sind der Reichtum der Kirche".[7]

Seit den bekannten Aussagen des Konzils (LG 8), seit der lapidaren Formulierung von Paul VI. „Die Armen sind das Sakrament Christi" [6] – welcher Weg wurde zurückgelegt! Sich innerhalb des reichen Westens als Kirche der Armen zu erweisen, die

6 Siehe oben S. 154f.

7 Siehe oben S. 3 und 88.

die Armen als ihr Sakrament erwählt, bedeutet, viele Christen zu Anwärtern auf das Martyrium zu machen, sich von einer Geschichte zu distanzieren, die zu sehr von den Forderungen des Profits und des Marktes geprägt ist, und denjenigen entgegenzutreten, die ihre Vorherrschaft und ihren Wohlstand noch heute auf Ausbeutung und Ungerechtigkeit gründen. In dieser jüngeren Geschichte der Kirche ist die große Woge durch das Wirken von Papst Franziskus, der jetzt zu uns spricht und konkrete Zeichen setzt, nicht abgeflaut. Denn er wünscht sich, wie er in *Evangelii gaudium* schreibt, eine Kirche, die arm ist für die Armen und daher wirklich diakonisch. Der Papst selbst sagt: „Es gibt keinen Dienst am Altar, es gibt keine Liturgie, die sich nicht zum Dienst an den Armen öffnet, und es gibt keinen Dienst an den Armen, der nicht zur Liturgie führt".[8]

Realistisch betrachtet gibt es immer noch keinen Umschwung in der Mentalität so vieler Glieder der Kirche, auch unter den Diakonen, die hartnäckig ihre eigenen Rechte, ihren eigenen kleinen Garten verteidigen, den sie bewirtschaften: Das ist die Weise, wie wir die Dinge betrachten, das ist unsere Mentalität, das ist unsere Diakonie. Wir müssten vielmehr im Evangelium Jesu verwurzelt sein: „Die Liebe", schreibt Franziskus, „kennt kein Alibi: Wer so lieben will, wie Jesus geliebt hat, muss sich sein Beispiel zu eigen machen, vor allem bei dem Aufruf, die Armen zu lieben".[9] Deshalb lädt der Papst die Diakone ein: „Auf diese Weise – verfügbar im Leben, sanftmütig von Herzen und im beständigen Dialog mit Jesus – werdet ihr keine Angst haben, Diener Christi zu sein, dem Fleisch des Herrn in den Armen von heute zu begegnen und es liebevoll zu berühren".[10] Die Ikone, die uns vor Augen gestellt wird, ist der Diakon Stephanus.[11]

8 Siehe oben S. 155.
9 Siehe oben S. 186f.
10 Siehe oben S. 120.
11 Siehe oben Kapitel 9.

Die fünfte Spur fasst die vorangegangenen zusammen und zeigt, wie Papst Franziskus sich für die *erneuerte Aufgabe der Evangelisierung* einsetzt. Nach seiner Überzeugung ist „das missionarische Handeln das Paradigma jeder Arbeit der Kirche“ (EG 15). Daher ist es notwendig, die günstige Zeit zu nutzen, um die „neue Etappe der Evangelisierung“ (EG 287) wahrzunehmen und zu leben. Deshalb müssen wir trotz der Krise nach vorne schauen, um das Kreuz und die Auferstehung Christi wieder zum „Banner des Sieges“ (EG 85) zu machen.

Folglich sollten wir aufhören, nur die wachsende Unmenschlichkeit zu beklagen, die in der Welt um sich greift, die Gewalt, die immer mehr zu einer „normalen“ Lebensweise wird, sondern die Herausforderung annehmen, die in der großen Aufgabe der Evangelisierung liegt. Kardinal Bergoglio sagt vor dem Pastoralrat seiner Diözese: „Die Sendung wird zum Paradigma der gesamten Evangelisierung“.[12] Die Erfahrung Lateinamerikas veranlasste den damaligen Erzbischof von Buenos Aires zu der Aussage: „Trotz des Mangels an Religiosität, der in den Pfarreien herrscht, garantiert die Antwort, die von den kirchlichen Außenstationen ausgeht, von den Basisgemeinschaften, die von Diakonen, Ordensleuten und Laien getragen werden, einen Raum der Gemeinschaft, der Partizipation und des sozialen Lebens, der authentischen Evangelisierung und Katechese und der gelebten Laiendienste“.[13] Wenn wir unsere Augen nicht für die radikale Bekehrung öffnen, die der Kirche ihren Auftrag zur Verkündigung des Evangeliums und damit ihren Bildungsauftrag abverlangt, bleibt auch die Evangelisierung nutzlos und steril. „Die Umkehr und die Berufung sind wie zwei Seiten ein und derselben Medaille und eine beständige Inspiration im ganzen Leben der missionarischen Jünger und Jüngerinnen.[14]

12 Siehe oben S. 66.

13 Siehe oben S. 76.

14 Siehe oben S. 147.

Die Familie des Diakons ist ein Experimentierfeld, das ihm hilft, „ein anderer" zu sein in Bezug auf die uns umgebende Welt. Anders zu sein, das heißt „heilig". Dabei ist der Geschmack an der eigenen Identität aufgrund der Taufe kein Grund zur Konfrontation oder zum Ausschluss, sondern ein Bewusstsein dafür, der Welt etwas zu sagen zu haben, ein „Wort", das „*das* Wort" widerhallen lässt und zu einem Reichtum wird, der andere aufnimmt und sich ihnen schenkt.

„Das Weihesakrament in den drei Rängen des Bischofs, des Presbyters und des Diakons befähigt dazu, den Dienst auszuüben, der den Aposteln vom Herrn anvertraut wurde: seine Herde zu weiden, in der Macht seines Geistes und nach seinem Herzen".[15] Die Vertiefung der Sakramentalität des Diakonats ist sicherlich eines der bedeutsamsten Elemente der theologischen Reflexion über den Diakonat in diesen Jahren nach dem Konzil. Der Papst schreibt: „In der Präsenz und im Dienst der Bischöfe, Presbyter und Diakone können wir das wahre Antlitz der Kirche erkennen: Sie ist die heilige Mutter, die hierarchische Kirche. Und tatsächlich übt die Kirche durch diese vom Herrn erwählten und durch das Weihesakrament geweihten Brüder ihre Mutterschaft aus: Sie bringt uns in der Taufe als Christen hervor und lässt uns neu geboren werden in Christus".[16]

Am Ende dieses Werkes gilt der Dank Papst Franziskus, der den Diakonen in seiner Predigt zum Jubiläum der Diakone für ihre Präsenz in der Kirche dankte und gleichzeitig der Jungfrau Maria das Leben und den Dienst aller Diakone der Welt anvertraute. Vor allem vertraute er den Diakonen einen noch nie dagewesenen diakonischen Dienst an. Wir dürfen nicht vergessen, für ihn zu beten, der gleich zu Beginn seines Pontifikats sagt, dass er eine arme Kirche für die Armen will, also eine diakonische Kirche.

---

15 Siehe oben S. 105.

16 Siehe oben S. 108.

Quellenverzeichnis[1]

I. Päpste

[1] – Papst Johannes XXIII., Radiobotschaft vom 11. September 1962 <https://www.vatican.va/content/john-xxiii/it/speeches/1962/documents/hf_j-xxiii_spe_19620911_ecumenical-council.html>

[2] – Papst Paul VI., Ansprache zur Eröffnung der zweiten Sitzung des II. Vatikanischen Konzils, 29. September 1963 <https://www.vatican.va/content/paul-vi/it/speeches/1963/documents/hf_p-vi_spe_19630929_concilio-vaticano-ii.html>

[3] – Papst Paul VI., Ansprache an die Mitglieder der Studienkommission für den ständigen Diakonat, 24. Februar 1967 <https://www.vatican.va/content/paul-vi/it/speeches/1967/february/documents/hf_p-vi_spe_19670224_diaconato.html>

[4] – Papst Paul VI., Enzyklika *Populorum progressio* über die Entwicklung der Völker, 26. März 1967 <https://www.vatican.va/content/paul-vi/de/encyclicals/documents/hf_p-vi_enc_26031967_populorum.html>

---

1 Angeführt werden hier diejenigen Dokumente, die in diesem Buch zum Thema des Diakonats zitiert werden, insbesondere wenn im italienischen Originaltext eine Quellenangaben fehlt. Wenn möglich, werden deutschsprachige und online verfügbare Quellen angeführt. Liegen keine deutschen Übersetzungen vor, wird auf die verfügbare Originalversion verwiesen. Dokumente des II. Vatikanischen Konzils, der *Katechismus der Katholischen Kirche* (KKK), der *Codex Iuris Canonici* (CIC), der *Codex des Rechts der katholischen Ostkirchen* (CCEO) werden ohne Angabe von Editionen mit den üblichen Abkürzungen angeführt. Damit das Verzeichnis auch unabhängig von der Lektüre des Buches als Überblick verwendet werden kann, sind die Dokumente in drei Gruppen eingeteilt und innerhalb der Abschnitte chronologisch aufgelistet: I. Päpste (hier wird die Chronologie unterbrochen, insofern die Beiträge von Erzbischof Bergoglio zwischen Papst Benedikt XVI. und Papst Franziskus eingefügt sind); II. Bischofssynoden, Kongregationen, Lokalkirchen; III. Weitere kirchliche und theologische Dokumente.

[5] – Papst Paul VI., Apostolisches Schreiben *Sacrum diaconatus ordinem* zur Regelung der Wiedereinführung des ständigen Diakonats in der lateinischen Kirche, 18. Juni 1967; lat.-deutsch: Nachkonziliare Dokumentation 9. Trier 1968, 27-45 <https://www.vatican.va/content/paul-vi/it/motu_proprio/documents/hf_p-vi_motu-proprio_19670618_sacrum-diaconatus.html> (ital.)

[6] – Papst Paul VI., Homelie bei der Apostolischen Wallfahrt nach Bogotà in einer Messe für die „Campesinos" von Kolumbien, 23. August 1968 <https://www.vatican.va/content/paul-vi/it/homilies/1968/documents/hf_p-vi_hom_19680823.html>

[7] – Papst Paul VI., *Motu proprio Ad pascendum,* 15. August 1972 <https://www.vatican.va/content/paul-vi/it/motu_proprio/documents/hf_p-vi_motu-proprio_19720815_ad-pascendum.html>

[8] – Papst Paul VI., Apostolisches Schreiben in Form eines *Motu proprio Ministeria quaedam*, durch das in der lateinischen Kirche die Disziplin bezüglich der ersten Tonsur, der niederen Weihen und des Subdiakonats umgestaltet wird, 17. August 1972 <https://www.vatican.va/content/paul-vi/it/motu_proprio/documents/hf_p-vi_motu-proprio_19720815_ministeria-quaedam.html>

[9] – Papst Paul VI., Apostolisches Schreiben *Evangelii nuntiandi* über die Evangelisierung in der Welt von heute, 8. Dezember 1975 <https://www.vatican.va/content/paul-vi/de/apost_exhortations/documents/hf_p-vi_exh_19751208_evangelii-nuntiandi.html>

[10] – Papst Johannes Paul II., Homilie in der Eucharistiefeier mit einer Gruppe von neu geweihten Diakonen, 21. April 1979, Cappella Paolina <https://www.vatican.va/content/john-paul-ii/it/homilies/1979/documents/hf_jp-ii_hom_19790421_neo-diaconi.html>

[11] – Papst Johannes Paul II., Ansprache an die Teilnehmer der nationalen Zusammenkunft der permanenten Diakone, 16. März 1985 <https://www.vatican.va/content/john-paul-ii/it/speeches/1985/march/documents/hf_jp-ii_spe_19850316_diaconi-permanenti.html>

[12] – Johannes Paul II., Ansprache an die ständigen Diakone während der Apostolischen Reise in die Vereinigten Staaten und Kanada, 19. September 1987 in Detroit <https://www.vatican.va/content/john-paul-ii/it/speeches/1987/september/documents/hf_jp-ii_spe_19870919_diaconi-permanenti-detroit.html>

[13] – Papst Johannes Paul II., Apostolische Konstitution *Pastor bonus* über die Römische Kurie, 28. Juni 1988 <https://www.vatican.va/content/john-paul-ii/de/apost_constitutions/documents/hf_jp-ii_apc_19880628_pastor-bonus.html>

[14] – Papst Johannes Paul II., Ansprache an die Generaloberen, die in Lateinamerika arbeiten, 10. Januar 1991 <https://www.vatican.va/content/john-paul-ii/it/speeches/1991/january/documents/hf_jp-ii_spe_19910110_superiori-america-latina.html>

[15] – Papst Johannes Paul II., Generalaudienz, 6. Oktober 1993 <https://www.vatican.va/content/john-paul-ii/it/audiences/1993/documents/hf_jp-ii_aud_19931006.html>; vgl. auch 13. Oktober 1993: <https://www.vatican.va/content/john-paul-ii/it/audiences/1993/documents/hf_jp-ii_aud_19931013.html>; und 20. Oktober 1993: <https://www.vatican.va/content/john-paul-ii/it/audiences/1993/documents/hf_jp-ii_aud_19931020.html>

[16] – Papst Johannes Paul II., Apostolisches Schreiben *Ordinatio sacerdotalis* über die nur Männern vorbehaltene Priesterweihe, 22. Mai 1994 <https://www.vatican.va/content/john-paul-ii/de/apost_letters/1994/documents/hf_jp-ii_apl_19940522_ordinatio-sacerdotalis.html>

[17] – Papst Johannes Paul II., Ansprache an die Teilnehmer der Vollversammlung der Kongregation für den Klerus: Treue zur katholischen Tradition, zum Lehramt, zur Aufgabe der Neuevangelisierung, die der Heilige Geist in der Kirche geweckt hat, 30. November 1995 <https://www.vatican.va/content/john-paul-ii/it/speeches/1995/november/documents/hf_jp-ii_spe_19951130_cong-clergy.html>

[18] – Papst Johannes Paul II., Angelus zum Jubiläum der Diakone, 20. Februar 2000 <https://www.vatican.va/content/john-paul-ii/it/angelus/2000/documents/hf_jp-ii_ang_20000220.html>

[19] – Papst Benedikt XVI., Enzyklika *Deus caritas est* über die christliche Liebe, 25. Dezember 2005 <https://www.vatican.va/content/benedict-xvi/de/encyclicals/documents/hf_ben-xvi_enc_20051225_deus-caritas-est.html>

[20] – Papst Benedikt XVI., Ansprache an die ständigen Diakone der Diözese Rom, 18. Februar 2006 <https://www.vatican.va/content/benedict-xvi/de/speeches/2006/february/documents/hf_ben-xvi_spe_20060218_deacons-rome.html>

[21] – Papst Benedikt XVI., Nachsynodales Apostolisches Schreiben *Sacramentum caritatis*, 22. Februar 2007 <https://www.vatican.va/content/benedict-xvi/de/apost_exhortations/documents/hf_ben-xvi_exh_20070222_sacramentum-caritatis.html>

[22] – Papst Benedikt XVI., Ansprache an Priester, Ordensleute, Seminaristen und Diakone in der Basilika von Aparecida, 12. Mai 2007 <https://www.vatican.va/content/benedict-xvi/de/speeches/2007/may/documents/ hf_ben-xvi_spe_20070512_rosario-brazil.html>

[23] – Papst Benedikt XVI., Ansprache bei der Eröffnung der Arbeiten der V. Generalkonferenz des Bischofskonferenzen von Lateinamerika und der Karibik in Aparecida, 13. Mai 2007 <https://www.vatican.va/content/benedict-xvi/de/speeches/2007/may/documents/hf_ben-xvi_spe_20070513_conference-aparecida.html>

[24] – Papst Benedikt XVI., Ansprache bei der Begegnung mit dem Klerus der Diözese Rom, 7. Februar 2008 <https://www.vatican.va/content/benedict-xvi/de/speeches/2008/february/documents/hf_ben-xvi_spe_20080207_clergy-rome.html>

[25] Papst Benedikt XVI., Apostolisches Schreiben in Form eines *Motu proprio Omnium in mentem*, mit dem einige Normen des CIC geändert werden, 26. Oktober 2009 <https://www.vatican.va/content/benedict-xvi/de/apost_letters/documents/hf_ben-xvi_apl_20091026_codex-iuris-canonici.html>

[26] – Papst Benedikt XVI., Ansprache bei der Vollversammlung der Italienischen Bischofskonferenz, 27. Mai 2010 <https://www.vatican.va/content/benedict-xvi/it/speeches/2010/may/documents/hf_ben-xvi_spe_20100527_cei.html>

[27] – Papst Benedikt XVI., Nachsynodales Apostolisches Schreiben *Verbum Domini* über das Wort Gottes im Leben und in der Sendung der Kirche, 30. September 2010 <https://www.vatican.va/content/benedict-xvi/de/apost_exhortations/documents/hf_ben-xvi_exh_20100930_verbum-domini.html>

[28] – Kardinal Jorge Maria Bergoglio, Palabras al comienzo del Encuentro Arquidiocesano de Catequesis (EAC), 12. März 2005 <https://www.arzbaires.org.ar/inicio/homilias/bergoglio/2005.pdf>, 18-25

[29] – Kardinal Jorge Maria Bergoglio (Papa Francisco), En Él solo la esperanza. Ejercicios espirituales a los obispos españoles, 15. bis 22. Januar 2006, Madrid 2013

<https://dokumen.pub/en-el-solo-la-esperanza-ejercicios-espirituales-a-los-obispos-espaoles-15-al-22-de-enero-de-2006-1nbsped-9788422016458.html>

[30] – Palabras del Arzobispo, Cardenal Jorge Bergoglio en la primera reunión del Consejo Presbiteral, 15. April 2008
<https://www.arzbaires.org.ar/inicio/homilias/bergoglio/2008.pdf>, 35-41

[31] – Kardinal Jorge Maria Bergoglio, Botschaft von Aparecida an die Presbyter, Brochero, 11. September 2008
<https://www.famigliadecanatomonza.it/public/Aparecida_documento.pdf>; spanisch: <https://www.arzbaires.org.ar/inicio/homilias/bergoglio/2008.pdf>

[32] – Kardinal Jorge Maria Bergoglio, Ponencia del Sr. Arzobispo en la Plenaria de la Pontificia Comisión para América Latina: Significado e importancia de la formación académica (Referat bei der Vollversammlung der Päpstlichen Kommission für Lateinamerika: Bedeutung und Wichtigkeit der akademischen Ausbildung), Rom, 18. Februar 2009
<https://www.arzbaires.org.ar/inicio/homilias/bergoglio/2009.pdf>, 2-12

[33] – Papst Franziskus, Predigt bei der Heiligen Messe mit den Kardinälen, 14. März 2013
<https://www.vatican.va/content/francesco/it/homilies/2013/documents/papa-francesco_20130314_omelia-cardinali.html>

[34] – Papst Franziskus, Ansprache bei der Audienz für die Medienvertreter, 16. März 2013
<https://www.vatican.va/content/francesco/de/speeches/2013/march/documents/papa-francesco_20130316_rappresentanti-media.html>

[35] – Papst Franziskus, Predigt bei der Heiligen Messe zur Übergabe des Palliums und des Fischerrings zum Beginn des Petrusdienstes des Bischofs von Rom, 19. März 2013, Hochfest des hl. Josef
<https://www.vatican.va/content/francesco/de/homilies/2013/documents/papa-francesco_20130319_omelia-inizio-pontificato.html>

[36] – Papst Franziskus, Homelie bei der Chrisammesse am Gründonnerstag, 28. März 2013
<https://www.vatican.va/content/francesco/it/homilies/2013/documents/papa-francesco_20130328_messa-crismale.html>

[37] – Papst Franziskus, Morgenmeditation in der Kapelle von Santa Martha: Großherzigkeit in Demut, 25. April 2013

<https://www.vatican.va/content/francesco/it/cotidie/2013/documents/papa-francesco-cotidie_20130425_magnanimita.html>

[38] – Papst Franziskus, Angelus, 7. Juli 2013 <https://www.vatican.va/content/francesco/de/angelus/2013/documents/papa-francesco_angelus_20130707.html>

[39] – Papst Franziskus, Pressekonferenz auf dem Rückflug aus Brasilien von der Apostolischen Reise nach Rio de Janeiro aus Anlass des 28. Weltjugendtages, 28. Juli 2013 <https://www.vatican.va/content/francesco/de/speeches/2013/july/documents/papa-francesco_20130728_gmg-conferenza-stampa.html>

[40] – Papst Franziskus, Interview von P. Antonio Spadaro, deutsch in: L'Osservatore Romano, Wochenausgabe in deutscher Sprache, 43. Jahrgang, Nr. 39, 27. September 2013 <https://www.vatican.va/content/francesco/de/speeches/2013/september/documents/papa-francesco_20130921_intervista-spadaro.html>

[41] – Papst Franziskus, Apostolisches Schreiben *Evangelii gaudium* über die Verkündigung des Evangeliums in der Welt von heute, 24. November 2013; zitiert als: EG + Nummer des Abschnitts. <https://www.vatican.va/content/francesco/de/apost_exhortations/documents/papa-francesco_esortazione-ap_20131124_evangelii-gaudium.html>

[42] – Papst Franziskus, Predigt bei der Messe zum Abschluss des „Jahres des Glaubens“ am Christkönigsfest, 24. November 2013 <https://www.vatican.va/content/francesco/it/homilies/2013/documents/papa-francesco_20131124_conclusione-annus-fidei.pdf>

[43] – Papst Franziskus, Angelus am Fest des hl. Stephanus, 26. Dezember 2013 <https://www.vatican.va/content/francesco/de/angelus/2013/documents/papa-francesco_angelus_20131226.html>

[44] – Papst Franziskus, Ansprache bei der Generalaudienz, 26. März 2014 <https://www.vatican.va/content/francesco/de/audiences/2014/documents/papa-francesco_20140326_udienza-generale.html>

[45] – Papst Franziskus, Generalaudienz, 5. November 2014 <https://www.vatican.va/content/francesco/de/audiences/2014/documents/papa-francesco_20141105_udienza-generale.html>

[46] – Papst Franziskus, Generalaudienz, 12. November 2014 <https://www.vatican.va/content/francesco/de/audiences/2014/documents/papa-francesco_20141112_udienza-generale.html>

[47] – Papst Franziskus, Angelus am Fest des hl. Stephanus, 26. Dezember 2014 <https://www.vatican.va/content/francesco/de/angelus/2014/documents/papa- francesco_angelus_20141226.html>

[48] – Papst Franziskus, *Misericordiae vultus*. Verkündigungsbulle des außerordentlichen Jubiläums der Barmherzigkeit, 11. April 2015 <https://www.vatican.va/content/francesco/de/bulls/documents/papa-francesco_bolla_20150411_misericordiae-vultus.html>

[49] – Papst Franziskus, Ansprache bei der Begegnung mit Vertretern des 5. Nationalen Kongresses der Kirche in Italien, Florenz, 10. November 2015 <https://www.vatican.va/content/francesco/de/speeches/2015/november/documents/papa-francesco_20151110_firenze-convegno-chiesa-italiana.html>

[50] – Papst Franziskus, Botschaft zum Weltgebetstag für geistliche Berufe 2016, 29. November 2015 <https://www.vatican.va/content/francesco/de/messages/vocations/documents/papa-francesco_20151129_53-messaggio-giornata-mondiale-vocazioni.html>

[51] – Papst Franziskus, Morgenmeditation in der Kapelle von Santa Martha, 15. Dezember 2015 <https://www.vatican.va/content/francesco/de/cotidie/2015/documents/papa-francesco-cotidie_20151215_drei-zeichen.html>; entnommen aus: L'Osservatore Romano, Wochenausgabe in deutscher Sprache, Nr. 1, 8. Januar 2016

[52] – Papst Franziskus, Angelus am Fest des hl. Stephanus, 26. Dezember 2015 <https://www.vatican.va/content/francesco/de/angelus/2015/documents/papa-francesco_angelus_20151226.html>

[53] – Papst Franziskus, Audienz beim Treffen der Internationalen Union der Generaloberinnen, 12. Mai 2016 <https://press.vatican.va/content/salastampa/it/bollettino/pubblico/2016/05/13/0337/00782.html>

[54] – Papst Franziskus, Predigt zum „Jubiläum der Diakone“ im Rahmen des außerordentlichen Jubiläumsjahres der Barmherzigkeit, 29. Mai 2016 <https://www.vatican.va/content/francesco/de/homilies/2016/documents/papa-francesco_20160529_omelia-giubileo-diaconi.html>

[55] – Papst Franziskus,Ansprache an die Delegation des Internationalen Diakonatszentrums, 4. Juni 2016 <https://www.vatican.va/content/francesco/de/speeches/2016/june/documents/ papa-francesco_20160604_centro-internazionale-diaconato.html>

[56] – Franziskus, Pressekonferenz auf dem Rückflug von der Apostolischen Reise nach Armenien, 26. Juni 2016 <https://www.vatican.va/content/francesco/de/speeches/2016/june/documents/papa-francesco_20160626_armenia-conferenza-stampa.html>

[57] – Papst Franziskus, Angelus am Fest des hl. Stephanus, 26. Dezember 2016 <https://www.vatican.va/content/francesco/de/angelus/2016/documents/papa-francesco_angelus_20161226.html>

[58] – Papst Franziskus, Morgenmeditation in der Kapelle von Santa Martha, 20. März 2017 <https://www.vatican.va/content/francesco/it/cotidie/2017/documents/papa-francesco-cotidie_20170320_giuseppe-il-sognatore.html>

[59] – Papst Franziskus, Begegnung mit Priestern und Ordensleuten im Mailänder Dom, 25. März 2017 <https://www.vatican.va/content/francesco/de/speeches/2017/march/documents/papa-francesco_20170325_milano-sacerdoti.html>

[60] Papst Franziskus, Botschaft zum ersten Welttag der Armen, 19. November 2017 <https://www.vatican.va/content/francesco/de/messages/poveri/documents/papa-francesco_20170613_messaggio-i-giornatamondiale-poveri-2017.html>

[61] – Papst Franziskus, Nachsynodales Schreiben *Querida Amazonia*, 2. Februar 2020 <https://www.vatican.va/content/francesco/de/apost_exhortations/documents /papa-francesco_esortazione-ap_20200202_querida-amazonia.html>

[62] – Papst Franziskus, Apostolisches Schreiben in Form eines *Motu proprio Spiritus Domini* über die Änderung von can. 230 § 1 des Codex des kanonischen Rechts über den Zugang von Frauen zum Amt des Lektors und des Akolythen, 10. Januar 2021 <https://www.vatican.va/content/francesco/it/motu_proprio/documents/papa-francesco-motu-proprio-20210110_spiritus-domini.html>

[63] – Papst Franziskus, Brief an den Präfekten der Kongregation für die Glaubenslehre über den Zugang von Frauen zu den Ämtern des Lektorats und des Akolythats, 10. Januar 2021 <https://www.vatican.va/content/francesco/it/letters/2021/documents/papa-francesco_20210110_lettera-donne-lettorato-accolitato.html>

[64] – Papst Franziskus, Apostolisches Schreiben in Form eines *Motu proprio Antiquum ministerium* zur Einführung des Dienstes des Katecheten/der Katechetin, 10. Mai 2021 <https://www.vatican.va/content/francesco/it/letters/2021/documents/papa-francesco_20210110_lettera-donne-lettorato-accolitato.html>

[65] – Papst Franziskus, Ansprache an die ständigen Diakone der Diözese von Rom mit ihren Familien, 19. Juni 2021 <https://www.vatican.va/content/francesco/de/speeches/2021/june/documents/20210619-diaconi.html>

[66] – Papst Franziskus, Apostolische Konstitution *In Ecclesiarum communione* über die Ordnung des Vikariats von Rom, 6. Januar 2023 <https://www.vatican.va/content/francesco/it/apost_constitutions/documents/20230106-in-ecclesiarum-communione.pdf>

[67] – Papst Franziskus, Ansprache an Diakone der Diözese Rom, 24. Februar 2024 <https://www.vatican.va/content/francesco/de/speeches/2024/february/documents/20240224-diaconi-roma.html>

[68] – Papst Franziskus, Predigt zum Jubiläum der Diakone, 23. Februar 2025, verlesen von S.E. Kardinal Rino Fisichella <https://www.vatican.va/content/francesco/de/homilies/2025/documents/20250223-omelia-giubileo-diaconi.html>

II. Bischofssynoden, Kongregationen, Lokalkirchen

[69] – 2. Generalversammlung des lateinamerikanischen Episkopats in Medellin, 24. August bis 6. September 1968, Schlussdokumente <https://www.celam.org/documentos/Documento_Conclusivo_Medellin.pdf>

[70] – Conferenza Episcopale Italiana, La restaurazione del Diaconato permanente in Italia, 8. Dezember 1971 <https://www.chiesacattolica.it/wp-content/uploads/sites/31/2017/02/Restaurazione_Diaconato_permanente.pdf>

[71] – Italienische Bischofskonferenz, Evangelizzazione e ministri [Evangelisierung und Dienstämter], 15. August 1977 <https://www.chiesacattolica.it/wp-content/uploads/sites/31/2017/02/Evangelizzazione_e_ministeri.pdf>

[72] – 3. Generalversammlung des lateinamerikanischen Episkopats in Puebla, 26. Januar bis 13. Februar 1979, Schlussdokumente <https://www.celam.org/doc_conferencias/Documento_Conclusivo_Puebla.pdf>

[73] – Kongregation für die Glaubenslehre, Instruktion *Donum veritatis* über die kirchliche Berufung des Theologen, 24. Mai 1990 <https://www.vatican.va/roman_curia/congregations/cfaith/documents/rc_con_cfaith_doc_19900524_theologian-vocation_ge.html>

[74] – Italienische Bischofskonferenz, Die ständigen Diakone in der Kirche in Italien. Orientierungen und Normen [ital.], 1993 <https://www.chiesacattolica.it/wp-content/uploads/sites/31/2017/02/I.diaconi.permanenti..._Doc.01.06.12.pdf>

[75] – Caritas Italiana, Lo riconobbero nello spezzare il pane [Sie erkannten ihn am Brechen des Brotes], Pastoralcharta, 16. April 1995 <https://www.caritascaserta.it/DOCUMENTI%20CARITAS%20E%20CEI/CARTA%20PASTORALELo%20riconobbero%20nello%20spezzare%20il%20 pane.pdf>

[76] – Kongregation für den katholischen Unterricht, *Ratio fundamentalis institutionis diaconorum permanentium*, 22. Februar 1998 <https://liturgia.it/content/diaconato/Congregazione%20Educazione%20Cattolica%20-%20Norme.pdf>

[77] – Kongregation für den katholischen Unterricht / Kongregation für den Klerus, *Directorium pro ministerio et vita diaconorum permanentium*, 22. Februar 1998 <https://www.vatican.va/roman_curia/congregations/cclergy/documents/rc_con_ccatheduc_doc_19980331_directorium-diaconi_it.html>

[78] – 85. Vollversammlung der argentinischen Bischofskonferenz: Navega mar adentro [Hinaus auf das offene Meer], 31. Mai 2003 <https://episcopado.org/documentos>, siehe unter dem Jahr 2003

[79] – Schlussdokument der 5. Generalversammlung des Episkopats von Lateinamerika und der Karibik, Aparecida 2007 <https://www.dbk-shop.de/media/files_public/60d5d094930867a6031292a8b6a56da5/DBK_341.pdf>; veröffentlicht von der Deutschen Bischofskonferenz in der Reihe „Stimmen der Weltkirche", Nr. 41, Bonn 2007

[80] – 12. Ordentliche Generalversammlung der Bischofssynode: Das Wort Gottes im Leben und in der Sendung der Kirche. *Instrumentum laboris,* 2008 <https://www.vatican.va/roman_curia/synod/documents/rc_synod_doc_20080511_instrlabor-xii-assembly_ge.html>

[81] – 13. Ordentliche Generalversammlung der Bischofssynode (2012): Die neue Evangelisierung zur Weitergabe des christlichen Glaubens, Lineamenta <https://www.vatican.va/roman_curia/synod/documents/rc_synod_doc_20110202_lineamenta-xiii-assembly_ge.html>

[82] – 14. Ordentliche Generalversammlung der Bischofssynode: Berufung und Sendung der Familie in Kirche und Welt von heute. Instrumentum Laboris (2015) <https://www.vatican.va/roman_curia/synod/documents/rc_synod_doc_20150623_instrumentum-xiv-assembly_ge.html>

[83] – Bischofssynode: Sonderversammlung für Amazonien. Schlussdokument: Amazonien. Neue Wege für die Kirche und für eine ganzheitliche Ökologie, 6. bis 27. Oktober 2019 <http://secretariat.synod.va/content/sinodoamazonico/en/documents/schlussdokument--amazonien--neue-wege-fuer-die-kirche-und-fuer-e.html>

III. Weitere kirchliche und theologische Texte

[84] – Märtyrerakten der hl. Perpetua und der hl. Felizitas, deutsche Übersetzung in der online-Ausgabe der „Bibliothek der Kirchenväter“ <https://bkv.unifr.ch/de/works/cpl-32/versions/die-akten-der-hl-perpetua-und-felizitas-bkv>

[85] – Franz Xaver Funk (Hg.), Didascalia et Constitutiones apostolorum (lat.-grch.), Band I, Paderborn 1905 <https://archive.org/details/cu31924029335167/page/n203/mode/1up>

[86] – Die syrische Didaskalia, übersetzt und erklärt von H. Achelis und J. Flemming, Leipzig 1904 <https://archive.org/details/DieSyrischeDidaskalia/page/n99/mode/2up>

[87] – Ambrosius, *De officiis ministrorum,* deutsche Übersetzung in der online-Ausgabe der „Bibliothek der Kirchenväter“ <https://bkv.unifr.ch/de/works/cpl-144/versions/von-den-pflichten-der-kirchendiener-bkv/divisions/43>

[88] – Dom Prosper Guéranger, L’anno liturgico. II. Tempo Pasquale e dopo la Pentecoste, Alba 1959 <https://forum.termometropolitico.it/383262-10-agosto-s-lorenzo-diacono-martire-3.html>

[89] Der Katakombenpakt. Originaltext, 16. November 1965 <https://www.pro-konzil.de/originaltext/>

[90] – Anglican-Lutheran International Commission, The Hanover Report: The Diaconate as Ecumenical Opportunity, 1996 <https://www.anglicancommunion.org/media/102181/the_hanover_report.pdf>
Der Dialog führte zu dem Schlussdokument „To Love and Serve the Lord. Diakonia in the Life of the Church“ (The Jerusalem Report of the Anglican –Lutheran International Commission, ALIC III), 2011 <https://www.anglicancommunion.org/media/102228/OEA-ALIC_report-EN.pdf>

116 Enzo PETROLINO: Diakonie und Diakonat bei Papst Franziskus. Eine arme Kirche für die Armen, übers. und hg. von Barbara Hallensleben. X + 234 S., 2025.

115 Oliver DÜRR / Andreas STEINGRUBER / Graham TOMLIN (Hg.): Cultural Witness. Das christliche Zeugnis in der Gesellschaft. Festschrift für Walter Dürr. XII + 300 S., 2025.

114 Laureline BOCKEN: Le martyre communautaire du séminaire de Buta au Burundi. 200 p., 2024.

113 Abel H. MANOUKIAN: The Deaconesses of the Armenian Church. Translated by David Zacharian. 189 p., 2024.

112 Adrian F. CRACIUN / André LOSSKY / Thomas POTT (éd.): Homme et femme il les créa : la place des femmes dans la liturgie. Actes de la 67e Semaine d'études liturgiques. Institut Saint-Serge, Paris, 6-9 juillet 2021 (SÉtL 67). 339 p., 2024.

111 Ciprian SAVA-POPA: Les limites de l'Église selon le concile Vatican II. Un regard orthodoxe sur un développement catholique. 431 p., 2024.

110 Nathan HOPPE: Fostering Local Eucharistic Communities. A Biblical, Historical, and Theological Reflection Inspired by Missionary Service in Albania. 325 p., 2023.

109 Stefan CONSTANTINESCU: *Visitatio Verbi* dans les Sermons *In Cantica* de Saint Bernard de Clairvaux. 343 p., 2022.

108 Oliver DÜRR: Homo Novus. Vollendlichkeit im Zeitalter des Transhumanismus (Ebook PDF). 580 S., 2021.

107 Walter DÜRR / Margareta GRUBER / Nicolas MATTER / Karl PINGGÉRA (Hg.): Erneuerung als Gabe und aufgabe. Beiträge zur Zukunft von Theologie und Kirche (G&G 11). 470 S., 2021.

106 Herwig ALDENHOVEN: Lex orandi – lex credendi. Beiträge zur liturgischen und systematischen Theologie in altkatholischer Tradition, hg. von Urs von Arx. VI + 453 S., 2021.

105 Oliver DÜRR / Ralph KUNZ / Andreas STEINGRUBER (Hg.): Wachet und betet. Mystik, Spiritualität und Gebet in Zeiten politischer und gesellschaftlicher Unruhe (G&G 10). 413 S., 2021.

104 Adrian Florentin CRACIUN / André LOSSKY / Thomas POTT (éd.): Liturgies de pèlerinages (SÉtL 66). 294 p., 2020.

103 Dom Cyril PASQUIER: Approches du millénium. Et si Irénée de Lyon avait raison ? XXI + 808 p., 2021.

102 Arnold STEINER: Geistliche Begleitung im Protestantismus: Jean-Daniel Benoît. 108 S., 2020.

101 Hitomi OMATA RAPPO: Des Indes lointaines aux scènes des collèges. Les reflets des martyrs de la mission japonaise en Europe (XVIe-XVIIIe siècle). 598 p., 2020.

100 Theologie in weltkirchlicher Verantwortung. Die Dokumente der Internationalen Theologischen Kommission (1969-2020), hg. von Barbara Hallensleben. 1016 S., 2022.

99 Antoine ARJAKOVSKY / Barbara HALLENSLEBEN (éd.): Le Concile de Florence (1438/39) – une relecture œcuménique. 320 p., 2021.

98 Zachary FISCHER: Preparing the Way for a Theological Theology. The Development and Explication of John Webster's Central Theological Principles. 328 S., 2020.

97 Kisincher ANIYEKATTU: Visit of the Holy Spirit. A Theological Evaluation of the Contemporary Pneumatic Phenomenon in the Catholic Charismatic Renewal in the Syro-Malabar Church. 291 S., 2020.

96 Stefan WENGER: Reise durch das Alte Testament. Eine theologische Bibelkunde (G&G 9). 231 S., 2020.

95 Jean-Claude WOLF: Philosophie des Gebets. Gebetsscham und Langeweile in der Moderne. 138 S., 2020.

94 Igna Marion KRAMP CJ: Begegnung mit den Geheimnissen des Lebens Jesu Christi. Zur biblischen Hermeneutik der Exerzitien. 124 S., 2020.

93 Ursula SCHUMACHER (Hg.): Abbrüche – Aufbrüche – Umbrüche. Gesellschaftlicher Wandel als Herausforderung für Glaube und Kirche. 289 S., 2019.

92 Orthodoxe Kirche in der Ukraine – wohin? Dokumente zur Debatte um die Autokephalie. Übersetzt, kommentiert und herausgegeben von Barbara Hallensleben. 149 S., 2019.

91 Oliver DÜRR: Auferstehung des Fleisches. Umrisse einer leibhaften Anthropologie. 175 S., 2020.

90 André LOSSKY / Goran SEKULOVSKI / Thomas POTT (éd.): Le corps humain dans la liturgie (SÉtL 65). 401 p., 2019.

89 Miroslav VOLF / Matthew CROASMUN: Für das Leben der Welt. Ein Manifest zur Erneuerung der Theologie (G&G 8). 216 S., 2019.

88 Paul OBERHOLZER (Hg.): Die Wiederherstellung der Gesellschaft Jesu. Vorbereitung, Durchführung und Auswirkungen. 678 S., 2019.

87 Anthony Obikonu IGBOKWE: Albert Schweitzer's Thoroughgoing Deeschatologization Project as a Secular Soteriology. 369 S., 2019.

86 André LOSSKY / Goran SEKULOVSKI / Thomas POTT (éd.): Liturgie et religiosité (SÉtL 64). 471 S., 2018.

85 Veni, Sancte Spiritus! Theologische Beiträge zur Sendung des Geistes / Contributions théologiques à la mission de l'Esprit / Theological Contributions to the Mission of the Spirit, hg. von Guido Vergauwen und Andreas Steingruber (G&G 7). 716 S., 2018.

84 John JOY: On the Ordinary and Extraordinary Magisterium. 264 S., 2017.

83 Maciej ROSZKOWSKI o.p.: „Zum Lob seiner Herrlichkeit“ (Eph 1,12). Der sakramentale Charakter nach Matthias Joseph Scheeben. 259 S., 2017.

82 Sarah GIGANDET-IMSAND: Grundlagen einer theologisch verantworteten Ästhetik. Am Beispiel des Hochaltars in der Pfarrkirche von Münster im Wallis. 296 S., 2018.

81 Graham TOMLIN: Der Blick durchs Kreuz (G&G 6). 135 S., 2017.

80 André LOSSKY / Goran SEKULOVSKI (Hg.): Traditions recomposées : liturgie et doctrine en harmonie ou en tension (SÉtL 63). 412 S., 2017.

79 Manuel DÜRR / Oliver DÜRR / Nicolas MATTER: Mit anderen Worten. Wer sucht, wird gefunden, hg. von Ralph Kunz und Joachim Negel (G&G 5). 119 S., 2017.

78 Graham Tomlin: Der Geist der Fülle. Die Dreieinigkeit, die Kirche und die Zukunft der Welt (G&G 4). 193 S., 2017.

77 André LOSSKY / Goran SEKULOVSKI (Hg.): Nos pratiques homilétiques : enjeux liturgiques et théologiques (SÉtL 62). 222 S., 2017.

76 Walter DÜRR / Ralph KUNZ (Hg.): Gottes Kirche re-imaginieren. Reflexionen über die Kirche und ihre Sendung im 21. Jahrhundert (G&G 3). 210 S., 2016.

75 Thomas FUDGE: Hieronymus von Prag und die Anfänge der hussitischen Bewegung. Übersetzt von Rainer Behrens u.a. Redaktionell bearbeitet und hg. von Barbara Hallensleben und Olivier Ribordy. XVI + 343 S., 2019.

74 André LOSSKY / Goran SEKULOVSKI (Hg.): Liturgie et communication (SÉtL 61). 352 S., 2016.

73 Albert-Henri KÜHLEM: Josef Piepers „Denkübung“ im Glauben. 292 S., 2017.

72 Jean-Georges GANTENBEIN: Mission en Europe. Une étude missiologique pour le XXIe siècle. 419 S., 2016.

71 André LOSSKY / Goran SEKULOVSKI (Hg.): 60 Semaines liturgiques à Saint-Serge: bilans et perspectives nouvelles (SÉtL 60). 323 S., 2016.

70 Stefan WENGER: Wanderung zwischen den Welten. Elin und Jakobus über Gott und das Leid (G&G 2). 227 S., 2015.

69 André LOSSKY / Goran SEKULOVSKI (Hg.): Liturges et liturgistes : fructification de leurs apports dans l’aujourd’hui des Églises (SÉtL 59). 372 S., 2015.

68 Michael QUISINSKY: Katholizität der Inkarnation – Catholicité de l’Incarnation. Christliches Leben und Denken zwischen Universalität und Konkretion „nach“ dem II. Vaticanum. Vie et pensée chrétiennes entre universalité et concrétion (d’)après Vatican II. 474 S., 2016.

67 Will COHEN: The Concept of “Sister Churches” in Catholic-Orthodox Relations since Vatican II. Prefaces by Metropolitan Kallistos (Ware) and Cardinal Kurt Koch. 303 S., 2015.

66 Daniel EICHHORN: Katholisches Schriftprinzip? Josef Rupert Geiselmanns These der materialen Schriftsuffizienz. 316 S., 2015.

65 Walter DÜRR / Stefan WENGER (Hg.), Theologische Bildung und Spiritualität. Wie akademische Theologie kirchliche Praxis inspirieren kann (G&G 1). 176 S. Münster 2015.

64 André LOSSKY / Goran SEKULOVSKI (Hg.): Jeûne et pratiques de repentance : dimensions communautaires et liturgiques (SÉtL 58). 322 S., 2015.

63 Nicolas Thomas WRIGHT: Rechtfertigung. Gottes Plan und die Sicht des Paulus, hg von Barbara Hallensleben und Simon Dürr. Übersetzt von Rainer Behrens. 274 S., 2015.

62 Viorel IONITA: Towards the Holy and Great Synod of the Orthodox Church. The Decisions of the Pan-Orthodox Meetings since 1923 until 2009. 211 S., 2014.

61 Uwe WOLFF: Iserloh. Der Thesenanschlag fand nicht statt, hg. von Barbara Hallensleben. Mit einem Geleitwort von Landesbischof Friedrich Weber und einem Forschungsbeitrag von Volker Leppin. 267 S., 2013.

60 Nikolaus WYRWOLL: Ostkirchliches Institut Regensburg. Studierende und Gäste 1963-2013. 283 S., 2013.

59 Jürg H. BUCHEGGER: Das Wort vom Kreuz in der christlich-muslimischen begegnung. Leben und Werk von Johan Bouman. 322 S., 2013.

58 Christof BETSCHART: „Unwiederholbares Gottessiegel". Zum Verständnis der personalen Individualität in Edith Steins philosophisch-theologischem Horizont. 378 S., 2013; 2. ergänzte Auflage 2019.

57 Ernst Christoph SUTTNER: Einheit im Glaube – geistgewirkte Vielfalt in Leben und Lehre der Kirche. 151 S., 2013.

56 Christoph SCHWYTER: Das sozialpolitische Denken der Russischen Orthodoxen Kirche. Eine theologische Grundlegung auf der Basis offizieller Beiträge seit 1988. VIII + 375 S., 2013.

55 Franck LEMAÎTRE : Anglicans et Luthériens en Europe. Enjeux théologiques d'un rapprochement ecclésial. IV + 356 p., 2011.

54 Ernst Christoph SUTTNER: Quellen zur Geschichte der Kirchenunionen des 16. bis 18. Jahrhunderts. Deutsche Übersetzung der lateinischen Quellentexte von Klaus und Michaela Zelzer mit Erläuterungen von Ernst Christoph Suttner. IV + 292 S., 2010; 2. überarbeitete Auflage 2017.

53 Marie Louise GUBLER: Befreiung verkündigen. Eine Auslegung der Sonntagsevangelien. 466 S., 2010.

52 Ernst Christoph SUTTNER: Kirche und Theologie bei den Rumänen von der Christianisierung bis zum 20. Jahrhundert. 258 S., 2009.

51 Augustin SOKOLOVSKI: *Matrix omnium conclusionum.* Den *Augustinus* des Jansenius lesen. VIII + 322 S., 2013.

50 Cyril PASQUIER OSB: Aux portes de la gloire. Analyse théologique du millénarisme de Saint Irénée de Lyon. 176 p., 2008.

49 Ernst Christoph SUTTNER: Staaten und Kirchen in der Völkerwelt des östlichen Europa. Entwicklungen der Neuzeit. 484 S., 2007.

48 Barbara HALLENSLEBEN und Guido VERGAUWEN (Hg.): Letzte Haltungen. Hans Urs von Balthasars „Apokalypse der deutschen Seele“ – neu gelesen. 360 S., 2006.

47 Hilarion ALFEYEV : Le mystère sacré de l’Église. Introduction à l’histoire et à la problématique des débats athonites sur la vénération du nom de Dieu. 448 p., 2007.

46 Urs CORRADINI: Pastorale Dienste im Bistum Basel. Entwicklungen und Konzeptionen nach dem Zweiten Vatikanischen Konzil. 560 S., 2008.

45 Gottfried Wilhelm LOCHER: Sign of the Advent. A Study in Protestant Ecclesiology. 244 S., 2004.

44 Mariano DELGADO und Guido VERGAUWEN (Hg.): Glaube und Vernunft – Theologie und Philosophie. Aspekte ihrer Wechselwirkung in Geschichte und Gegenwart. 248 S., 2003.

43 Hilarion ALFEYEV: Geheimnis des Glaubens. Einführung in die orthodoxe dogmatische Theologie. 280 S., 2003; 2. Auflage 2005; 3., verbesserte Auflage 2019.

42 Jorge A. SCAMPINI o.p. : „La conversión de las Iglesias, una necesidad y una urgencia de la fe“. La experiencia del *Groupe des Dombes* como desarrollo de un método ecuménico eclesial (1937-1997). 672 p., 2003.

41 Iso BAUMER: Von der Unio zur Communio. 75 Jahre Catholica Unio Internationalis. 536 S., 2002.

40 Adrian LÜCHINGER: Päpstliche Unfehlbarkeit bei Henry Edward Manning und John Henry Newman. 368 S., 2001.

39 Klauspeter BLASER : Signe et instrument. Approche protestante de l’Église. Avec la collaboration de Christian Badet. 216 p., 2000.

38 Kurt STALDER: Sprache und Erkenntnis der Wirklichkeit Gottes. Texte zu einigen wissenschaftstheoretischen und systematischen Voraussetzungen für die exegetische und homiletische Arbeit. Mit einem Geleitwort von Heinrich Stirnimann o.p., hg. von Urs von Arx, unter Mitarbeit von Kurt Schori und Rudolf Engler. 486 S., 2000.

37 Marie-Louise GUBLER: Im Haus der Pilgerschaft. Zugänge zu biblischen Texten. 300 S., 1999.

36 Iso BAUMER: Begegnungen. Gesammelte Aufsätze 1949-1999. 356 S., 1999.

35 Barbara HALLENSLEBEN und Guido VERGAUWEN o.p. (éd.) : *Praedicando et docendo*. Mélanges offerts à Liam Walsh o.p. 345 p., 1998.

34 Son-Tae KIM: Christliche Denkform: Theozentrik oder Anthropozentrik? Die Frage nach dem Subjekt der Geschichte bei Hans Urs von Balthasar und Johann Baptist Metz. 626 S., 1999.

33 Guido VERGAUWEN o.p. (éd.) : Le christianisme : Nuée de témoins – beauté du témoignage. 152 p., 1998.

32 Marcelo Horacio LABÈQUE : Liberación y modernidad. Una relectura de Gustavo Gutiérrez. 444 p., 1997.

31 Bernd RUHE: Dialektik der Erbsünde. Das Problem von Freiheit und Natur in der neueren Diskussion um die katholische Erbsündenlehre. 296 S., 1997.

30 Marek CHOJNACKI: Die Nähe des Unbegreifbaren. Der moderne philosophische Kontext der Theologie Karl Rahners und seine Konsequenzen in dieser Theologie. 448 S., 1996.

29 Carlos MENDOZA-ÁLVAREZ o.p.: *Deus liberans*. La revelación cristiana en diálogo con la modernidad: los elementos fundacionales de la estética teológica. XVI + 478 p., 1996.

28 Iso BAUMER und Guido VERGAUWEN o.p. (Hg.): Ökumene: das eine Ziel – die vielen Wege. Œcuménisme : un seul but – plusieurs chemins. Festschrift zum 30jährigen Bestehen des Institutum Studiorum Oecumenicorum der Universität Freiburg (Schweiz). 340 S., 1995.

27 Odilo Noti: Kant – Publikum und Gelehrter. Theologische Erinnerung an einen abgebrochenen Diskurs zum Theorie-Praxis-Problem. 256 S., 1994.

26 Charles MOREROD: Cajetan et Luther en 1518. Edition, traduction et commentaire des opuscules d'Augsbourg de Cajetan. 2 tomes, 708 p., 1994.

25 Gheorghe SAVA-POPA: Le Baptême dans la tradition orthodoxe et ses implications œcuméniques. 312 p., 1994.

24 Guy BEDOUELLE / Olivier FATIO (éd.): Liberté chrétienne et libre arbitre. Textes de l'enseignement de troisième cycle des facultés romandes de théologie. 212 p., 1994.

23 Wolfgang BIALAS: Von der Theologie der Befreiung zur Philosophie der Freiheit. Hegel und die Religion. 172 S., 1993.

22 Philip KENNEDY OP: Deus Humanissimus. The Knowability of God in the Theology of Edward Schillebeeckx. 460 p., 1993.

21 Martin HAUSER: Prophet und Bischof. Huldrych Zwinglis Amtsverständnis im Rahmen der Zürcher Reformation. 292 S., 1994.

20 Martin HAUSER (Hg.): Unsichtbare oder sichtbare Kirche? Beiträge zur Ekklesiologie. 104 S., 1992.

19 Felix SENN: Orthopraktische Ekklesiologie? Karl Rahners Offenbarungsverständnis und seine ekklesiologischen Konsequenzen im Kontext der neueren katholischen Theologiegeschichte. 820 S., 1989.

18 Maria BRUN: Orthodoxe Stimmen zum II. Vatikanum. Ein Beitrag zur Überwindung der Trennung. Mit einem Vorwort von Metropolit Damaskinos Papandreou. 272 S., 1988.

17 Bruno BÜRKI: Cène du Seigneur - eucharistie de l'Église. Le cheminement des Églises réformées romandes et françaises depuis le XVIIIe siècle, d'après leurs textes liturgiques. Volume A: Textes, 176 p. Volume B: Commentaires. 224 p., 1985.

16 Paul Patrick O'LEARY O.P.: The Triune Church. A Study in the Ecclesiology of A.S. Chomjakov. 257 p., 1982.

15 Joseph RITZ: Empirie im Kirchenbegriff bei Karl Barth und Hans Küng. 285 S., 1981.

14 Richard FRIEDLI: Frieden wagen. Der Beitrag der Religionen zur Gewaltanalyse und zur Friedensarbeit. 252 S., 1981.

13 Johannes FLURY: Um die Redlichkeit des Glaubens. Studien zur deutschen katholischen Fundamentaltheologie. 325 S., 1979.

12 Jean-Jacques VON ALLMEN: Pastorale du baptême. 197 S., 1978.

11 Pietro SELVATICO: Glaubensgewissheit. Eine Untersuchung zur Theologie von Gerhard Ebeling. 183 S., 1977.

10 Jean-Jacques VON ALLMEN: La primauté de l'Église de Pierre et de Paul. Remarques d'un protestant. 125 S., 1977.

9 Johannes Baptist BRANTSCHEN: Zeit zu verstehen. Wege und Umwege heutiger Theologie. Zu einer Ortsbestimmung der Theologie von Ernst Fuchs. 292 S., 1974.

8 Richard FRIEDLI: Fremdheit als Heimat. Auf der Suche nach einem Kriterium für den Dialog zwischen den Religionen. 214 S., 1974.

7 Zukunft der Ökumene. Drei Vorträge von Heinrich Stirnimann, Willem Adolf Visser't Hooft, Hans Jochen Margull. 42 S., 1974.

6 Hildegar HÖFLIGER: Die Erneuerung der evangelischen Einzelbeichte. Pastoraltheologische Dokumentation zur evangelischen Beichtbewegung seit Beginn des 20. Jahrhunderts. 224 S., 1971.

5 Heinrich STIRNIMANN (Hg.): Interkommunion. Hoffnungen – zu bedenken. Mit Beiträgen von H. Helbling, O.K. Kaufmann, J.-L. Leuba, P. Vogelsanger, H. Vorgrimler, D. Wiederkehr. Internationale Bibliographie, zusammengestellt von J.B. Brantschen und P. Selvatico. 150 S., 1971.

4 Heinrich STIRNIMANN (Hg.): Ökumenische Erneuerung in der Mission. Studien von I. Auf der Maur, P. Beyerhaus, H. Rickenbach, E. Wildbolz. 102 S., 1970.

3 Heinrich STIRNIMANN (Hg.): Kirche im Umbruch der Gesellschaft. Studien zur Pastoralkonstitution „Kirche in der Welt von heute" und zur Weltkonferenz „Kirche und Gesellschaft". Mit Beiträgen von F. Böckle, E.-J. Kaelin, H. Ruh, K. Stalder. Internationale Bibliographie, zusammengestellt von Ph. Reymond. 132 S., 1970.

2 Einheit und Erneuerung der Kirche. Zwei Vorträge von Karl Barth und Hans Urs von Balthasar. 37 S., 1968.

1 Heinrich STIRNIMANN (Hg.): Christliche Ehe und getrennte Kirchen. Dokumente. Studien von J.-J. von Allmen, G. Bavaud, A. Sustar. Internationale Bibliographie, zusammengestellt von J.B. Brantschen. 124 S., 1968.